Précis de chimie industrielle (*Notation atomique*), par P. Guichard, professeur à la Société industrielle d'Amiens. 1894, 1 vol. in-18 jésus de 422 p., avec 68 fig., cart. ′. . . . . 5 fr.

Les Minéraux utiles et l'exploitation des mines, par Louis Knab, ingénieur répétiteur à l'Ecole centrale des arts et manufactures. 1 vol. in-18 jésus de 392 p., avec 76 fig., cart. . . 5 fr.

Les Eaux d'alimentation, épuration, filtration, stérilisation, par le Dr Ed. Guinochet, pharmacien en chef de l'hôpital de la Charité. 1894, 1 vol. in-18 jésus de 370 p. avec 52 fig., cart. . . . 5 fr.

L'Eau dans l'industrie, par P. Guichard, professeur à la Société industrielle d'Amiens. 1894, 1 vol. in-18 jésus de 400 p., avec 80 fig., cart. . . . . 5 fr.

La Galvanoplastie, le nicklage, l'argenture, la dorure, l'électrométallurgie et les applications chimiques de l'électrolyse, par E. Bouant, agrégé des sciences physiques, 1894, 1 vol. in-18 jésus de 400 p., avec 52 fig., cart. . . . . 5 fr.

Les Produits chimiques employés en médecine (*Série grasse et Série aromatique*). — *Antiseptiques — Hypnotiques — Analgésiques, — chimie analytique et fabrication industrielle,* par A. Trillat, chimiste expert. Introduction par P. Schutzenberger, membre de l'Institut. 1894, 1 vol in-18 jésus de 415 p., avec 67 fig., cart. 5 fr.

Le Cuivre, par Paul Weiss, ingénieur au corps des Mines. 1 vol. in-18 jésus de 344 p., avec 86 fig., cart. . . . . 5 fr.

L'Aluminium, le Manganèse, le Baryum, le Strontium, le Calcium et le Magnésium, par A. Lejeal, préparateur du cours de métallurgie au Conservatoire des Arts et Métiers. Introduction par U. Le Verrier, professeur au Conservatoire des Arts et Métiers et à l'Ecole des Mines. 1894, 1 vol. in-18 jésus de 357 p., avec 36 fig., cart. . . . . 5 fr.

Cuirs et Peaux, par H. Voinesson de Lavelines, chimiste au Laboratoire municipal. Préface par G. Poulain, membre de la Chambre de commerce de Paris. 1894, 1 vol. in-18 jésus de 451 p., avec 88 fig., cart. . . . . 5 fr.

L'Industrie des tissus, par J. Joulin, chimiste au Laboratoire municipal. 1 vol. in-18 jésus de 400 p., avec 100 fig., cart. 5 fr.

Le Sucre et l'industrie sucrière, par Paul Horsin-Déon, ingénieur-chimiste. 1894, 1 vol. in-18 jésus de 450 p., avec 83 fig., cart. 5 fr.

Savons et Bougies, par Julien Lefèvre, agrégé des sciences physiques, professeur à l'Ecole des sciences de Nantes. 1894, 1 vol. in-18 jésus de 400 p., avec 150 fig., cart . . . . 5 fr.

Couleurs et Vernis, par G. Halphen, chimiste-expert au Laboratoire du Ministère du commerce. 1894, 1 vol. in-18 jésus de 400 p., avec 50 fig., cart. . . . . 5 fr.

L'Industrie de la soude, par G. Halphen. 1895, 1 vol. in-18 jésus de 400 p., avec 100 fig., cart. 5 fr.

ENCYCLOPÉDIE DE CHIMIE INDUSTRIELLE ET DE MÉTALLURGIE

L'INDUSTRIE DE LA SOUDE

GEORGES HALPHEN

INGÉNIEUR-CHIMISTE

CHIMISTE AU LABORATOIRE DU MINISTÈRE DU COMMERCE

L'INDUSTRIE

DE

LA SOUDE

Avec 91 figures intercalées dans le texte

LES MATIÈRES PREMIÈRES NATURELLES
LE CARBONATE DE SOUDE
LA SOUDE A L'AMMONIAQUE, LE SULFATE DE SOUDE
L'ACIDE CHLORHYDRIQUE
LA SOUDE PAR LE PROCÉDÉ LEBLANC
LA SOUDE CAUSTIQUE
TRAITEMENT DES MARCS OU CHARRÉES DE SOUDE
LA SOUDE A LA CRYOLITHE
LA SOUDE PAR LES SULFURES DOUBLES

PARIS

LIBRAIRIE J.-B. BAILLIÈRE ET FILS

Rue Hautefeuille, 19, près du boulevard Saint-Germain.

1895

PRÉFACE

En raison de son importance exceptionnelle, la fabrication de la soude a été l'objet de nombreuses études ; tour à tour, chimistes, ingénieurs et physiciens, ont apporté à cette branche de l'industrie chimique leurs idées et leurs qualités pratiques, dans le but de modifier heureusement les conditions économiques de l'exploitation des soudières.

Comme résultat de ces efforts, de nouvelles usines surgirent pour exploiter de nouvelles idées, tandis que, mises en demeure de soutenir leur concurrence, parfois rude, les anciennes usines se virent dans l'obligation de tirer un parti plus avantageux ou plus complet de leurs sous-produits.

Grâce à cette lutte continuelle, élément essentiel et unique du progrès, de grands perfectionnements ont été déjà réalisés ; leur histoire constitue un chapitre important qu'il est fructueux de consulter.

C'est pourquoi nous avons cru devoir exposer, à côté de la partie technique proprement dite, l'énumération des diverses tentatives faites dans cette voie.

Ainsi conçu, cet ouvrage renferme :

1° L'exposé des propriétés et des modes d'extraction des matières premières ;

2° L'étude des anciennes méthodes de fabrication de la soude ;

3° Un examen détaillé des procédés actuellement en usage dans les soudières, ce qui a nécessité les études spéciales de la fabrication du sulfate de soude, de la condensation de l'acide chlorhydrique, de la régénération de l'ammoniaque et du chlore dans le procédé à l'ammoniaque, de celle du soufre dans les marcs ou charrées de soude Leblanc ;

4° Les notions relatives à la fabrication de la soude caustique ;

5° Les principes généraux de fabrication de la soude par la cryolithe et les sulfures doubles.

Il pourra par conséquent être utilement consulté non seulement par les personnes qui, en raison de leurs occupations, s'intéressent directement à cette industrie, mais aussi par toutes celles qui s'occupent de chimie appliquée.

LA SOUDE

MATIÈRES PREMIÈRES NATURELLES

GÉNÉRALITÉS

SEL MARIN

Jusqu'en 1857, le chlorure de sodium était le seul produit employé industriellement à la fabrication de la soude artificielle; encore aujourd'hui il fournit, pour ainsi dire à lui seul, la totalité du sodium nécessaire à la production de l'immense quantité de sel de soude qui se fabrique annuellement. Le tableau ci-dessous donne une idée de cette consommation [1].

Le chlorure de sodium ou sel ordinaire est blanc, cristallisé en cubes sans eau de cristallisation. Lorsqu'on le projette sur une plaque chauffée au rouge, il décrépite; ce phénomène est dû à la vaporisation de l'eau d'interposition qu'il renferme toujours. Il fond au rouge et se volatilise, surtout sous l'influence d'un courant d'air. L'eau le dissout dans la proportion de 27 0/0 à 0° et de 29,4 0/0 à 108°. Lorsque l'on dissout du sel marin dans l'eau, il y a contraction.

Le chlorure de sodium est, de tous les sels solubles, celui

[1] *Rapports du Jury international de l'Exposition de* 1889, p. 65.

ANNÉES	SEL EMPLOYÉ A LA FABRICATION DES SELS DE SOUDE	
	EN FRANCE	EN ANGLETERRE
	en tonnes	en tonnes
1878	149.906	577.639
1879	162.410	625.132
1880	173.269	711.216
1881	187.253	685.901
1882	196.085	690.814
1883	211.518	719.399
1884	223.186	701.550
1885	247.541	734.031
1886	261.182	724.521
1887	264.226	742.899
1888	262.992	815.332

qui est le plus répandu dans la nature, où on le rencontre sous deux formes différentes :

1º A l'état de *sel gemme* dans tous les terrains intermédiaires entre ceux de formation récente (diluvium et alluvium) et ceux de formation primitive. Il affecte tantôt la forme d'une masse uniformément compacte, tantôt celle de masses stratifiées, lesquelles sont fréquemment divisées en plusieurs couches par des lits d'argile. Sa dureté est si grande qu'on doit l'exploiter à la poudre. Il est transparent ou opaque, incolore ou coloré différemment en gris, en rouge, en vert et en bleu. Il est transparent et incolore quand il ne contient que du chlorure de sodium, jaune quand il renferme de l'oxyde de fer et rouge quand il est souillé d'infusoires ; la coloration bleue est due à l'existence d'un hydrocarbure spécial.

On trouve, dans la masse du sel gemme, des cavités de dimensions variables, renfermant soit de l'eau salée, soit des gaz paraissant emprisonnés sous une certaine pression et qui, suivant M. Bischof, sont composés de :

COMPOSITION DE QUELQUES SELS GEMMES

	WIELICZKA	DERCHTESGADEN	HALL	HALLSTADT	VIC	ALGÉRIE			BORING A STASSFURT		CHESHIRE	CORDONA
						DJÉRELMERAH	OULED	KOBRAH				
Chlorure de sodium ..	100.00	99,95	99,43	98,14	99,30	97,0	98,89	72,16	94,57	25,09	98,30	98,55
— potassium	»	traces	traces	traces	»	»	»	»	»	»	»	»
— calcium .	»	traces	0,25	»	»	»	»	1,65	»	»	»	0,99
— magnésium ..	traces	0,15	0,12	»	»	»	1,11	5,57	0,97	»	0,05	0,02
Sulfate de sodium.....	»	»	»	»	»	»	»	»	»	1,57	»	»
— calcium..	»	»	0,20	1,86	0,50	3,0	»	10,72	0,89	1,23	1,65	0,44
— magnésium..	»	»	»	»	»	»	»	2.06	»	42,07	»	»
Carbonate de calcium.	»	»	»	»	»	»	»	3,71	»	»	»	»
— de magnésium ..	»	»	»	»	»	»	»	2.89	»	»	»	»
Argile, oxyde de fer,etc.	»	»	»	»	0,20	»	»	1,24	3,25	1,83	»	»
Eau	»	»	»	»	»	»	»	»	0,22	28,21	»	»

```
Hydrogène protocarboné. . . . . . . 84 0/0 en volume
Acide carbonique . . . . . . . . . 2
Oxygène. . . . . . . . . . . . . . 2,5
Azote . . . . . . . . . . . . . . . 10
```

Le sel gemme n'est pas du chlorure de sodium pur ; il est accompagné d'autres sels solubles qui se rencontrent en nombre et en proportions variables, tels que : chlorures de potassium, de calcium et de magnésium, sulfates de sodium, de magnésium et de calcium, carbonates de magnésium et de calcium ; de plus, il renferme toujours de l'eau hygroscopique et des matières minérales insolubles.

Le tableau de la page précédente donne, d'après M. Watts, la composition de quelques sels gemmes.

2° A l'état de *dissolutions salées*, telles que les eaux de la mer et de certains lacs. On trouve aussi des dissolutions salées provenant de l'action de l'eau douce sur le sel gemme ; ces dernières sont d'autant plus riches en sel qu'elles sont resté plus longtemps sur le gisement salifère. Elles sont accompagnées d'impuretés dont la nature varie avec celle des terrains au contact desquels elles ont été. Généralement ces eaux sont d'autant plus pauvres en sel et plus riches en impuretés, que la distance du point d'émergence à la surface du sol au gisement de sel gemme est plus considérable. Elles répandent fréquemment une odeur bitumineuse due à une substance qui se sépare par ébullition sous forme d'écume.

Il n'y a pas intérêt à les exploiter lorsqu'elles renferment moins de 5 0/0 de sel.

Voici la composition de quelques sources salées :

	Dürenberg.	Hall.	Lemebourg.
Chlorure de sodium . . .	7,53	7,40	24,67
— potassium . .	»	0,16	»
— calcium . . .	»	0,17	»
— magnésium .	0,12	0,50	0,30
Sulfate de potassium. . .	0,08	»	0,03
— calcium. . . .	0,56	0,27	0,35

	Dürenberg.	Hall.	Lemebourg.
Sulfate de magnésium . .	»	»	0,24
Craie, silice et oxyde de fer.	»	»	0,11
Eau.	91,71	91,50	74,30

À l'Exposition de 1889, on a remarqué une eau salée de Salsomaggiore (province de Parme), dont la composition est sensiblement la suivante [1] :

Chlorure de sodium		11,500
Sulfate de soude	traces	
Chlorure de calcium. . .	quantité sensible	
Bromure de magnésium .	peu	
Iodure de magnésium . .	peu	= 2.800
Matières organiques . . .	néant	
Eau.	85,700	

Les eaux de mer renferment, à côté d'une notable proportion de chlorure de sodium, des chlorures de calcium et de magnésium, des sulfates de chaux et de magnésium et de minimes proportions de baryum, de strontium, de fer, d'aluminium, de zinc, de cobalt, de nickel, de cuivre, de plomb, d'argent, de lithium, de césium, de rubidium, de carbone, de silicium, de bo e, de fluor, de brome, d'iode, d'azote, de phosphore et d'arsenic (Forchammer).

La teneur moyenne des eaux des différentes mers, en sel est, suivant M. Forchammer :

Mer du Nord.	32,8
Cattégat et Sund	15,12
Mer Baltique.	4,81
Mer Méditerranée	37,50
Océan Atlantique	34,30
Mer Noire.	15,89
Mer des Caraïbes	36,10

Le plus souvent l'eau de mer a une richesse saline qui croît avec la profondeur à laquelle elle a été puisée.

Un mètre cube d'eau de mer renferme en moyenne :

(1) *Rapport du Jury de l'Exposition* de 1889, p. 67.

26 à 31	kilogrammes	de chlorure de sodium
3 à 7	—	de chlorure de magnésium
1/2 à 6	—	de sulfate de magnésium
1/7 à 6	—	de sulfate de calcium
1/100 à 1	—	de chlorure de potassium

CRYOLITHE

Ce minerai, découvert en 1795 par MM. Schumacher et Abilgaard, est un corps blanc, demi-transparent, ressemblant à la glace, ce qui lui a valu son nom. C'est une combinaison de fluorure d'aluminium et de fluorure de sodium, sel double répondant à la formule $Al^2Fl^6.6NaFl$.

A l'état de pureté, il renferme :

Aluminium.	13,07	équivalent à	Alumine	24,54
Sodium . .	33,35	—	Soude	44,79
Fluor. . .	53,58	—	Acide fluorhydrique .	56,44
Total :	100,00		Total :	125,77

Pendant longtemps la cryolithe ne fut considérée que comme une curiosité minéralogique, mais la découverte de gisements importants de ce corps détermina son exploitation industrielle. Au début, elle servait à la préparation de l'aluminium (H. Rose), mais on ne tarda pas à songer à l'utiliser comme matière première propre à la fabrication de la soude. Ce minerai, en raison de sa pureté exceptionnelle, de sa riche teneur en sodium et de la facilité de son traitement, constitue en effet une excellente matière première. Toutefois, la production de la soude par sa mise en œuvre est restreinte à cause de sa rareté relative.

La cryolithe est décomposée par l'acide sulfurique avec formation d'acide fluorhydrique et de sulfates de soude et d'alumine. Elle l'est également par la chaux caustique qui produit du fluorure de calcium et de l'aluminate de soude.

EXTRACTION DU SEL

SEL GEMME

Les principaux gisements se rencontrent en Transylvanie le long des Carpathes, à Stassfurt près Magdebourg dans la Thuringe, à Vic et à Dieuze en Alsace-Lorraine. L'Angleterre possède les gisements du Cheshire, du Worstershire, du Straffordshire et de Durham ; l'Espagne celui de Cordona.

Suivant la profondeur et la nature du gisement, le mode d'exploitation varie. Il s'effectue à ciel ouvert (Cordona) quand le minerai se trouve près de la surface du sol ; s'il ne se rencontre que plus profondément, on l'extrait en pratiquant des puits et des galeries. Dans ce dernier cas, l'opération est semblable à celle de l'extraction de la houille.

Les diverses mines de sel gemme sont loin de se présenter de la même façon. En Transylvanie, les parties supérieures du gisement fournissent un sel en rognons entouré de couches d'argile et de sable; on le nomme *sel vert* ou *grünsalz*. Immédiatement au-dessous, on trouve un autre sel souillé de débris de plantes et d'argile, auquel on a donné le nom de *spizasalz*. Plus bas, on rencontre des couches horizontales d'un sel à grain moyen très pur, que l'on nomme *szybikersalz*. A Stassfurt, le sel gemme forme une masse unique séparée simplement par de minces couches *d'anhydrite* (SO^4Ca), tandis que dans la Meurthe, le gisement est constitué par une série de couches, d'épaisseur variable, séparées l'une de l'autre par des lits d'argile pouvant avoir plusieurs mètres d'épaisseur.

Argiles salifères.

L'argile qui enveloppe le sel gemme est elle-même une source de production. Non seulement elle est imprégnée de sel comme si elle avait été trempée dans une solution de ce corps mais elle se trouve aussi mélangée à des nodules de sel qui sont répartis dans sa masse. Les portions les plus voisines du gisement de sel gemme sont exploitées pour en retirer le chlorure de sodium ; on les désigne sous le nom d'*argiles salifères*. Ces argiles salifères ne sauraient être traitées directement, à la façon du sel gemme, parce que l'on n'obtiendrait par là qu'un produit très impur qu'il faudrait lessiver et dont on ne retirerait le principe utile que par évaporation d'une grande quantité d'eau, ce qui serait très coûteux. On a alors recours à la dissolution sur place ; à cet effet, on creuse une série de puits et de galeries, de façon à former des piliers rectangulaires entre lesquels sont réservés des espaces vides que l'on remplit d'eau. Le liquide ne dissout que le sel, mais désagrège la masse. L'argile privée de sel tombe au fond et se trouve en contact avec une eau riche en chlorure de sodium qui, par le fait même de sa densité, se réunit à la partie inférieure. On règle le courant d'eau de façon à maintenir un niveau constant malgré les pertes par infiltration et par contraction (on sait en effet que la dissolution du sel dans l'eau détermine une contraction). Dans une telle exploitation, il faut chercher à obtenir des solutions saturées et à épuiser, aussi complètement que possible, les matières traitées. Il est avantageux d'opérer sur la plus grande hauteur possible. Comme la partie inférieure de la cavité est rehaussée par une couche d'argile désagrégée, détachée de la partie supérieure et que, de plus, elle ne se trouve en contact qu'avec une solution riche en sel, il en résulte que l'action dissolvante, en ce point, est presque nulle. Le long de la paroi, l'eau présente des degrés de saturation d'autant moins élevés qu'on s'approche plus de l'orifice supérieur ; l'action dissolvante est donc surtout énergique au toit de la cavité ou *ciel*, elle diminue avec la profondeur. On soutire le liquide, à la base, d'une façon continue et on le remplace par une addition d'eau à la partie supérieure de la cavité. Les solutions salines obtenues par ce moyen sont amenées dans des cuves de dépôt où elles se clarifient ; elles passent ensuite dans les chaudières de concentration ; là, elles abandonnent le sel qu'elles renferment. Pour cela, on opère comme nous le verrons plus loin.

Sources salées.

Captage.

On rencontre les sources salées dans les contrées où se trouvent les gîtes de sel gemme. Leur utilisation ne peut que très rarement se faire directement ; il faut, le plus généralement, une installation telle qu'elle évite le mélange de ces dissolutions salines avec les eaux douces. A cet effet, on creuse au point d'émergence un puits ou trou de sonde, auquel on donne une hauteur suffisante, variable avec la nature de la source et celle du terrain, puis on établit un tubage qui, évitant le mélange avec les eaux douces, régularise le débit de la source qu'il permet d'augmenter. Lorsque la force d'ascension n'est pas assez forte pour permettre au liquide de s'élever au-dessus d'un ajutage disposé à la surface du sol, il faut avoir recours à l'emploi de pompes élévatoires. Les eaux qui s'échappent du trou de sonde sont troubles ; elles tiennent en suspension de l'argile et du gypse. On

1.

les conduit, au moyen de tuyaux, aux points où elles doivent être traitées.

Ces tuyaux peuvent être en bois ou en fonte ; ils doivent être établis de façon à éviter les coups d'eau et à permettre à l'air de se dégager. Quand ils sont en bois, il faut les enterrer pour les protéger contre les intempéries.

Que le système de tuyauterie soit en bois ou en fonte, il aboutit à des réservoirs où l'on emmagasine les eaux salées pour assurer la régularité du travail et pour les clarifier. Ces réservoirs sont parfois, comme dans le Wurtemberg, de simples excavations pratiquées au sein d'un terrain argileux et garnies intérieurement d'une couche d'argile bien serrée, consolidée au moyen de madriers ou de dalles ; mais, le plus généralement, ils sont faits en bois de sapin, soigneusement calfatés et consolidés par des cadres assemblés. Ces derniers réservoirs peuvent être ou enterrés dans le sol, ou recouverts d'une couche d'argile ou de terre. Il faut nécessairement les surmonter d'une toiture pour éviter l'action de l'eau de pluie.

Ces eaux salées sont presque toujours trop peu riches en chlorure de sodium pour qu'il soit économiquement possible de les concentrer par l'application de la chaleur. Il faut, avant tout, augmenter, autant qu'il se peut, leur richesse saline par l'évaporation à l'air. On atteint pratiquement ce but par la mise en œuvre des *bâtiments de graduation*. Ces bâtiments se composent essentiellement d'un réservoir supérieur (fig. 1) d'où l'eau salée à concentrer tombe en gouttelettes, sur un lit épais de fagots, pour se rassembler dans un réservoir inférieur qui doit être très large afin d'éviter que le vent n'entraîne en dehors des gouttelettes d'eau salée. On choisit les fagots les plus irréguliers, tels que ceux de prunier. Ces fagots sont placés horizontalement ; ils reposent, de distance en distance, sur des treillages en bois dont le but est d'éviter une charge excessive des parties inférieures qui se tasseraient et fonctionneraient mal. Ils occupent une hauteur de

8 à 15 mètres et une épaisseur de 3 à 7 mètres à la base et
de 2 à 5 mètres à la partie supérieure. Quant au bâtiment de
graduation lui-même, sa longueur varie de 200 à 800 mètres
suivant l'importance de l'exploitation. Les fagots sont des-

Fig. 1. — Bâtiment de graduation.

tinés à ralentir la chute de l'eau et à l'étendre sur une plus
grande surface, afin d'obtenir une évaporation plus active.
On ne laisse couler l'eau que sur les fagots qui se trouvent
du côté où règne le vent. Les eaux rassemblées dans le
bassin inférieur sont remontées au moyen d'une pompe
dans le réservoir supérieur d'un autre bâtiment de gra-

duation exactement semblable au précédent. Après quatre ou cinq passages successifs, leur concentration est telle qu'il ne reste plus qu'à les soumettre à l'action de la chaleur. Le débit de l'eau sur les fagots est variable et dépend autant de la direction du vent que de l'état hygrométrique.

On peut adresser à ce procédé de concentration plusieurs reproches :

En premier lieu, l'eau, pendant son évaporation, perd l'acide carbonique qu'elle renfermait et à la faveur duquel les carbonates de chaux et de fer étaient dissous. Ces sels se déposent sur les fagots et forment des incrustations qui nécessitent leur renouvellement.

En second lieu, l'opération est lente et incertaine et il n'est pas possible d'éviter les pertes de sel par entraînement. Enfin, les frais d'installation et d'entretien des bâtiments sont assez considérables.

Le tableau suivant montre les variations de composition des eaux qui passent au bâtiment de graduation [1].

COMPOSITION	Dissolutions des citernes	A VIRCK, SÚLZ EN MECKLEMBOURG					
		DISSOLUTIONS GRADUÉES					
		1re chute	2e chute	3e chute	4e chute	5e chute	6e chute
Chlorure de sodium	4,24	5.45	8,48	9,51	12,44	15.44	19,24
— potassium.	0,07	0,09	0.15	0,18	0,22	0,22	0,23
— calcium	0,61	0,56	0,61	1,05	1,53	1,67	2,02
— magnésium..	0.39	0,45	0,55	0,80	0,91	1.21	1,32
Sulfate de chaux .	0,10	0.15	0,19	0,27	0,28	0,33	0,25
Somme des parties solides	5,41.	6,70	9,98	11,81	15,38	18.87	23,06
Eau...............	94,59	93,30	90,02	88,19	84,62	81,13	76,94
TOTAL...	100,00	100,00	100,00	10,000	100,00	100,00	100,00
Poids spécifique....	»	1.057	1.0761	1.0885	1 1183	1.1478	1.1764

(1) *Chimie technologique* de M. Knapp, p. 54.

On en peut tirer approximativement les quantités d'eau évaporées. Ces quantités sont exposées dans le tableau suivant [1].

	QUANTITÉS D'EAU ÉVAPORÉES					SALINES
	1re chute	2e chute	3e chute	4e chute	TOTAL	
	kg.	kg.	kg.	kg.	kg.	
Pour 100 kg. de sel..	293	113	90	36	532	Schöneberk
—	324	273	158	»	754	Dürrenberg
—	976	395	228	106	1.705	Kseu

En raison de ses nombreux inconvénients, l'emploi de ce procédé est de plus en plus abandonné. Il a radicalement disparu de France.

Forages.

On préfère opérer par *forages*. Ce procédé est basé sur cette constatation que la richesse de l'eau salée croît avec la profondeur du sondage, bien qu'il puisse arriver qu'une couche soit moins riche que celle qui se trouve à un niveau plus élevé, comme cela a été observé à Dürrenberg où l'on a trouvé :

Profoudeur en mètres	12	23	96	145	310	322	334
Teneur en sels	4,4	2,9	4,9	2,5	9,3	19,2	16,6

La profondeur du trou de sonde varie. On l'arrête quand on a atteint une couche assez concentrée pour être directe-

(1) *Ibid*, p. 55.

mètres dans le gîte parce qu'alors on extrait directement une solution saturée. Quand le gîte est placé à une trop grande profondeur, il n'y a plus intérêt à chercher à l'atteindre à cause des dépenses considérables que cela nécessiterait.

Quoi qu'il en soit, on est généralement obligé de donner au trou de sonde une profondeur de 150 à 300 mètres; son diamètre varie de 10 à 15 centimètres à la partie inférieure. On le garnit de tubes de cuivre de 8 à 10 millimètres d'épaisseur, afin d'empêcher à la fois les éboulements et l'invasion de l'eau douce. L'extraction serait onéreuse si l'on ne pouvait faire remonter l'eau salée en utilisant les forces naturelles. Pour atteindre un tel résultat, on établit au centre du trou de sonde un système de tuyauterie concentrique dont la partie supérieure, formant corps de pompe, est munie d'un piston, tandis que la partie la plus basse, fermée à l'extrémité, porte un grand nombre de petits trous disposés sur une hauteur de 3 mètres, de façon à former crépine. On fait arriver entre le trou de sonde et la partie extérieure du tubage concentrique un courant d'eau provenant de terrains supérieurs. Cette eau creuse dans le gîte salin une excavation où se rassemble l'eau salée. Si l'excavation est bien étanche, l'eau douce emplit l'espace annulaire et compris entre les parois du trou de sonde et la tuyauterie dans laquelle s'élèvera l'eau salée. La densité de l'eau salée étant plus considérable que celle de l'eau douce, les colonnes liquides comprises d'une part dans l'espace annulaire et d'autre part dans le système de tuyauterie n'auront pas la même hauteur; cette dernière sera moins élevée, aussi, faudra-t-il, pour l'amener à la partie supérieure du puits, faire intervenir un travail mécanique, capable de mouvoir la pompe destinée à l'aspirer.

L'installation d'une exploitation de ce genre n'est pas sans présenter un certain nombre de risques. Ainsi, comme on ne peut modérer l'action dissolvante de l'eau douce, il

peut arriver que celle-ci établisse une communication avec
des terrains perméables, créant ainsi une autre issue à la
saumure ; ou bien il peut se produire des éboulements qui
mettent la pompe hors de service et, dans l'un ou l'autre
ment envoyée aux chaudières. Chaque fois que cela est possible, il est avantageux de chercher à pénétrer de quelques
de ces cas, on est obligé d'abandonner le sondage et il est
alors très difficultueux de pratiquer une extraction ultérieure par travaux souterrains.

A sa sortie du trou de sonde, l'eau salée tient en suspension une importante quantité de substances solides dont il
la faut débarrasser, par repos et décantation dans des réservoirs spéciaux, avant de l'envoyer aux chaudières de concentration.

Dans les pays froids, on utilise à la concentration des solutions salines la propriété qu'elles ont de donner, quand on
les soumet à une température de — 18°, de la glace qui ne
renferme qu'une minime proportion de sels.

CONCENTRATION DES SOLUTIONS SALINES

Les solutions salines obtenues soit par forage, soit par
graduation, soit par galeries, ne sont pas assez concentrées
pour laisser déposer leur sel ; elles renferment de plus une
notable proportion de substances étrangères qu'il faut éliminer en partie pour obtenir le sel marin du commerce [1].
On doit les concentrer jusqu'à saturation, puis les évaporer
pour faire cristalliser le sel.

[1] Parfois on commence à faire subir à la saumure une purification par addition d'une quantité suffisante de chaux qui précipite
du sulfate de chaux, de la magnésie hydratée, du fer, de l'alumine
et des matières organiques ; quand on opère ainsi, il faut avoir
grand soin d'éviter l'emploi d'un excès de chaux qui gênerait beaucoup la concentration.

L'opération se fait dans de grandes chaudières en fonte ou en tôle. Les premières sont préférables. Comme la tôle est rapidement attaquée par l'eau salée en présence de l'air, il faut, pour préserver les chaudières, soit enduire leurs parois d'une épaisse couche de goudron, soit isoler un des angles de la poêle (préalablement bien décapé) avec une paroi en bois et couler du zinc dans cette encoignure. Avec cette dernière façon de procéder, le zinc seul est attaqué et le chlorure de zinc formé ne change pas sensiblement les propriétés de la saumure. Dans le but d'avoir une bonne utilisation de la chaleur en même temps qu'une évaporation active et une grande facilité de travail, on a adopté l'emploi de chaudières rectangulaires, peu profondes, dont la hauteur varie de 40 à 60 centimètres. La surface de la base oscille, suivant les usines, entre 50 et 200 mètres. Les foyers sont différents selon la nature du combustible auquel on s'adresse. Les grilles à étages sont réservées pour le chauffage à la houille ou au lignite. L'emploi du bois nécessite l'utilisation de foyers à flamme renversée. Le chauffage s'effectue de deux façons différentes : quand on se propose d'obtenir une grande production de sel pour une même chaudière, on laisse la flamme se répandre librement sous tout le fond de la cuve de concentration, dans un large carneau, et l'on réduit le tirage. Au contraire, pour obtenir une utilisation plus complète de la chaleur, on fait circuler plusieurs fois la flamme sous la chaudière dans une série de carneaux disposés à cet effet. Le tirage doit alors être assez actif pour permettre aux gaz de se mouvoir rapidement et, comme ils sortent à une température assez élevée, on les emploie à la dessication du sel fabriqué.

Dans ce dernier cas, la flamme de chaque foyer passe dans un carneau unique qui se replie plusieurs fois parallèlement à lui-même. Les figures 2 et 3 montrent le dispositif adopté.

Les flammes et les gaz chauds provenant des foyers FF,

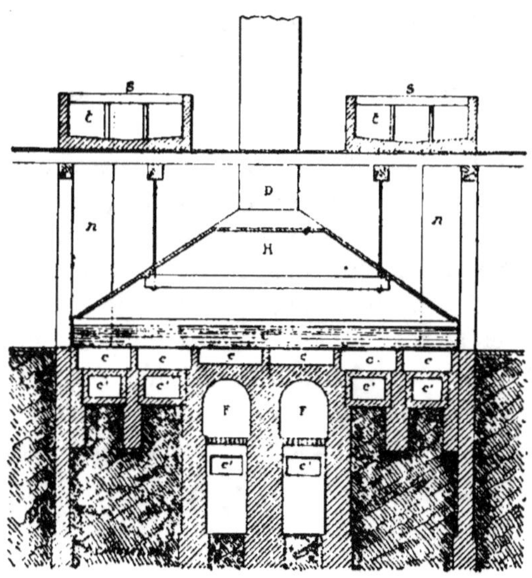

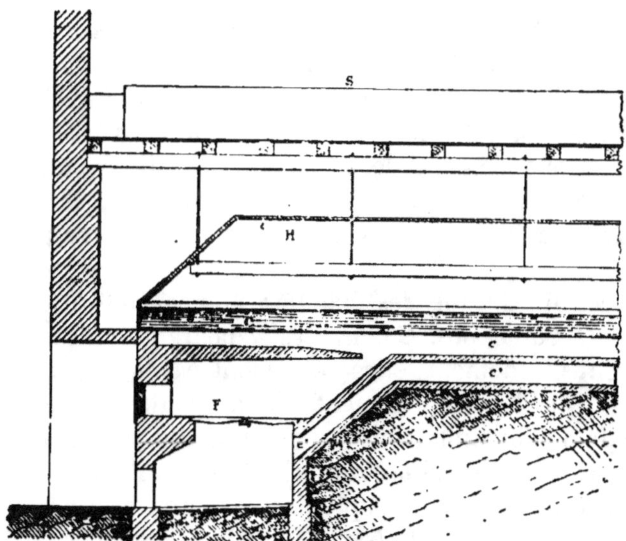

Fig. 2 et 3. — Chaudière d'évaporation.

circulent dans les carneaux *ccc*, et parcourent ainsi trois fois la longueur de la chaudière C avant d'arriver dans les cheminées *n. n* et de là aux séchoirs S, S chauffés par les carneaux *t, t.*

La tôle de la chaudière est protégée contre l'action directe du feu par une voûte établie sur une longueur de 4 mètres à la partie antérieure des foyers. L'air d'alimentation des foyers est préalablement échauffé par son passage à travers les conduits *c¹, c'*. Quant aux vapeurs formées dans la chaudière C, elles se rassemblent sous la hotte H dont la partie supérieure porte une cheminée de dégagement D, tandis que la partie inférieure est munie de vantaux.

Les séchoirs S servent à la dessication du sel fabriqué.

Foyers.

Pour les chaudières ayant moins de 80 mètres carrés de développement, les dimensions du foyer par rapport à la grille sont de 1/28 pour chauffage au bois, de 1/24 à 1/26 pour chauffage à la houille et 1/15 avec les lignites et les tourbes. Plus le développement de la chaudière est grand et plus petit est ce rapport. Pour les grands modèles, il tombe à 1/40 avec le bois, 1/28 avec le charbon et 1/20 avec les lignites.

Dans certaines usines les chaudières de concentration sont ouvertes à l'air libre. Comme les vapeurs produites se refroidissent rapidement, elles ne tardent pas à se condenser et retombent dans le récipient; il en résulte une dépense inutile de combustible. On obtient de meilleurs rendements en recouvrant la chaudière d'une hotte en planches surmontée d'une cheminée dans laquelle fonctionne un aspirateur. Cette hotte à parois inclinées est garnie de rigoles dans lesquelles sont recueillies les eaux qui proviennent de la condensation des vapeurs aspirées ; elle est munie de vantaux que l'on entr'ouvre quand on concentre par évaporation. On les maintient au contraire fermés, en ayant soin de ne les ouvrir que pour les besoins du travail quand on concentre par ébullition.

En effet, quand on procède par évaporation, la tension de la vapeur dégagée est inférieure à la pression atmosphérique ; donc, l'évaporation ne se poursuit qu'autant que l'air saturé d'humidité se trouve remplacé par de l'air sec et il en résulte inévitablement qu'il y a entraînement d'une notable quantité de chaleur par l'air saturé.

Au contraire, la concentration par ébullition produisant des vapeurs dont la tension est au moins égale à celle de l'air, la vapeur flottant sur le liquide est constamment chassée par de nouvelle vapeur qui se dégage. On peut donc opérer en vase presque clos à la condition de permettre un dégagement facile aux produits de l'évaporation. Ce dernier procédé exige moins de combustible que le précédent.

Le meilleur mode de chauffage consisterait évidemment à faire circuler au-dessus du liquide un courant d'air chaud, mais on se heurte à des difficultés pratiques lorsqu'on veut l'appliquer. Il faut en effet, dans ce cas, substituer à la hotte en bois une voûte fermée jetée sur la chaudière, ce qui entrave les manipulations. Ce système, expérimenté par M. Born, n'est plus employé.

Cristallisation.

La production des cristaux de sel se fait en observant des conditions particulières dues à ce fait que le chlorure de sodium n'étant que très peu plus soluble à froid qu'à chaud, il ne suffit pas, pour l'obtenir, de soumettre au refroidissement une solution saturée de ce sel à l'ébullition.

Les cristaux de sel ne peuvent être obtenus que par une évaporation soutenue et leurs dimensions varient avec la conduite de l'opération.

Pendant les premières heures d'ébullition et de concentration des solutions salées, il se produit une mousse, nommée *schlot*, composée notamment de sulfate double de soude et de chaux, de matières résineuses et des substances peu solubles, que renfermait primitivement la liqueur, ainsi que de celles qui ont pu prendre naissance par suite de l'élévation de température et de l'accroissement de la concentration. On enlève régulièrement cette écume. Lorque dans cette chaudière on a obtenu une solution saturée de sel. on la transvase dans les cristallisoirs ou chaudières de cristallisation et on la maintient à une température convenable[1]. Lorsque la liqueur primitive ne renferme que peu de sels insolubles, on peut se dispenser de la concentration préalable dont nous venons de parler et n'employer qu'une seule chaudière dans laquelle on effectue l'évaporation et la cristallisation, l'une à l'ébullition, l'autre à la température nécessaire pour obtenir les cristaux que l'on veut produire.

La cristallisation commence par la formation de petits grains de sel cubiques qui prennent naissance aux points où l'évaporation est très active et où la température est basse. Ils apparaissent donc à la surface. Si l'évaporation est très active, les courants qui s'établissent dans la masse déterminent la chute des petits cubes formés qui tombent au fond. On obtient alors du sel fin. Si, au contraire, l'évaporation est lente, les petits cubes restent à la partie supérieure et s'accroissent au dépens de la masse voisine. Il y a alors production de gros cristaux ou trémies qui, en raison de leur forme creuse, peuvent flotter longtemps à la surface du liquide et continuer à s'accroître.

---

(1) Quand on veut obtenir des cristaux en trémies, il ne faut pas chauffer à plus de 80 à 90° et alors l'emploi de deux chaudières, l'une à concentration et l'autre à cristallisation, est très économique.

Le sel fin est pêché à l'ébullition au moyen d'une drague. C'est le sel de douze heures. Le sel gros est obtenu par évaporation lente vers 80 ou 90°.

On peut obtenir du sel en trémies larges ou légères (*sel de Cambrai*) par addition de 0,5 d'alun pour 1000 d'eau schottée et concentration entre 60 et 66o.

Au fur et à mesure que le sel se précipite, la liqueur mère change de couleur. Incolore au début, elle prend une coloration qui va en s'accentuant. En même temps, la pureté des sels pêchés décroît et à un moment ils renferment une proportion si notable de matières étrangères qu'ils ne sont plus marchands. On peut augmenter un peu leur richesse en chlorure de sodium en les lavant avec une dissolution chaude et saturée de sel. A ce moment, il est nécessaire de verser dans la liqueur mère de nouvelles quantités de liqueur saturées de sel, et l'on continue l'opération de la même façon que précédemment.

Quand on a rechargé ainsi la chaudière un certain nombre de fois, la liqueur mère s'est tellement enrichie en sels déliquescents, elle est devenue si impure, qu'on ne peut plus l'employer à la production du sel. On la met alors de côté pour la soumettre à d'autres traitements destinés à en retirer des principes qui trouvent leur débouché dans le commerce ou dans l'industrie [1].

Il se forme dans les diverses chaudières une série de dépôts ou *incrustations*.

Celles qui se produisent dans les chaudières d'évaporation sont riches en sulfates, notamment en sulfate de chaux ; elles renferment aussi des matières organiques plus ou moins brûlées, mais elles tiennent peu de chlorure de sodium. Au contraire, les incrustations qui se forment dans les chaudières de cristallisation, renferment une proportion de sel marin assez considérable.

[1] On en extrait notamment les sulfates de soude et de magnésie, le chlorure de potassium et le brome.

On ne peut pas retirer des eaux salées la totalité du sel qu'elles contiennent : 1º parce qu'il se forme des incrustations qui en renferment ; 2º parce qu'il y a entraînement de ce corps par la vapeur d'eau ; 3º parce que les eaux-mères en retiennent toujours. Les pertes subies dans cette opération varient, suivant la pureté de la solution initiale ; elles oscillent généralement entre 6 et 14 0/0 du poids de sel primitif.

Les eaux salées riches en chlorure de magnésium sont parfois difficiles à traiter. Si elles renferment du sulfate de soude, il se forme du chlorure de sodium et du sulfate de magnésie qui se précipite dans les boues. Mais, si le sulfate de soude fait défaut, il est extrèmement difficile d'obtenir du sel à gros grains. Dans ce dernier cas, M. Pfannkuch recommande de mélanger ces liquides avec d'autres renfermant un excès de sulfate de soude.

Pour remédier au même inconvénient, on a également proposé d'ajouter un lait de chaux qui précipite la magnésie, et de séparer l'excès de chaux par le sulfate de soude que l'on ajoute dans la liqueur tirée au clair.

Les schlots et les incrustations sont traités à part pour en retirer le sulfate de soude.

Quant au chlorure de sodium extrait de la chaudière, on le laisse égoutter pour en séparer l'eau-mère. On emploie à cet effet soit des paniers coniques, soit des tablettes disposées sur le bord des chaudières et sur lesquelles on place le sel en tas ; de cette façon, les eaux-mères retombent dans la chaudière. On porte ensuite le sel sur d'autres tables. Le liquide qui en découle est ramené dans les chaudières au moyen de rigoles.

Dessication.

Lorsque les liquides mis en œuvre ne contiennent que peu de sels déliquescents, il suffit, après l'égouttage, de

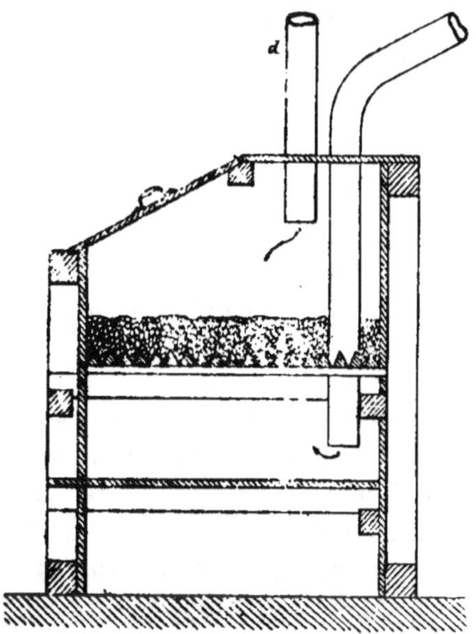

Fig. 4. — Séchoir.

laisser le sel marin séjourner pendant quelque temps dans un lieu chaud pour l'obtenir à l'état sec. Dans le cas contraire, on le dessèche dans des étuves que l'on peut chauffer par des gaz chauds, par les chaleurs perdues ou par des foyers spéciaux, suivant les besoins.

Ces étuves (fig. 4) ont la forme d'un pupitre et s'ouvrent par le haut. Elles portent une claie formée de liteaux en bois sur lesquels on place le sel suivant une épaisseur de 12 à 15 centimètres. Une porte permet de retirer celui qui aurait pu traverser les liteaux. L'air chaud, qui arrive par un tuyau supérieur, est obligé de traverser la couche de sel avant de s'échapper par la cheminée *d*.

Le sel ainsi desséché renferme de 90 à 97 0/0 de chlorure de sodium et de petites quantités de chlorures de potassium, de magnésium, de calcium ainsi que des sulfates de potasse, de soude, de magnésie, des carbonates de chaux et de magnésie, de la silice et de l'eau.

Perfectionnements.

Quelques usines ont tenté d'utiliser la chaleur acquise par les vapeurs provenant des chaudières de concentration, pour échauffer d'autres récipients.

Dans cet ordre d'idées, M. Rittinger a proposé un procédé très original dont le but est de produire l'évaporation du liquide avec une quantité de chaleur produite une fois pour toutes au début du travail (abstraction faite des pertes). L'opération consiste à pomper les vapeurs produites par l'évaporation et à les comprimer dans une enveloppe entourant la chaudière d'évaporation. Cette compression détermine à la fois le passage de la vapeur à l'état liquide et la restitution des calories qu'avait absorbées la modification physique inverse. Par suite, le liquide de la cuve s'échauffe d'une égale quantité et émet des vapeurs que l'on traite de la même façon. Ce procédé exige l'emploi d'une force motrice. Dans l'usine de M. Picard à Bex (Suisse) où il est employé, la force motrice est empruntée à une chute d'eau. Il fonctionne aussi à Maixe (Meurthe-et-Moselle) et paraît avoir réussi dans ces usines ; néanmoins il ne s'est pas développé.

L'appareil employé se compose (fig. 5, 6 et 7) d'un vase C' à

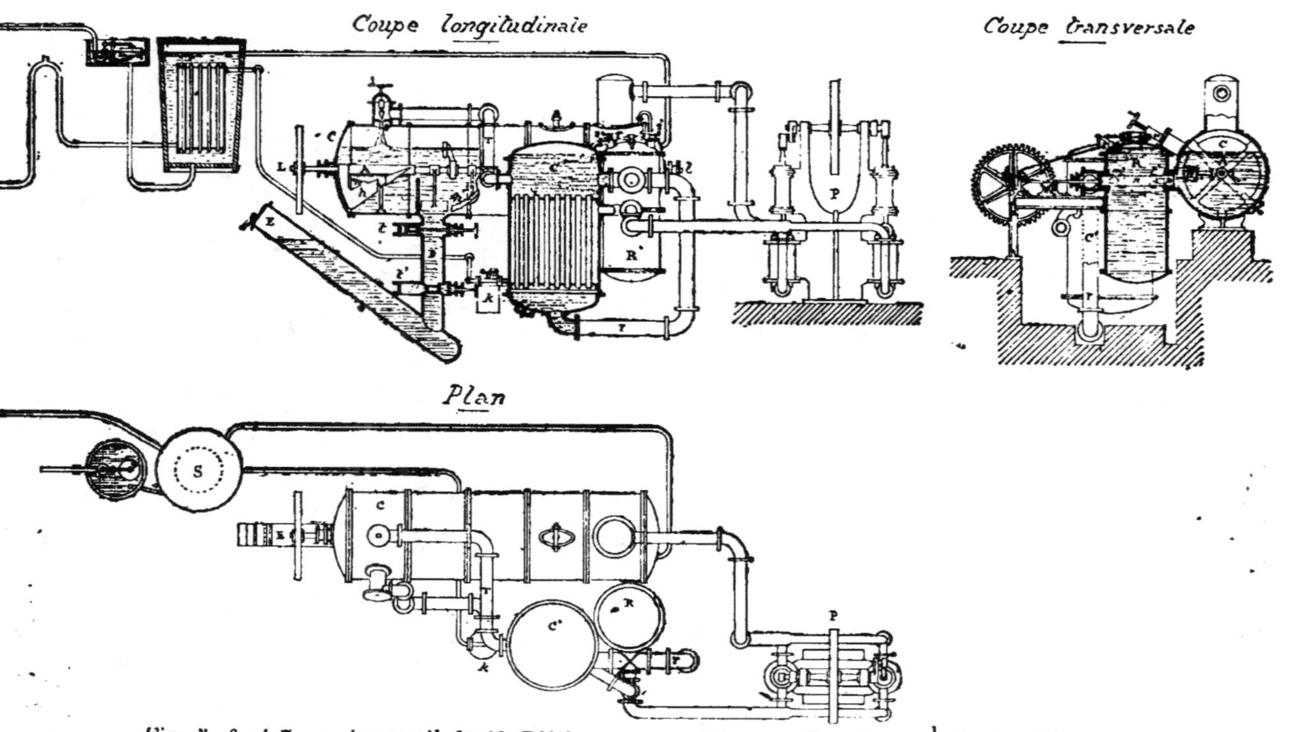

Fig. 5, 6 et 7. — Appareil de M. Rittinger pour l'évaporation des solutions salées.

surfaces chauffées par la vapeur puis d'un second vase C
dans lequel la pression est moins grande qu'en C'. La
solution à évaporer circule, par l'intermédiaire d'un organe
spécial et va de la chaudière tubulaire C' à la chaudière C,
après quoi elle revient en C' et ainsi de suite. Le passage
s'effectue par le tuyau T ; O est un orifice resserré dont on
peut modifier la section au moyen d'un cône ou d'une ai-
guille mobile. La vapeur renfermée entre les espaces qui
existent autour des tubes de la chaudière C', s'y condense
en abandonnant de la chaleur qu'elle transmet à travers les
parois des tubes et qui se trouve ainsi utilisée pour échauffer la dissolution saline qui circule dans ce récipient.

Lorsque le liquide chauffé sous pression en C' traverse
l'orifice O pour arriver en C où la pression est réduite, une
certaine quantité d'eau se vaporise et la solution saline
prend la température correspondante à son point d'ébullition, sous la pression qui existe en C. Par suite, une certaine quantité de sel se précipite en proportion d'autant
plus importante que la quantité d'eau vaporisée est plus
considérable. Ce sel tombe dans l'eau salée concentrée et
chaude et, après s'être développé au sein de la dissolution,
il se réunit sur le fond de la chaudière où des pelles gau-
ches h et une hélice h', animées d'un lent mouvement de
rotation par l'arbre L, le rassemblent et le jettent sur le tiroir t. Lorsque l'espace D est presque rempli de sel, on
ferme le tiroir t, et on ouvre t' ce qui permet au sel de tomber à la partie inférieure de E dans des poches en tôle percées de trous. On replace ensuite t et t' dans leur position
initiale. Le sel rassemblé dans la poche en tôle s'y tasse
pendant quelques instants, après quoi celle-ci est retirée
à la partie supérieure de E où l'égouttage a lieu jusqu'à
l'extraction suivante.

Afin d'éviter les rentrées d'air pendant les manœuvres
de vannes, la branche montante du tube E est remplie d'eau
saturée de sel.

Pour maintenir le liquide en circulation, on pourrait employer une pompe ; mais, vu les difficultés qu'on éprouve à faire circuler un liquide saturé porté à la température d'ébullition, on préfère utiliser un appareil spécial ainsi composé (fig. 6) : un récipient R communique avec C par la tubulure p et avec C' par m et le tuyau F.

p et m pénètrent à l'intérieur du vase R où ils présentent des prolongements cylindriques percés d'ouvertures p', m'.

La partie supérieure de R, plus haute que le niveau du liquide renfermé en C, porte un couvercle muni de deux ouvertures r' et r communiquant la première avec l'espace de vapeur de C, la seconde avec l'espace de vapeur de C'. Elles sont munies de tiroirs s et s' disposés de telle façon que lorsque le piston n (qui est animé d'un mouvement alternatif) ouvre p', le tiroir s' ouvre r' tandis qu'au contraire s ferme l'ouverture r. Alors, C communique avec R par-dessus et par-dessous le niveau de l'eau salée et le liquide prend le même niveau en R et en C. Dans la position inverse du piston les vases R et C', prennent, de la même façon, un égal niveau de sorte que si le niveau du liquide se trouve être plus élevé en C qu'en C' il passera une certaine quantité d'eau salée de C en R puis de R en C' sans qu'il y ait eu communication directe entre les deux récipients C et C'. Il résulte de ce dispositif que le liquide ne peut jamais avoir en C' un niveau aussi élevée qu'en C.

La dissolution qui a été portée de C en C' est chauffée par la vapeur qui emplit l'espace intertubulaire, et prend par suite un mouvement ascensionnel, tandis qu'au contraire, il se forme un courant descendant dans le tuyau F. Ce double mouvement détermine la circulation du liquide, circulation qui s'effectue de cette façon jusqu'à ce qu'il ait acquis une température voisine de celle de la vapeur qui sert à l'échauffer ; mais, à ce moment, il y a émission, par le liquide salé, d'une certaine quantité de vapeur et il en résulte le rejet d'une portion d'eau salée par l'orifice O dans la chaudière C. Là, ce jet liquide se vaporise, en partie. L'élimination de cette veine liquide de la chaudière C' a provoqué une dépression du niveau ; mais, grâce au fonctionnement de R, le niveau primordial se rétablit.

Comme la solution contenue dans la chaudière C' est soumise à une pression de 1 atmosphère, le liquide salé qu'elle renferme et qui est à l'ébullition, possède une température de 108° et émet des vapeurs à 100°. Ces vapeurs sont comprimées, au moyen d'une pompe P, à 2 atmosphères. Cette opération a pour résultat de porter de 100 à 120 la température de cette vapeur d'eau et de lui permettre d'être condensable à une température supérieure à 100°. Cette vapeur à 120° arrive dans l'espace intertubulaire de C' dont les parois ont une température moindre ; elle se condense en abandonnant sa chaleur latente de vaporisation. L'eau de condensation s'échappe par un purgeur automatique K, et comme elle a la chaleur spécifique provenant de la vapeur engendrée en C, on l'utilise pour réchauffer en S' l'eau d'alimentation de l'appareil. Quant à l'eau salée, elle arrive régulièrement par un trou de sonde pratiqué dans la mine. Les figures 5, 6 et 7 rendent compte du dispositif adopté.

EAU DE LA MER

Une très notable proportion de sel consommé dans l'industrie provient de l'eau de mer. Cette production peut être effectuée de trois façons différentes :

1° Par évaporation à l'air libre ;

2° Par évaporation à l'aide de la chaleur ;

3° Par congélation.

1º Par évaporation à l'air libre.

Ce genre de travail est extrêmement variable suivant les pays, parce qu'il dépend à la fois du climat, des conditions atmosphériques et de l'état des marées. Comme l'eau des mers ne renferme guère que 30 grammes de sel par litre, il faut évaporer d'énormes quantités d'eau, et par conséquent, l'on doit disposer d'une très grande surface.

La Méditerranée ayant des marées presque nulles, il convient d'établir les salines en contre-bas, à un niveau inférieur à celui de la mer. Comme cette condition est, la plupart du temps, difficile à réaliser, on y fait arriver l'eau salée par l'emploi de pompes élévatoires.

Au contraire, sur l'Océan où les marées sont marquées, les marais salants peuvent être installés à un niveau supérieur à celui de la mer sans nécessiter pour cela l'emploi de pompes élévatoires ; par contre, le climat est bien moins favorable à l'exploitation que celui du Midi.

SALINES DU MIDI DE LA FRANCE [1]

Une saline se compose d'une série de bassins reliés entre eux par de nombreux canaux qui servent à la circulation de l'eau salée et à l'écoulement des eaux-mères. Ces bassins doivent être étanches ; c'est pourquoi on les recouvre d'une couche d'argile. Cette argile se revêt peu à peu d'une croûte de sel qu'il se faut bien garder d'enlever lorsque l'on fait la récolte du sel.

[1] Pour plus de détails, voir notamment l'article de M. Lunge, *Moniteur scientifique Quesneville*, 1883, p. 1132.

2.

Fréquemment, on recouvre le sol des tables d'un revête-ment végétal nommé *feutre*, qu'on développe artificiellement sous l'influence d'eaux douces. Ce feutrage donne de l'imperméabilité au sol et permet de recueillir le sel sans mélange avec la terre, mais son entretien paraît demander beaucoup de soins.

Les bassins sont mis en communication avec l'eau de la mer par l'intermédiaire d'un grand réservoir nommé *vasière*, où elle se clarifie. Lorsqu'elle est privée des matières qu'elle tenait en suspension, on la fait couler dans une série de récipients de moindres dimensions où elle se concentre.

Quand sa concentration est telle qu'elle marque 25° à l'aréomètre de Baumé, on la fait arriver dans d'autres bassins peu profonds, nommés tables salantes où elle dépose du sel.

La figure 8 représente l'aspect théorique d'une saline du Midi (proportions non gardées). Les eaux de la mer sont amenées dans un étang où elles se clarifient. Les eaux claires passent lentement et successivement dans une série de bassins rectangulaires B peu profonds nommés *partènements extérieurs*. Cette circulation peut être produite par simple écoulement, ou par l'emploi de pompes M quand la saline est à un niveau trop élevé. Ces bassins communiquent entre eux. Les eaux, après les avoir parcourus, sont amenées par un canal dans de grands puits p dits « puits des eaux vertes ». A ce moment, leur densité qui, primitivement, correspondait à 3°,5 Baumé, doit être équivalente à 20° Baumé.

Des machines élévatoires M' envoient ces eaux dans un nouveau canal latéral qui les amène dans une série de bassins d'évaporation de dimensions moindres que les précédents ; on les nomme *partènements intérieurs* ou *chauffoirs intérieurs* B'. L'écoulement doit être réglée de telle sorte qu'en arrivant dans le dernier compartiment, nommé *pièce maîtresse*, les eaux marquent 25° Baumé. A ce moment, comme elles ont précisément une concentration

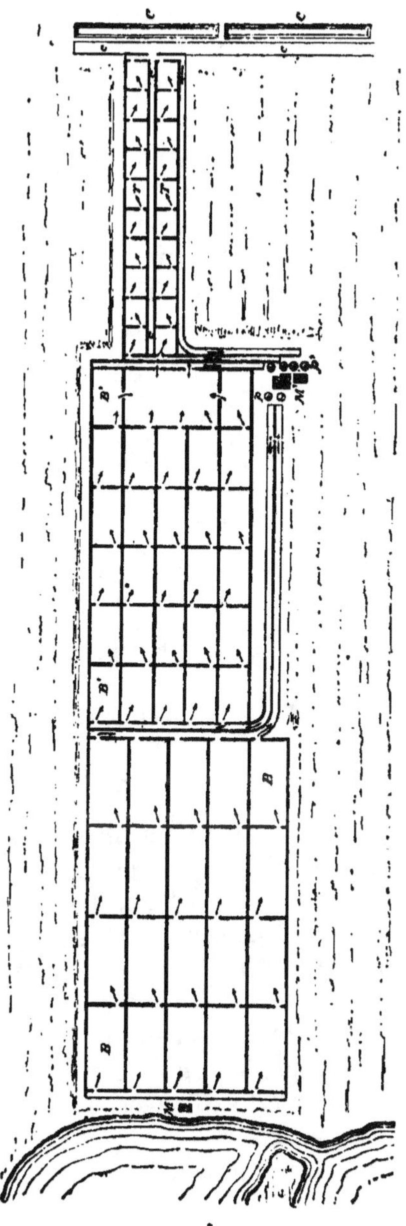

Fig. 8. — Croquis théorique d'une saline de la Méditerranée.

convenable pour déposer le sel qu'elles renferment, on les dirige dans de nouveaux puits *p'* (*puits des eaux en sel*) d'où les pompes les font passer dans une série de bassins d'évaporation T encore plus petits que les précédents. Ces bassins, qui doivent être soigneusement dressés, sont nommés *tables salantes*. Au fur et à mesure de l'évaporation, il se dépose du sel. Celui qui se rassemble dans les premières tables est plus pur que celui que l'on recueille dans les dernières. Le niveau est maintenu constant grâce à l'introduction régulière d'eau à 25° Baumé.

Le tableau suivant montre la qualité des sels obtenus dans une opération continue.

	1re qualité	2e qualité	3e qualité
Sulfate de chaux	1 à 1,2	0,8 à 0,9	0,3 à 0,4
— magnésie	0,2 à 0,3	0,5 à 0,6	0,8 à 1,2
Chlorure de potassium	—	—	traces
— magnésium	0,1 à 0,4	0,4 à 0,5	0,7 à 1,5
Matières insolubles	traces	0 à 0,2	0 à 0,2
Humidité	2 à 4	4 à 6	6 à 8
Chlorure de sodium	95 à 98	93 à 96	90 à 94

1re qualité sel déposé par les eaux de 25 à 27° » Baumé
2e   —   —   27 à 29 »   —
3e   —   —   29 à 32,5   —

La première qualité est vendue pour la consommation, la seconde est destinée aux fabriques de produits chimiques, la troisième à la salaison de la pêche. Dans cette dernière, la présence des sels de magnésie facilite la pénétration du sel dans les chairs et contribue à assurer la conservation des produits de pêche.

Dans les dernières tables, les eaux-mères marquent 28 à 32° Baumé. On les recueille généralement à part dans un espace spécial où elles sont exploitées pour l'extraction des sels mixtes et des sels d'été.

De 32 à 35° Baumé il se dépose le jour une petite proportion de sulfate de magnésie à 6 équivalents d'eau, mêlé à du chlorure de sodium. Pendant la nuit, surtout par un temps frais, la concentration étant presque nulle, il se dépose peu de chlorure de sodium et beaucoup de sulfate de magnésie à 7 équivalents d'eau.

À 35° Baumé il se dépose pendant les nuits froides du sulfate de magnésie presque pur et l'eau-mère restante ne marque plus que 33 à 34°. Elle fournit pendant le jour un mélange de chlorures de sodium et de magnésium, ainsi que du bromure et du sulfate de magnésie et aussi du chlorure de potassium et du sulfate double de potasse et de magnésie à 6 molécules d'eau.

Après quoi, il se produit pendant le jour et la nuit un chlorure double de potassium et de magnésium à 6 molécules d'eau. Quand ce produit prend naissance par une nuit très froide, il entraîne du sulfate de magnésie.

Il reste finalement une eau-mère pesant 38° Baumé qui est une solution de chlorure de magnésium renfermant de petites proportions de chlorure de sodium et de sulfate de magnésie. On en sépare le chlorure de magnésium en refroidissant la liqueur à 5 ou 6°.

Les eaux-mères restantes sont rejetées à la mer.

Les dimensions adoptées dans le Midi pour les divers bassins sont, en moyenne, les suivantes :

	Hectares	Eaux de		
Partènements extérieurs . . .	250	3°,5	à	8° Baumé
— intérieurs . . .	40	8	à 18	—
Avant-pièces	8	18	à 25	—
Tables salantes	32	25	à 32	—

En général, on donne aux tables salantes 1/6 de la superficie totale quand elles sont établies dans un terrain argileux et 1/10 quand le sol est sablonneux.

Dans les salines du Midi, les vasières sont disposées au-dessous du niveau de la mer; elles sont très larges et peu profondes.

Afin d'avoir une installation économique, il faut s'attacher à réaliser, aussi complètement que les circonstances le permettent, les conditions suivantes :

1° N'élever les eaux que quand elles sont aussi concentrées que possible pour économiser du travail mécanique;

2° Etablir les tables salantes à un niveau plus élevé que celui de la mer, afin de pouvoir les isoler des eaux de pluie et des infiltrations des terrains voisins;

3° Placer les tables salantes aussi près que possible du lieu d'expédition.

Dans le but d'éviter le mélange avec les eaux douces, l'exploitation est très souvent entourée d'un fossé circulaire.

Les citernes peuvent remplir un double but : en premier lieu, on les utilise comme récipients dans lesquels on emmagasine les eaux en cas de pluie persistante ; elles servent, en second lieu, à assurer la régularité du travail.

La distribution des eaux en sel dans les tables salantes se règle par de petites rigolles transversales nommées *aiguilles*. Le même dispositif sert à l'écoulement des eaux-mères.

Au mois de mai ou de juin, la campagne commence. On vide les tables et on les laisse sécher à l'air, après quoi, l'on y verse de l'eau à 18° Baumé et on l'y laisse séjourner pendant quelques jours. On égoutte, on sèche et on passe au rouleau. L'emploi de l'eau à 18' a pour effet de rendre le sol hygrométrique, par suite du dépôt des sels de magnésie. Quant au rouleau, il affermit le sol, lui enlève ses aspérités et le rend de cette façon plus propre au travail que l'on va effectuer.

Les pluies d'orage sont susceptibles de faire perdre la récolte. Les petites pluies présentent moins d'inconvénients parce que l'eau de mer étant très dense quand elle est à l'état d'eau en sel, l'eau douce surnage aisément et s'évapore rapidement. Il est d'ailleurs aisé de la faire écouler par des déversoirs, sans qu'on ait à redouter des pertes notables de sel. Quelques salines travaillent toute l'année. On ne peut espérer dans ce cas obtenir en hiver des eaux en sel, on se contente de faire arriver l'eau de mer dans les partènements extérieurs de façon à préparer des eaux marquant de 8 à 12° Baumé que l'on emmagasine soigneusement. pour les traiter pendant la belle saison. On utilise à cet effet soit les partènements intérieurs, soit des récipients spéciaux. Quelle que soit la nature de ces récipients, qui doivent être étanches, on protège la saumure contre l'action diluante de l'eau de pluie, en la recouvrant de roseaux liés entre eux qui flottent à la surface et ont pour effet de briser et de diviser l'eau de pluie; par suite, celle-ci surnage la liqueur salée. On l'en sépare au moyen de déversoirs.

L'opération du salinage peut être effectuée par intermittence ou d'une façon continue.

Lorsque l'on adopte la première façon de faire, on alimente chaque table séparément en remplaçant continuellement le liquide évaporé par une addition équivalente d'eau « en sel », c'est-à-dire en état de déposer le chlorure de sodium. Le liquide se concentre de plus en plus sur la table et les sels se déposent. On laisse les choses aller de la sorte jusqu'à ce que la table étant remplie, les eaux-mères aient atteint un degré tel qu'il n'y ait plus intérêt à les traiter. A ce moment, on les rejette directement dans la mer.

Dans la méthode continue, au contraire, un certain nombre de tables communiquent entre elles par des déversoirs reliés à la pièce maîtresse, qui représente par conséquent la première table du jeu. Les eaux qui sortent de la pièce maîtresse ont environ 25° Baumé ; elles s'écoulent des tables alors que leur densité, variable d'ailleurs, atteint 30, 32 ou 35° Baumé.

L'évaporation étant presque nulle pendant la nuit, on arrête la circulation des eaux. Il se forme ainsi une véritable cristallisation fractionnée. Les salines ne retirent guère qu'environ les deux tiers du sel contenu dans l'eau de mer; 36 mètres cubes d'eau de mer renfermant 1 tonne de sel, il en résulte que, pour avoir 1 tonne de sel, il faut employer 54 mètres cubes d'eau qui se réduisent à 6,5 mètres cubes quand ils sont au point d'être en sel.

Usiglio, à qui l'on doit l'étude de ces phénomènes d'évaporation, a montré que, pour une eau de la Méditerranée pesant 3',5 Baumé, les dépôts ne commençaient à s'effectuer que lorsque la densité du liquide correspondait à 7° Baumé. Ces dépôts sont différents qualitativement et quantitativement ; leur nature dépend du degré de concentration des eaux qui leur ont donné naissance.

Le tableau suivant indique le poids et la composition de divers dépôts qui se produisent pendant l'évaporation.

Degré Baumé	Poids et nature du dépôt par litre d'eau de mer.	
7°1	Carbonate de chaux	0,672
	Oxyde de fer	0,031
16°,75	Carbonate de chaux	0,530
	— de magnésie	traces
	Sulfate de chaux cristallisé.	5,600
20°,5	Sulfate de chaux cristallisé.	5,600
22°,0	—	1,800
25°,0	—	1,600

A 26°,25, le volume de l'eau de mer est devenu 95/1000 fois moins considérable qu'il ne l'était primordialement. Le dépôt, composé notamment de sulfate de chaux, renferme aussi du sulfate de magnésie, du chlorure de sodium et du chlorure de magnésium. A 28°,5 il se dépose en même temps du bromure de sodium. Enfin, à 35° Baumé le volume de l'eau de mer n'est plus que les 16/1000 du volume initial.

En somme, lorsque les eaux ont atteint 26°,5 Baumé, il s'est déposé par litre :

Sulfate de chaux hydraté	1,466 gr.	
Carbonate de chaux	0,117	
Oxyde de fer	0,003	
Total	1,586	1,586

De 26°,5 à 35° Baumé, il se dépose :

Chlorure de sodium	27,107	1,586
Sulfate de magnésium	0,624	
Sulfate de chaux	0,283	
Bromure de sodium	0,222	
Chlorure de magnésium	0,153	
TOTAL	28,389	28,389
TOTAL des sels déposés jusqu'à 35° Baumé		29,975

Le tableau suivant montre la variation de composition due à la concentration :

Composition d'un mètre cube d'eau de mer (Camargue)

	à 3°,6 B.	à 25° B.	A 32° B.
Chlorure de sodium	39,18	287.43	218,2
Sulfate de magnésie	5,18	49,30	227,3
Chlorure de magnésium	3,30	31,43	150
Sulfate de chaux	1,76	2,10	»
Chlorure de potassium	0,53	5,03	24,10
Bromure de sodium	»	0,43	»

Les dépôts s'effectuent régulièrement et dans le même ordre jusqu'à la densité de 35° Baumé. Lorsque les eaux ont acquis cette concentration, la température influe beaucoup sur la nature des corps séparés.

On ne procède au levage du sel qu'à la fin de la campagne qui se termine avec la belle saison. Pour cela, on emploie des pelles plates disposées sur un manche incliné à 0ᵐ,45 et munies d'un filet de laiton sur les bords. Les pelletées sont disposées en tas autour des tables. Là, elles s'égouttent.

Après plusieurs jours d'exposition on ramasse le sel et on en forme des *camelles*, énormes tas en prismes triangulaires tronqués à leurs extrémités, dont le volume atteint plusieurs milliers de mètres cubes. Ces *camelles* se font, soit en transportant le sel à bras d'hommes, dans des paniers, soit en employant des chemins de fer, soit en bateaux.

Le croquis théorique de la page 27, figure 8, laisse voir les caneaux *c* réservés à cet effet. Le sel, recueilli dans des caisses en bois d'environ 2 mètres cubes, est placé dans le bateau que l'on conduit au pied des camelles ; là une grue à vapeur le déverse à la partie supérieure du tas.

Le tableau ci-contre résume la conduite des opérations d'une saline de la Méditerranée.

MARAIS SALANTS DE L'OUEST DE LA FRANCE

Les marais salants établis sur les côtes de l'Océan Atlantique tendent de plus en plus à disparaître, non seulement parce que le climat ne leur est pas propice, mais aussi parce que, étant exploités individuellement par une classe d'ouvriers (*saulniers*), elles ne peuvent plus lutter avec les salines du Midi, propriétés de riches compagnies qui ont su mettre à profit les conquêtes de la science capables d'améliorer leur industrie.

L'eau est captée dans de grands réservoirs nommés *jas* ou *vasières*, d'une capacité suffisante pour pouvoir alimenter la saline pendant trente ou quarante jours.

De là elle arrive dans un bassin nommé *cobier*.

Elle commence à se concentrer dans des bassins rectangulaires nommés *couches*, passe successivement dans les

DEGRÉ BAUMÉ	VOLUME restant après le dépôt en litres	DÉPOT OBTENUS A DIVERSES DENSITÉS							
		Oxyde de fer grammes	Carbonate de chaux grammes	Sulfate de chaux hydraté grammes	Chlorure de sodium grammes	Sulfate de magnésie grammes	Chlorure de magnésium grammes	Bromure de sodium grammes	Chlorure de potassium grammes
3,5	1,000	»	»	»	»	»	»	»	»
7,1	0,533	0,0030	0,0642	»	»	»	»	»	»
11,5	0,316	»	traces	»	»	»	»	»	»
14.0	0,245	»	traces	»	»	»	»	»	»
16,75	0,190	»	0,0530	0,5600	»	»	»	»	»
20.60	0,1445	»	»	0,5620	»	»	»	»	»
22,00	0,131	»	»	0,1840	»	»	»	»	»
25,00	0,112	»	»	0,1600	»	»	»	»	»
26,25	0,095	»	»	0,0508	3,2614	0,0040	0,0078	»	»
27,00	0,064	»	»	0,1476	9,6500	0,0130	0,0356	»	»
28,50	0,039	»	»	0,0700	7,8960	0,0262	0,0434	0,0728	»
30,20	0,0302	»	»	0,0144	2,6240	0,0174	0,0150	0,0358	»
32,40	0,023	»	»	»	2,2720	0,0254	0,0240	0,0518	»
35,00	0,0162	»	»	»	1,4040	0,5382	0,0274	0,0620	»
Total des sels déposés..	»	0,0030	0,1172	1,7488	27,1074	0,6242	0,1532	0,2224	»
Reste dans les eaux-mères	»	»	»	»	2,5885	1,8545	3,1640	0,33	0,5339
Total des sels contenus dans 1 litre d'eau de mer	»	0,0030	0,1172	1,7488	29,6959	2,4787	3,3172	0,5524	0,5339
Total des sels contenus par litre obtenus analytiquement..........	»	0,0030	0,1170	1,760	30,1830	2,541	3,302	0,570	0,518

(71) Usiglio, *Annales de Physique et de Chimie.*

fares et *adernes* et séjourne dans les *morts* et vient cristalliser dans les *œillets*. Ces *œillets* sont les tables dans lesquelles le sel se dépose.

Tous les jours le saulnier brise, avec son rateau, la couche de sel qui s'est formée à la surface du liquide et la ramène le long du bord en prenant des précautions pour ne pas remuer la terre. Il lave le sel en l'agitant dans son eau-mère, puis le dispose en petits tas sur les barres qui séparent les bassins.

Quand ces petits tas sont égouttés, il les rassemble pour en former de plus importants (mulots) qu'il protège par un revêtement formé de terre glaise et de roseaux.

Les eaux-mères n'étant jamais évacuées, il arrive un moment où la récolte du sel doit cesser par suite de la présence d'une proportion trop notable de chlorure de magnésium qui diminue la solubilité du sel marin. Ce dernier prend alors naissance non plus par cristallisation, mais par précipitation, et comme il entraîne avec lui une grande quantité d'eau-mère riche en sels déliquescents, il le devient lui-même. On dit alors que l'œillet s'est *échauffé* et ce phénomène met fin à l'opération du salinage.

Ce procédé, dispendieux à cause de la main-d'œuvre qu'il nécessite, ne fournit que des sels de qualité inférieure dont la composition moyenne est :

Sulfate de chaux	0,3 à 0,8
— magnésie.	0,5 à 1,5
Chlorure de magnésium	0,8 à 1,5
— potassium	traces
Humidité	8,0 à 12,0
Matières insolubles	0,2 à 1,0
Chlorure de sodium	85,0 à 92,0

Les dimensions adoptées pour les surfaces des divers compartiments sont généralement les suivantes :

Vasière. . . . .   40 à 42 0/0
Cobier ou deuxième bassin (qui manque
   souvent). . . . .   10 à 12
Saline { Fares et adernes .   38 à 40 0/0 { 45 à 46
       { Œillets. . . . .   7 à 6   {
Délivres et conduits intérieurs. . . . . .   1 à 5

2º Par évaporation en chaudières.

Dans le nord de la France et sur les côtes de l'Angleterre, on extrait le sel qui s'est déposé sur les sables mouillés par l'eau de la mer.

On choisit à cet effet ceux qui, naturellement ou artificiellement, ont été baignés par l'eau de mer lors des hautes marées, on les recueille par un temps sec et on les soumet à un lessivage effectué au moyen de l'eau de mer.

L'opération s'exécute dans des caisses en bois dont le fond est recouvert de paille. Les eaux saturées sont évaporées dans des chaudières, par l'action du feu.

Pendant le travail, on écume soigneusement jusqu'à ce que le sel commence à se déposer.

On termine en évaporant à sec.

Le sel obtenu est impur; il renferme des sels déliquescents. On le purifie en le plaçant dans des paniers que l'on suspend au-dessus des chaudières d'évaporation. La vapeur d'eau produite élimine les sels déliquescents et laisse une substance qu'on met en magasins où elle achève de se purifier en donnant un sel très pur.

Dans certains cas particuliers, l'eau de mer est employée pour dissoudre le sel gemme (Allemagne et Hollande). La solution saturée est ensuite évaporée à l'aide de la chaleur.

3° Par congélation.

En soumettant l'eau de mer à des congélations partielles et successives, on détermine la formation de glace presque pure, que l'on sépare, tandis que la liqueur mère s'enrichit en principes salins.

Lorsqu'elle a atteint un degré de concentration convenable, on l'évapore dans des chaudières où le sel se dépose. Ce sel n'est pas pur. Il renferme en moyenne :

Chlorure de sodium	74,85
Sulfate de soude	15,20
Chlorure d'aluminium	1,17
— calcium	5,21
— magnésium	5,57

Production, composition, prix de revient.

Les sels produits ont des densités différentes suivant la grosseur des cristaux.

Le sel gros pèse	72 kilogrammes	à l'hectolitre	
— moyen	76	—	—
— fin.	84	—	—
— surfin	96	—	—

Production. — MM. Lunge et Naville admettent que, dans les salines de l'est de la France, la production des poêles est la suivante :

Sel gros .	23 kilogrammes	par mètre carré de poêle en 24 heures	
— moyen	32	—	—
— fin . .	55	—	—
— surfin .	75	—	—

avec une dépense moyenne de 400 à 600 kilogrammes de houille par tonne de sel.

Il y a lieu de remarquer que la préparation du sel gros exige une plus forte proportion de combustible que celle du sel fin.

Prix de revient. — Suivant la commission d'enquête sur les sels de 1886, on pourrait représenter par les chiffres suivants la dépense nécessaire pour produire une tonne de sel provenant de saumures, à 24-25° Baumé (usine de Camarade, Gironde).

240 kilogrammes de bois	3,20
Main-d'œuvre	1,32
Frais généraux et intérêt du capital engagé .	5,50
Prix sur place	10,02

Prix de revient à la saline de Gouhenans (Haute-Saône) :

Extraction des eaux salées.	0,26
Combustible.	6,45
Main-d'œuvre, fabrication, expédition. . . .	2,12
Entretien	1,73
Frais généraux et intérêts du capital	5,75
Prix de la tonne sur place.	16,31

Composition. — La composition des sels produits est assez variable comme le montre le tableau suivant :

COMPOSITION DES DIVERS SELS MARINS PROVENANT DE L'ÉVAPORATION DE L'EAU DE MER

	SALINS DE L'OUEST [1]			SALINS DU MIDI [2] sur l'étang de Berre			SALINS DU PORTUGAL [3]			SALINS D'ESPAGNE [4]		SEL de la mer d'Ochotsk obtenus par réfrigération [5]
	Île de Ré	Île d'Oléron	Marennes	1re qualité	2e qualité	3e qualité	1re qualité	2e qualité	3e qualité	Cadix	Figueras	
Sulfate de chaux........	1,110	1,140	1,260	1,115	0,621	0,440	0,56	0,81	3,57	0,630	0,650	»
— magnésie.....	0,153	0,216	0,381	0,221	0,506	0,612	1,69	6,20	7,27	0,213	0,245	»
Chlorure de potassium...	»	»	»	»	traces	0,122	»	»	»	»	»	»
— magnésium...	0,498	0,618	0,517	0,100	0,377	1,300	»	»	»	0,327	0,234	1,66
Matières insolubles	0,914	0,230	0,350	0,050	0,030	0,050	0,11	0,20	0,20	0,060	0,120	6,20
Eau.....:	9,425	6,682	8,470	1,400	4,201	5,758	2,15	3,60	8,36	5,180	2,070	»
Chlorure de sodium.....	87,831	91,076	89,012	97,100	94,212	91,217	95,19	89,19	80,09	93,585	96,664	77,60
— de calcium.....	»	»	»	»	»	»	»	»	»	»	»	0,94
Sulfate de soude........	»	»	»	»	»	»	»	»	»	»	»	13,60
Totaux...	99,931	99,982	99,990	99,986	99,947	99,799	100,00	100,00	100,00	99,995	99,983	100.00

(1) (3) (4) Wagner et Gauthier, *Chimie industrielle*, t. 1, p. 371, analyses de MM. Roux et Berthier.
(2) Lunge et Naville, *Traité de la fabrication de la soude*, t. II, p. 46.
(5) Muspratt.

CARBONATE DE SOUDE

Propriétés.

Le carbonate de soude anhydre est une poudre blanche, fusible au rouge en perdant 1,34 à 1,38 0/0 d'acide carbonique. Si on le laisse revenir à la température du rouge sombre, il absorbe à nouveau une petite quantité d'acide carbonique ; la perte ne correspond plus alors qu'à 0,54 0/0. Le carbonate de soude anhydre se combine à l'eau avec dégagement de chaleur. Il est susceptible d'en fixer des proportions variables en engendrant plusieurs hydrates. Indépendamment du carbonate neutre de soude, on connaît deux autres carbonates acides.

Le carbonate neutre de soude, tel qu'on le rencontre partiellement dans le commerce sous le nom de *cristaux de soude* est un hydrate à 10 molécules d'eau ; 100 parties de ce sel renferment 62.937 parties d'eau. Il se présente sous forme de prismes rhomboïdaux volumineux ou de pyramides tronquées réunies par la base. Ces cristaux s'effleurissent promptement à l'air, et fondent, à la température de 34° dans leur eau de cristallisation. Le carbonate de soude est très soluble dans l'eau et présente aisément les phénomènes de sursaturation.

Les solutions saturées abandonnent à 25° des cristaux renfermant seulement 7 molécules d'eau.

3.

Sesquicarbonate [1]. — Ce sel qu'on rencontre dans la nature, forme en particulier les substances minérales connues sous les noms de *trona* et *urao*. Il résulte de la combinaison du carbonate neutre de sodium avec le bicarbonate. Sa composition est représentée par la formule $(CO^3)^3Na^4H^2$, soit $CO^3Na^2,2CO^3NaH$. On l'obtient artificiellement avec les mêmes caractères physiques et chimiques que le *trona* en faisant bouillir une solution de bicarbonate et abandonnant au refroidissement la solution concentrée [2].

La solution de sesquicarbonate de soude se décompose par évaporation en fournissant un mélange de carbonate neutre et de bicarbonate; elle ne précipite pas les sels de magnésie.

Sa solubilité dans l'eau est assez considérable :

100 parties d'eau à	0°	dissolvent	12,63	de sesquicarbonate
—	20	—	18,30	—
—	40	—	23,95	—
—	60	—	29,68	—
—	80	—	35,80	—
—	100	—	41,59	—

Bicarbonate ou carbonate acide. — On le rencontre à l'état naturel, en dissolution dans certaines eaux naturelles et en particulier dans l'eau de Vichy. Sa composition répond à la formule CO^3NaH. Chauffé, il perd de l'eau et de l'acide carbonique et se transforme en carbonate neutre :

$$2CO^3NaH = CO^3Na^2 + H^2O + CO^2.$$

Exposé à l'air humide, il dégage peu à peu de l'acide carbonique et se transforme en sesquicarbonate.

Suivant M. Buignet, sa densité est égale à 2.163. A l'état

(1) Lœwel, *Ann. de Chimie et de Physique*, 3, t. XXXIII, p. 337.
(2) Suivant M. Chatard le sesquicarbonate sodique n'existe pas. Le produit décrit sous ce nom ne serait qu'un mélange de carbonate neutre et de bicarbonate,

de pureté, il ne rougit pas le curcuma et ne précipite pas les sels de magnésie, mais il bleuit le papier de tournesol.

La solution aqueuse du bicarbonate perd peu à peu de l'acide carbonique. Ce dégagement, assez rapide quand on porte les solutions à 70°, devient tumultueux à l'ébullition et ne laisse plus dans la liqueur que du carbonate neutre de soude.

La préparation du bicarbonate de soude est facilement réalisable, soit en soumettant à un courant d'acide carbonique le carbonate de soude ordinaire (cristaux de soude), soit par double décomposition entre le chlorure de sodium et le carbonate acide d'ammonium. Cette dernière réaction est celle qui sert de base à la fabrication de la soude par le procédé à l'ammoniaque.

Le carbonate monosodique est peu soluble dans l'eau. La présence des sels étrangers tels que le chlorure de sodium, le sulfate de soude, le chlorhydrate d'ammoniaque, contribue à en diminuer la solubilité.

SOUDE NATURELLE

Les soudes naturelles sont des mélanges de divers sels de soude qui se rencontrent tout formés dans la nature et dont l'élément principal est le carbonate de soude. Leur formation peut être atribuée ou à la décomposition à l'ais de certaines roches riches en soude, ou à l'action du chlorrure de sodium sur les roches et les terrains calcaires (Berthollet, Boussingault), ou encore, et plus vraisemblablement, à l'action des plantes qui absorbent le chlorure de sodium et l'éliminent dans le sol sous forme de sels de soude à acides organiques qui se transforment en carbonate de soude.

La soude naturelle se rencontre en dissolution dans l'eau

de certains lacs; par évaporation ces eaux abandonnent des croûtes solides cristallines, renfermant notamment du carbonate de soude, des chlorures et du sulfate de sodium.

Gisements. — La soude naturelle se rencontre :

1° Dans la partie occidentale de la basse Egypte où l'on trouve des lacs alimentés par un grand nombre de petites sources d'eau saline marquant de 1 à 5° Baumé. L'eau de ces lacs est rougeâtre, très concentrée (elle marque jusqu'à 28 et 30° Baumé); elle fournit, pendant l'été, des dépôts composés d'un mélange de divers sels de soude.

2° Il existe également un grand nombre de lacs à soude en Asie, et notamment en Arménie, en Perse, en Hindoustan, au Thibet, en Mongolie, en Chine, etc.

3° Au Mexique, en Arabie et en Hongrie on trouve des soudes qui sont fournies par les efflorescences du sol.

La croûte saline qu'abandonnent les lacs de soude, renferme la soude à l'état de carbonate de soude hydraté CO^3Na^2, $10H^2O$ et constitue le *natron*. La soude fournie par les efflorescences du sol consiste surtout en sesquicarbonate et varie légèrement suivant la proportion d'eau de constitution qu'elle renferme. C'est ce qui distingue le *trona* d'Egypte d'avec l'*urao* du Mexique, ce dernier renfermant une molécule d'eau de moins que le premier dont la composition est représentée par la formule $(CO^2)^3(Na^2O)^2H^2O + 3H^2O$.

Les tableaux suivants donnent la composition de quelques échantillons d'eaux à soude et de soudes naturelles.

NATURE des corps	LAC TASCH-BURNN		LAC A EAUX ROUGES			Eau jaune de divers étangs
	Eau	Dépôt du fond	Eau	Dépôt du fond	Croûte flottant à la surface	
Co^3Na^2	0,69	22,91	3,70	16,09	18,42	23,91
So^4Na^2	0,99	14,05	5,57	80,56	77,54	5,39
NaCl	4,97	51,49	21.36	1,62	1,92	5,38
Mn^2O^3, MgO	»	traces	»	traces	traces	»
H^2O	93,36	9,88	69,37	0,55	1,18	65,29
	100,01	100,33	100,00	98,82	99,06	99,97

Les analyses précédentes sont dues à M. Abich.

NATRON D'ADEN		SOUDE D'ARABIE (Haimes)	
Carbonate de soude. .	51,05	Carbonate de soude. .	51.05
Sesquicarbonate de soude .	»	Chlorure de calcium .	24,94
Sel marin	24,94	Chlorure de magnésium	traces
Sulfate de soude. . .	»	Sulfate de soude . .	traces
Eau	19,66	Eau et matières organiques .	19,66
Autres sels et sable. .	4,35	Sable . . . . . . :	4,35

NATURE DES CORPS	TRONA		URAO — Boussingault
	d'Égypte Laugier	du Fezzan Klaproth	
Acide carbonique..{ Soude............{	22,40	32,6	41,22 39,0
Eau..............	14,00	31,6	18,86
Sulfate de soude ..	18,35	21,8	»
Chlorure de sodium	38,64	15,0	»
Matières étrangères	6,00	»	0,98
Totaux..	99,43	100,0	100,00

COMPOSITION	Dulla-Kar	Nummuck Dulla	Papree	Booskee
Partie soluble				
Carbonate de soude . . .	65,26	7,24	35,61	24,64
Excès d'acide carbonique (a)	7,35	0,54	3,75	2,25
Carbonate de potasse . .	0,27	»	0,13	20,17
Chlorure de sodium . .	0,60	86,66	39,21	traces
Chlorure de magnésium .	0,67	traces	traces	traces
Sulfate de chaux	traces	traces	traces	0,30
Alumine et phosphate de chaux	0,50	0,60	0,50	15,71
Partie insoluble				
Carbonates de chaux et de magnésie, oxyde de fer .	1,80	1,13	3,95	14,45
Substances organiques . .	0,35	0.23	0,80	2,35
Eau de cristallisation . .	23,20	3.60	16,05	20,13
Total. . .	100,00	100,00	100,00	100,00
(a) correspondant à :				
$CO^3\,Na^2$	29,85	5,64	17,54	13,80
$C^3O^8\,Na^4$	42,76	2,14	21,82	13,09

<table>
<tr><td colspan="2">Soude d'Egypte (trona) Remy</td><td colspan="2">Soude de l'Inde, Pfeiffer</td></tr>
<tr><td>Carbonate de soude . .</td><td>18,43</td><td>Acide carbonique . .</td><td>16,00</td></tr>
<tr><td>Sesquicarbonate de soude</td><td>47,29</td><td>— sulfurique. . .</td><td>4,01</td></tr>
<tr><td>Sulfate de soude. . . .</td><td>2,15</td><td>Chlore . . . . . .</td><td>0,79</td></tr>
<tr><td>Chlorure de sodium . .</td><td>8,16</td><td>Soude . . . . . .</td><td>22,59</td></tr>
<tr><td>Carbonate de chaux. . .</td><td>0,20</td><td>Potasse . . . . . .</td><td>2,65</td></tr>
<tr><td>— magnésie .</td><td>traces</td><td>Chaux . . . . . .</td><td>0,16</td></tr>
<tr><td>Acide borique . . . .</td><td>—</td><td>Magnésie . . . . .</td><td>0,30</td></tr>
<tr><td>Matières organiques . .</td><td>—</td><td>Oxyde de fer. . . .</td><td>1,08</td></tr>
<tr><td>Résidu insoluble . . .</td><td>4,11</td><td>Alumine. . . . . .</td><td>0,26</td></tr>
<tr><td>Eau . . . .</td><td>19,67</td><td>Silice et sable. . . .</td><td>34,65</td></tr>
<tr><td align="right">Total. . .</td><td>100,01</td><td>Eau . . . .</td><td>17,59</td></tr>
<tr><td></td><td></td><td align="right">Total. . .</td><td>100,08</td></tr>
</table>

Soude de Hongrie (Székso)
(M. J. Moser).

Soude	8,03
Potasse.	3,12
Chaux	2,72
Magnésie	traces
Alumine et oxyde de fer	2,33
Acide sulfurique	3,48
Silice	1,04
Eau	15,50
Insoluble dans l'acide nitrique	55,00
Acide carbonique et pertes	8,78

Enfin, on trouve dans le Nord-Amérique un certain nombre de lacs renfermant des eaux sodiques [1].

SOUDE EXTRAITE DES PLANTES

Généralités.

L'incinération des diverses plantes fournit des cendres

[1] Chatard, *Natural Soda, ils occurence and utilisation, Bulletin* n° 60 *U.-S. géological Survey,* 1887-1888.

fort différentes qualitativement et quantitativement surtout
en ce qui concerne les alcalis proprement dits. Quoiqu'en
général la potasse soit l'élément dominant dans les cendres
des plantes terrestres et marines, il existe un petit nombre
de végétaux qui se développent particulièrement sur les
bords de la mer ou dans les steppes salées, et dont la cen-
dre est surtout riche en soude. En Europe, les plantes riches en soude appartiennent presque exclusivement à la
famille des atriplex et leur teneur en alcali est très variable
suivant la nature de l'espèce. M. Becker, à qui l'on doit l'analyse de plusieurs de ces cendres, a reconnu que leurs teneurs en carbonate de soude et pour 100 étaient les suivantes :

Salsola clavifolia.	46,00 0/0
— soda	40,95
— kali.	34,0
— brachiata.	26,25
Halimocnemum caspicum	36,80
Kochia sedoïdes	30,85

Fabrication.

Les plantes ayant été coupées en temps opportun, on les
fait sécher au soleil et on les met en tas. Lorsque l'approvi-
sionnement de la matière sèche est suffisant, on procède à
l'incinération dans des fosses creusées à même dans le sol.
Ces fosses sont ou circulaires ou cubiques ; on leur donne
1 mètre à $1^m,50$ de diamètre et 1 mètre de profondeur quand
elles sont circulaires. Dans la seconde forme, chaque côté a
1 mètre à $1^m,50$. On a soin d'en recouvrir le fond avec des
pierres plates formant une aire solide sur laquelle on place
les plantes les plus sèches que l'on enflamme. Lorsque la
combustion est devenue bien franche, on alimente le feu en
y ajoutant, par petites quantités à la fois, de nouvelles por-

tions de plantes desséchées, afin que la combustion s'effectue toujours en présence d'un excès d'air. De plus, il est convenable d'aérer la masse de temps à autre afin d'obtenir une combustion aussi complète que possible. Les cendres qui prennent naissance s'agglomèrent par suite de la demifusion que subit la masse sous l'influence de la grande élévation de température qui s'est développée. Il en résulte une masse agglomérée presque vitreuse qui remplit la fosse aux trois quarts. On laisse le feu s'éteindre, et, après refroidissement, on casse la masse à coups de merlin. Ces morceaux constituent la soude naturelle des plantes.

Composition.

La composition et l'aspect du produit sont très variables non seulement avec la nature de la plante mise en œuvre, mais aussi avec la marche de l'opération. Les soudes naturelles abandonnent toujours, quand on les traite par l'eau, un résidu insoluble composé de sels de fer, de chaux et de magnésie.

Les analyses suivantes, dues à M. Girardin, donnent la composition de quelques soudes naturelles des plantes.

NATURE des corps.	SOUDE Bourde d'Alicante	SEL DE VARECH				
		de Cherbourg	de Cherbourg	de Villette	de provenance inconnue	de Granville
CO^3Na^2	2,00	9,53	3,71	13,76	6,0	0,22
SO^4K^2	»	22,19	42,54	20,35	18,8	13,50
KCl	»	16,00	19,64	10,53	73,2	15.60
NaCl	65,0	45,78	25,38	54,11	»	65,68
SO^4Ca	»	»	»	»	»	»
Insoluble	3,0	1,50	0,73	»	»	»
I	»	traces	traces	traces	traces	traces
SO^4Na^2	30,0	»	»	»	»	»
Eau	»	5,0	8,0	1,25	2,0	5,0
Pertes	»	»	»	»	»	»

Cette industrie, presque entièrement disparue, ne continue à produire que pour la consommation locale de quelques pays.

DES DIVERS PROCÉDÉS PROPOSÉS POUR LA FABRICATION DU CARBONATE DE SOUDE ARTIFICIEL

Historique.

Il n'y a guère qu'un siècle, les arts n'avaient à leur disposition que la soude naturelle provenant d'efflorescences du sol, et le produit impur, relativement peu riche en carbonate de soude, que l'on obtenait en calcinant les plantes marines par le procédé que nous venons de décrire.

Duhamel du Monceau ayant montré en 1736 que la base du chlorure de sodium était *identique* à celle des soudes naturelles, l'Académie des sciences fonda, quarante ans plus tard, un prix de 2.400 livres destiné à récompenser l'auteur du meilleur procédé de préparation de la soude au moyen du sel marin. Grâce à son abondance et à la facilité avec laquelle on l'extrait, le chorure de sodium est la matière première toute indiquée.

Un certain nombre de procédés furent successivement proposés par divers auteurs pour atteindre ce but.

Ce fut d'abord Scheele, qui traitait le sel marin par la litharge en produisant du chlorure de plomb et de la soude.

Puis le P. Malherbe, qui transformait le chlorure de sodium en sulfate de soude, lequel, calciné ensuite avec du charbon et du fer et abondonné à l'air, donnait naissance d'une part à du sulfure de fer et d'autre part à de la soude.

Carny essaya de décomposer le chlorure de sodium en le

mélangeant avec de la chaux et l'abandonnant à l'air qui déterminait la formation d'efflorescences superficielles de carbonate de soude.

En concevant de décomposer le sulfate de soude par une calcination convenable en présence du charbon, de la Métherie fit faire un pas immense à la question. Cette opération ne donna pas naissance, comme son auteur s'y attendait, à de l'acide sulfureux et à du carbonate de soude, mais à un mélange de ce dernier avec des proportions notables de sulfure de sodium.

Entre les mains de Nicolas Leblanc[1], le procédé de la Métherie (attribué par certains à Ribeaucourt) subit une modification heureuse qui le rendit industriel. Leblanc eut l'idée d'opérer la calcination du sulfate de soude et du charbon en présence de carbonate de chaux. Les essais de laboratoire montrèrent ce qu'avait d'important la présence de cet élément. Les procédés Leblanc furent rendus publics

(1) Nicolas Leblanc, né à Issoudun en 1752, fit ses études de pharmacie et s'adonna à la chimie tout en remplissant ses fonctions d'officier de santé; il fut médecin du duc d'Orléans (Philippe-Egalité). Son beau travail sur la cristallisation des solutions renfermant divers sels, lui créa un nom dans la science. Après avoir expérimenté au laboratoire son procédé de fabrication de la soude, il s'adressa au duc d'Orléans dans le but d'obtenir les capitaux nécessaires à l'exploitation industrielle de cette découverte. Celui-ci ne crut devoir se décider qu'après avoir reçu l'avis de d'Arcet. Cet avis ayant été favorable, le duc d'Orléans apporta un capital de 200.000 francs à une association dans laquelle se trouvaient Shée et le préparateur de Leblanc, Dizé. Enfin, le 25 septembre 1791, Leblanc obtenait, sur le rapport de d'Arcet, Desmaret et de Servières, un brevet d'invention de quinze années.

A cette époque, les guerres que la France avait à soutenir, nécessitaient une production de salpêtre très considérable qui se trouvait menacée par suite du manque d'importation des soudes espagnoles. Ce fut alors que le comité du Salut public rendit, en l'an II de la République et sur la proposition de Carny, un décret par lequel tous les inventeurs de procédés susceptibles de transformer le sel en soude, étaient mis en demeure de sacrifier à la patrie leurs intérêts privés et de déposer dans un délai de 2 décades la

par la commission du comité du Salut public [1], qui les reconnut comme les plus avantageux.

Les détails opératoires avaient été si consciencieusement établis par l'auteur, que son mode de fabrication s'est conservé intact et qu'il est resté longtemps la base de toutes les industries soudières.

Bien que dans ces dernières années on ait utilisé de nouvelles réactions et mis en œuvre de nouveaux procédés, les fabriques de soude Leblanc continuent à fournir un apport important dans la production totale de la soude.

L'importance exceptionnelle que présente la fabrication du carbonate de soude a déterminé un certain nombre de

description de leurs procédés entre les mains d'une commission.

Ces malheureuses circonstances donnèrent au procédé Leblanc une importance exceptionnelle : l'inventeur fut des premiers à se mettre à la disposition de la commission, qui se composait de Lelièvre, Pelletier, Giraud et d'Arcet et, son procédé ayant été reconnu le plus avantageux, un rapport de la commission, le rendit public.

Leblanc n'eut pas le légitime plaisir de pratiquer lui-même son procédé, les biens du duc d'Orléans ayant été séquestrés, l'usine de Saint-Denis avait été arrêtée. Comme indemnité du préjudice à lui causé par la publicité donnée à son procédé, une décision ministérielle lui accordait la possession de l'usine de Franciade que l'on considéra comme suffisamment importante, malgré les rapports de Vauquelin et de Deyeux et contrairement à l'ordonnance ministérielle du 1er août 1806.

Les charges que causa la mise en marche d'une usine qui n'avait pu fonctionner depuis plusieurs années, épuisèrent la totalité des ressources de Leblanc.

Malgré toutes ses démarches, bien que le comité du Salut public lui eût alloué une somme de 4.000 livres, et que la Société d'Encouragement eût mis à sa disposition une somme de 2.000 francs, Leblanc ne put se relever. Vaincu par la misère et par le chagrin, il se suicida.

L'honneur d'avoir découvert un tel procédé fut revendiqué d'une part par Dizé tandis que, d'autre part, Muspratt prétendait que Bryan Higgins en etait l'auteur. Les enquêtes faites à ce sujet ne laissent aucun doute : Leblanc en fut bien l'inventeur.

(1) Commission composée de Lelièvre, Pelletier, Giraud et d'Arcet.

chercheurs à étudier de près les réactions utilisables pour sa production industrielle ; parmi le grand nombre de procédés préconisés, quelques-uns ont reçu la sanction de la pratique, tandis que d'autres n'ont pas franchi le seuil des laboratoires.

Toutes ces méthodes peuvent être réunies et classées en six groupes. Nous étudierons :

1° Les réactions qui produisent directement la soude par décomposition du sel marin au moyen de substances convenablement choisies.

2° Les réactions qui mettent en œuvre le sulfate de soude, et nous distinguerons dans cette catégorie celles qui emploient le sulfate de soude sans transformation préalable et celles qui ne l'utilisent qu'après l'avoir réduit à l'état de sulfure.

3° Les procédés basés sur l'emploi de la cryolithe.

4° Les procédés fondés sur la transformation des nitrates en carbonates.

5° La fabrication de la soude au moyen des feldspaths.

6° La fabrication de la soude au moyen des scories.

A. — Production directe de la soude au moyen du sel marin.

I. — *Emploi de l'acide carbonique et des carbonates.*

1° *Par l'acide carbonique.* — La décomposition partielle de l'eau salée par l'acide carbonique ayant été signalée par M. Hugo Müller, M. C. Funk imagina de décomposer le sel marin en solution par l'acide carbonique liquéfié à 0° sous une pression de 36 atmosphères. Le bicarbonate de soude, qui prenait ainsi naissance, était filtré sous pression puis calciné pour être transformé en carbonate de soude.

2° *Par le carbonate de potasse.* — En 1795, Dundonald prit un brevet en vue d'exploiter, pour la fabrication de la soude, une réaction exposée dix ans auparavant par M. Meyer qui avait constaté que l'évaporation d'une solution mixte de chlorure de sodium et de carbonate de potasse donnait, en premier lieu, des cristaux de chlorure de potassium, puis ensuite des cristaux de soude. Ce procédé a fonctionné industriellement. Voici de quelle façon on opérait : On séchait au four un mélange à parties égales de sel marin et de potasse de Russie, on l'additionnait de chaux éteinte et de charbon en poudre et l'on fondait au four à flamme. Les lessives, obtenues par le traitement aqueux de cette masse étaient évaporées de façon que le chlorure de potassium s'en séparât par refroidissement. Après une double cristallisation, les eaux-mères étaient évaporées à siccité et le résidu lessivé à l'eau fournissait le carbonate de soude.

M. Bischoff avait proposé de soumettre à l'action d'un courant d'acide carbonique une solution à parties égales de sel marin et de carbonate de potasse, afin d'en séparer du bicarbonate de soude qui, par calcination, produisait le carbonate de soude.

En raison des valeurs respectives qu'ont actuellement les carbonates de potasse et de soude, ces procédés basés sur l'emploi du carbonate de potasse n'ont plus aucune importance.

3° *Par le bicarbonate d'ammoniaque.* — On mélange des solutions aqueuses de bicarbonate d'ammoniaque et de chlorure de sodium. Par suite de la double décomposition qui se produit, il se précipite du bicarbonate de soude, tandis que le sel ammoniac reste en solution. Après séparation du précipité de bicarbonate de soude, on le dessèche et on le calcine; on obtient ainsi la soude connue dans le commerce sous le nom de soude Solvay. Ce procédé étant l'un des plus importants que l'industrie utilise, nous en ferons un examen approfondi dans le chapitre suivant.

La Société de Croix, près Lille, a proposé de substituer dans le procédé précédent la triméthylamine à l'ammoniaque en procédant aux mêmes transformations.

Dans un brevet en date du 30 avril 1888, MM. Claus, Sulman et Berry indiquent la préparation du carbonate de soude par le chlorure de sodium et le bicarbonate d'ammoniaque en faisant agir sur celui-là, pris à l'état solide, une solution saturée de bicarbonate d'ammoniaque en présence d'acide carbonique sous pression.

4° Par la magnésie et l'acide carbonique. — Lorsque, dans une solution aqueuse de sel marin additionnée de magnésie ou de carbonate de magnésie, on fait passer un courant d'acide carbonique, il se produit du bicarbonate de magnésie qui, réagissant sur le chlorure de sodium, forme du bicarbonate de soude peu soluble et du chlorure de magnésium qui reste en solution.

$$2NaCl + MgO + 2CO^2 + H^2O = 2CO^3\,NaH + MgCl^2$$

La calcination du bicarbonate de soude, produit du carbonate neutre et de l'acide carbonique qui est employé à la formation du bicarbonate de magnésie.

$$2CO^3NaH = CO^3Na^2 + CO^2 + H^2O$$

Enfin, l'évaporation des solutions aqueuses fournit du chlorure de magnésium. Ce sel donne, par la calcination, de l'acide chlorhydrique en même temps qu'il régénère la magnésie.

$$MgCl^2 + H^2O = MgO + 2HCl$$

Ce procédé, remarquablement élégant, n'a pas donné les résultats qu'on en attendait, parce que l'on n'a pu, jusqu'à présent, produire complètement les réactions précédentes.

5° *Par le bicarbonate de chaux.* — On a essayé de tirer parti de la réaction du bicarbonate de chaux sur le sel marin. A cet effet, Carny mélangeait une solution de chlorure de sodium avec un lait de chaux éteinte. Par exposition à l'air, il se produisait une carbonatation qui se traduisait par la formation d'efflorescences de carbonate de soude. Pour accélérer et rendre plus complète cette réaction, on a préconisé l'emploi du bicarbonate de chaux en lieu et place du lait de chaux, mais dans chacun de ces cas, les réactions sont si lentes et si peu complètes que l'industrie a renoncé à les utiliser.

II. — *Emploi des oxydes métalliques.*

1°. *Par l'oxyde de chrome et la vapeur d'eau.* — L'action de la vapeur d'eau et de l'oxyde de chrome sur le sel marin donne lieu à la formation de bichromate de soude et d'acide chlorhydrique suivant l'équation

$$2NaCl + Cr^2O^3 + H^2O + 3O = Na^2Cr^2O^7 + 2HCl$$

Le bichromate formé donne, par calcination avec du charbon, du carbonate de soude et de l'oxyde de chrome

$$Na^2Cr^2O^7 + 2C = Na^2CO^3 + Cr^2O^3 + CO$$

$$2Na^2Cr^2O^7 + 3C = 2Na^2CO^3 + 2Cr^2O^3 + CO^2$$

Dans son brevet du 6 mars 1867, M. Kessler décrit de la façon suivante la façon d'opérer :

On mélange le sel marin avec de l'oxyde de chrome, du

fer chromé ou du chromate de plomb. On ajoute ou non à ce mélange du bioxyde de manganèse et on le porte au rouge en même temps qu'on le soumet à l'action de la vapeur d'eau surchauffée.

Lorsque la réaction est achevée, on laisse la masse revenir à la température extérieure, on la mélange avec du charbon et on chauffe au rouge sombre. On épuise la masse refroidie, par l'eau ; le carbonate de soude entre en dissolution et il reste de l'oxyde de chrome qui rentre en fabrication.

Dans leur brevet du 17 février 1872, MM. Robinson et Hargreaves proposent d'employer, comme oxyde de chrome, le produit qu'on obtient en réduisant par un courant d'hydrogène les chromates alcalins, sous produits de la fabrication du chlore.

2° *Par l'alumine.* — On a cherché à utiliser la propriété que possède l'alumine de donner avec les bases puissantes des aluminates alcalins dont la solution aqueuse est décomposée par le passage d'un courant d'acide carbonique, avec formation de carbonate alcalin et d'alumine. A cet effet, M. Tilghmann a proposé l'emploi d'alumine obtenue par la calcination du sulfate d'alumine. On place cet oxyde dans des cylindres en terre réfractaire qu'on chauffe au blanc ; on y fait arriver en même temps : 1° un mélange de vapeur d'eau et de chlorure de sodium produit par l'action de la vapeur d'eau surchauffée sur du sel en fusion ; 2° un autre jet de vapeur d'eau surchauffée. Dans ces conditions, une partie du chlorure de sodium est décomposée.

$$Al^2O^3 + 6NaCl + 3H^2O = Na^6Al^2O^6 + 6HCl$$

Le liquide, résultant du lessivage de la masse, abandonne, sous l'influence d'un courant d'acide carbonique, l'alumine qu'il renferme, mais, comme la réaction est loin de s'accomplir intégralement, les cristaux sont très impurs. L'alumine obtenue rentre dans le traitement. Au lieu d'opérer la décomposition par l'acide carbonique, on peut employer la chaux :

$$Na^6Al^2O^6 + 3Ca(OH)^2 = Ca^3Al^2O^6 + 6NaOH$$

3° *Par l'oxyde de plomb.* — Scheele ayant indiqué que la filtration d'une solution de sel marin sur des couches de litharge donnait naissance à de la soude caustique et à de l'oxychlorure de plomb,

$$2NaCl + 2PbO + H^2O = 2NaOH + (PbCl)^2O$$

un certain nombre de savants et d'industriels firent des essais en vue d'utiliser cette réaction pour la production de la soude. Chaptal qui fabriqua en France de la soude par ce procédé, décrit de la façon suivante son mode opératoire :

On prend 400 parties de litharge tamisée qu'on répartit par portions égales dans des terrines en grès ; on dissout en même temps 100 parties de sel marin dans 400 parties d'eau. On verse le quart de cette solution dans les terrines, pour former une pâte avec la litharge.

Dès qu'on s'aperçoit que la litharge commence à blanchir, ce qui arrive quelques heures après que le mélange est fait, on remue la pâte avec une spatule et on y ajoute peu à peu le reste de la solution de sel. Sans cette précaution, la pâte durcit, s'épaissit et la décomposition est imparfaite. Lorsque la solution saline ne suffit pas, on emploie l'eau pure vers la fin de l'opération. Si l'opération a été bien conduite, la décomposition se fait dans les vingt-quatre heures et le résultat est alors une pâte homogène, sans grumeaux, dont le volume est bien plus considérable que celui de l'eau et de la litharge employées. Pour obtenir un résultat plus complet, on laisse la pâte vingt-quatre heures de plus dans les terrines. La soude, séparée de l'acide muriatique qui s'est uni au plomb, est à l'état caustique. On la sépare en versant de l'eau bouillante sur la pâte et en agitant convenablement le mélange. Cette opération devient plus économique par le parti qu'on peut tirer du muriate de plomb.

Chaptal dut lui-même renoncer à ce mode de fabrication qui fut heureusement modifié par M. Bachet par l'introduction dans le mélange de chaux hydratée. Le liquide résultant de l'épuisement aqueux de la masse était, en outre, filtré sur un lit de chaux afin de séparer le plomb qu'il tenait en solution.

Plus récemment, le même auteur dans son brevet français du 23 janvier 1872, donne les indications suivantes :

On fait bouillir l'oxyde de plomb avec de l'eau et on y ajoute une dissolution aqueuse et bouillante de sel marin. On brasse bien la masse de façon à obtenir une réaction rapide. On arrête alors l'ébullition et l'on sépare, par décantation, le liquide clair du précipité d'oxychlorure de plomb qui s'est rassemblé. On emploie ce liquide comme eau salée pour traiter de nouvelles quantités d'oxyde de plomb, jusqu'à ce que la liqueur se soit suffisamment enrichie en soude. On la soumet alors à l'action d'un courant d'acide carbonique qui en sépare tout le plomb. On décante, on sature la liqueur de chlorure de sodium et on continue l'affusion de gaz carbonique qui précipite la soude à l'état de bicarbonate qu'on lave et calcine pour le transformer en carbonate neutre.

Quant au précipité d'oxychlorure de plomb, on le brasse à plusieurs reprises avec de l'eau de chaux en en séparant chaque fois le liquide par décantation, et l'on termine en faisant tomber peu à peu le précipité dans une solution bouillante de chaux. Les liquides calciques décantés donnent, sous l'action du gaz carbonique, un précipité formé d'un mélange de carbonates de chaux et de plomb que l'on calcine pour le transformer en chaux et oxyde de plomb qui, par lessivage à l'eau bouillante, fournit de l'eau de chaux et de l'oxyde de plomb, toutes matières qui rentrent en traitement.

Cinq ans plus tard, M. Knab proposait de régénérer le plomb contenu dans l'oxychlorure en le traitant par du carbonate d'ammoniaque de façon à former du carbonate de plomb et du chlorhydrate d'ammoniaque. Le premier de ces corps reproduit, par calcination, de l'oxyde de plomb, tandis que le second, traité par l'oxyde manganeux, dégage son ammoniaque qui, combinée à l'acide carbonique, reproduit le carbonate d'ammoniaque employé précédemment. Quant à la solution de chlorure de manganèse elle fournit, par évaporation et calcination, du chlore et de l'oxyde manganique. Cet oxyde manganique chauffé avec du soufre donne de l'acide sulfureux et régénère le protoxyde de manganèse employé dans les opérations précédentes.

III. — *Emploi des sulfates.*

Par le sulfate de chaux. — M. Otto Siemens a proposé de fabriquer le carbonate de soude en soumettant un mélange de sulfate de chaux et de sel marin à la triple influence de la chaleur rouge, de la vapeur d'eau surchauffée à 2 atmosphères et de l'acide carbonique. Suivant l'auteur, il se dégagerait dans ces conditions un mélange d'acide sulfureux et d'acide chlorhydrique tandis que le résidu, composé de carbonates de soude et de chaux, donnerait par livigation une solution de soude et un dépôt insoluble de carbonate de chaux.

IV. — *Emploi des phosphates.*

Par le phosphate neutre de soude. — M. Arrot a proposé de produire du phosphate neutre de soude en fondant le biphosphate du même métal avec du chlorure de sodium. En soumettant une solution de ce phosphate neutre de soude et de carbonate de soude à l'action du gaz carbonique, le premier se transforme en biphosphate et il se produit du bicarbonate de soude qu'on sépare par cristallisation fractionnée.

V. — *Emploi des acides minéraux.*

1° *Par l'acide fluorhydrique.* — M. Weldon a préconisé l'emploi de l'acide fluorhydrique pour décomposer le sel marin et former du fluorure de sodium qu'un traitement à la chaux ou au calcaire transforme, suivant le cas, en soude caustique ou carbonate de soude avec production de fluorure de calcium. Le prix élevé des substances nécessaires rend ce procédé peu pratique.

2° *Par l'acide fluosilicique.* — L'idée de mettre à profit l'insolubilité des fluosilicates de soude est due à MM. Spilsbury et Maugham. Le procédé consiste à préparer une solution d'acide fluosilicique pesant de 5 à 8° Baumé, par la calcination de briquettes composées de fluorure de calcium, d'alumine, de silice et de charbon. On peut, comme l'ont proposé MM. Tessié du Motay et Karcher, employer pour 11 équivalents de silice 18 équivalents de fluorure de calcium, 30 équivalents de carbone et 4 à 5 parties de terre alumineuse.

La charge dégage par la chaleur d'abondantes vapeurs de fluorure de silicium qui s'échappent par le gueulard et traversent des chambres de condensation où elles rencontrent de l'eau divisée circulant en sens inverse et au contact de laquelle elles se décomposent en silice gélatineuse et acide fluosilicique qui reste en dissolution.

A 100 litres de cette solution d'acide fluosilicique, on ajoute environ 5 kilogrammes de sel marin qui provoque la formation d'un précipité gélatineux de fluosilicate de soude, tandis que le chlore du chlorure de sodium, séparé à l'état d'acide chlorhydrique, reste en solution. Le précipité est séparé et séché, après quoi on le calcine en vase clos. Il se décompose alors en fluorure de silicium volatil que l'on condense à nouveau dans l'eau et il reste du fluorure de sodium qui, par ébullition avec de la chaux hydratée, se transforme en fluorure de calcium et en soude caustique. La chaux peut d'ailleurs être remplacée, dans cette réaction, par du calcaire.

Ce procédé n'a pu entrer dans la pratique à cause de la formation presque inévitable d'acide fluorhydrique qui corrode les appareils. De plus, les réactions sont incomplètes et les condensations par l'eau présentent des difficultés. Les précipités gélatineux se lavent malaisément et l'acide chlorhydrique obtenu est si étendu qu'il n'est pas commercial.

3° *Par l'acide borique.* — En 1848, M. Bœhme fit connaître que l'acide borique hydraté décomposait le sel marin sous l'influence de la vapeur d'eau. Quelques années plus tard, M. Margueritte brevetait ce procédé, que le prix élevé de l'acide borique rend peu pratique.

4° *Par la silice.* — La production de la soude aux dépens du chlorure de sodium, de la silice et de la vapeur d'eau, fut préconisée, en 1809, par Guay-Lussac et Thénard qui proposaient soit de décomposer par la chaux le silicate produit, de façon à le transformer en soude caustique et silicate de chaux, soit à le soumettre à l'action de l'acide carbonique qui le décompose avec production de carbonate de soude et de silice gélatineuse.

Malgré les essais tentés en Angleterre par divers auteurs et notamment par M. Gossage pour utiliser cette réaction, le procédé n'a pu entrer dans la pratique à cause du prix de revient élevé des produits fabriqués.

VI. — *Emploi des acides ou des sels organiques.*

1° *Par l'oxalate de magnésie.* — Cet ingénieux procédé repose sur les réactions suivantes :

Une solution de chlorure de sodium est décomposée par l'oxalate de magnésie avec production de chlorure de magnésium soluble et de bioxalate de soude qui se précipite en partie.

Le bioxalate de soude chauffé sous une pression de 2 atmosphères avec du carbonate de magnésie et de l'eau fournit un précipité de bioxalate de magnésie et une solution de bicarbonate de soude.

La solution de bicarbonate de sou de chauffée à l'ébullition avec de la magnésie, transforme celle-ci en carbonate de magnésie insoluble. La solution ne retient plus que du carbonate neutre de soude mélangé d'une petite quantité d'oxalate de soude qu'on peut extraire par cristallisation fractionnée (concentration à 40° B et refroidissement ultérieur).

La solution aqueuse de chlorure de magnésium, évaporée fournit un résidu qui, par calcination, se décompose en acide chlorhydrique et magnésie que l'on transforme en carbonate par l'action des gaz du foyer.

Grâce à ces traitements, la magnésie, l'acide oxalique sont régénérés et l'on obtient d'une part du carbonate de soude et d'autre part de l'acide chlorhydrique.

Comme ces manipulations entraînent une perte inévitable en acide oxalique, on prépare celui-ci en traitant de la sciure de bois par une lessive de potasse caustique, évaporant à sec, et fondant la matière qui, par livigation fournit une solution d'oxalate de potasse qu'on fait cristalliser. On dissout ensuite cet oxalate de potasse et on le transforme en oxalate de magnésie par addition de chlorure ou de sulfate de magnésium. Il ne reste plus qu'à décomposer l'oxalate de magnésie par l'acide chlorhydrique pour obtenir l'acide oxalique pur.

Cet élégant procédé entraîne un trop grand nombre de manipulations et nécessite l'emploi d'un produit trop couteux ; il n'a pu, de ce chef, rendre des services à l'industrie soudière.

2° *Par l'acide oxalique.* — Si l'acide oxalique était un produit de peu de valeur, on pourrait produire le carbonate de soude par la réaction ignée de l'acide oxalique sur le chlorure de sodium, réaction qui produit en même temps de l'oxyde de carbone et de l'acide chlorhydrique, mais il est évident que, dans les conditions actuelles, on ne saurait tirer avantageusement parti de cette réaction.

VII. — *Emploi de l'électricité.*

Un grand nombre de procédés ont été proposés pour préparer électrolytiquement la soude et le chlore. Tous sont basés sur le même principe et ne diffèrent que par les qualités qu'ils possèdent de surmonter plus ou moins complètement les deux difficultés suivantes qui sont les points délicats de ce genre de fabrication :

1° Construction d'un diaphragme offrant assez peu de résistance pour permettre au courant d'agir efficacement avec une force électromotrice modérée, et capable, en même temps, d'empêcher la recombinaison des produits de l'électrolyse ;

2° Construction d'une anode inattaquable.

Parmi tous les brevets pris et les divers appareils imaginés nous n'en citerons que trois :

Procédé Greenwood [1]. — L'électrolyseur est une cuve rectangulaire en ardoise, divisée en compartiments au moyen de cloisons en verre ou en ardoises, ayant la forme d'un V, placées dans un cadre en acajou. Les intervalles, entre les cloisons, sont garnis d'amiante. De l'un des côtés du diaphragme se trouve la cathode qui est en fer, de l'autre se trouve l'anode ; elle est formée par un certain nombre de morceaux de charbon de cornue dur, cimentés ensemble par immersion dans du goudron et action ultérieure d'une température élevée. Dans chaque électrolyseur les cathodes et les anodes sont reliées ensemble en arc parallèle, les électrolyseurs étant couplés en série. Un système de tuyauterie permet à la solution de sel de passer par tous les compartiments de l'anode et de la cathode respectivement. Un grand tuyau sert de dégagement au chlore produit.

Il suffit, lorsque la solution a traversé le nombre voulu d'électrolyseurs, pour être suffisamment caustique, de l'évaporer et d'enlever l'excès de sel non décomposé ou de précipiter la soude sous forme de bicarbonate.

Procédé Lesueur. — Les électrolyseurs consistent en une cuve en fer ayant un fond incliné sur lequel repose la cathode. Celle-ci est formée d'un anneau de fer garni de plusieurs morceaux de toile de fil de fer. Un certain nombre de petits trous percés dans le haut de l'anneau permettent à l'hydrogène de s'échapper. Le diaphragme, formé d'une feuille de papier parchemin ordinaire et d'une double feuille d'amiante collées ensemble par de l'albumine de sang coagulée, repose sur la cathode, on place dessus le vase de terre intérieur qui, par son poids forme joint étanche. L'anode a été préalablement placée à l'intérieur du vase. Elle est formée par des morceaux de charbon de cornue logés dans une masse de plomb qui permet d'avoir le contact

(1) *Moniteur scientifique Quesneville*, 1892, p. 400.

électrique. Les luts sont en porcelaine; outre qu'ils empêchent les déperditions de chlore, ils servent à séparer électriquement chaque électrolyseur des autres qui se trouvent dans la même cuve, celle-ci renfermant habituellement de six a douze électrolyseurs.

Dans le vase extérieur on place une solution saturée de sel qui doit arriver au bord supérieur et on verse dans le compartiment de l'anode le même liquide dont on maintient le niveau supérieur de 12 millimètres à celui du liquide renfermé dans le compartiment de la cathode. Ce dispositif évite tout transport de solution du vase extérieur au vase intérieur, dont l'effet serait plus désastreux que celui qui résulterait de l'action inverse. Toutes les quarante-huit heures, on renouvelle les diaphragmes en relevant simultanément la totalité des vases intérieurs dans chaque cuve.

Au fur et à mesure que le charbon s'use, on abaisse les anodes au moyen de vis, de manière à les rapprocher autant que possible des cathodes et on les renouvelle toutes les six ou huit semaines. Pour cela, on démonte les éléments, on fond le plomb et on le coule à nouveau.

Ce dispositif présente, sur le précédent l'avantage, de permettre facilement le renouvellement des électrodes et des diaphragmes. Lorsque le liquide renferme 10 0/0 d'alcali, on le décante et on en précipite la soude sous forme de bicarbonate.

Procédé Karl Kellner [1]. — Le point principal de ce brevet consiste en une circulation rapide, dans l'appareil d'électrolyse de deux veines liquides chauffées, complètement distinctes, mais composées du même électrolyte.

Dans les cellules anodes de l'appareil, circule une solution saturée de chlorure de sodium et additionnée d'une petite quantité d'acide ou de sulfate de la même base. Elle est

____

(1) *Moniteur scientifique*, 1893, p. 215 des brevets.

maintenue en saturation constante par passage, à la sortie
de l'appareil dans un récipient garni de chlorure alcalin solide qui l'enrichit avant son retour aux anodes. La veine liquide qui traverse les cathodes est aussi une solution saturée de sel. A sa sortie de l'appareil, elle est simultanément
soumise au refroidissement au contact de chlorure de sodium
solide qui la maintient saturée et à l'action d'un courant
d'acide carbonique qui en sépare le bicarbonate de soude. La
solution est ensuite ramenée aux cathodes de l'appareil
électrolytique.

Un certain nombre d'auteurs ont considéré les procédés
électrolytiques comme peu économiques. Telle n'est pas
l'opinion de MM. C.-F. Cross et E.-J. Bevan. Ces auteurs
pensent qu'au contraire ce mode de fabrication est destiné
à jouer un rôle important dans le développement de l'industrie soudière et ils appuient leur dire sur les considérations suivantes [1] :

En tenant compte de la perte de 17 0/0 qu'entraînent la
transformation du travail mécanique en énergie électrique et
les pertes par fuites, 2.400 chevaux-vapeur équivaudraient à
2.000 chevaux électriques. Or, avec de bonnes dispositions
comme celles de Lesueur ou de Greenwood, la décomposition du sel peut être obtenue avec un courant de 4 volts
1/2. Les 2.000 chevaux électriques sont équivalents à
$2.000 \times 746 = 1.492.000$ watts. Le courant aura donc une in-
tensité qui, exprimée en ampères, sera égale à $\dfrac{1.492.000}{4,5} =$
331.555 ampères par heure ou $331.555 \times 24 = 7.957.320$
ampères-heures capables de libérer théoriquement 7.957.320
$\times 1^{gr},325$ de chlore en vingt-quatre heures; mais, en admettant un rendement pratique de 80 0/0 ce même courant fournira 8.427 kilogrammes de chlore par vingt-quatre
heures.

(1) D'après *Moniteur scientifique Quesneville*, 1893, p. 401.

En même temps, il aura été libéré environ 9 tonnes 1/2 de soude caustique et l'ensemble de ces deux produits (chlorure de chaux et soude) représente actuellement une valeur de 5.991^{fr},20.

Or, en admettant le chiffre de 5 centimes l'heure comme prix de revient du cheval-vapeur, et en supposant, avec le Dr John Hopkinson, que 100 watts peuvent-être produits par 0,033 cheval-vapeur, en y ajoutant les prix du sel, de la chaux, du travail, des tonneaux et de l'emballage ainsi que de la dépréciation des électrolyseurs des dynamos, des cuves, des pompes, des bâtiments, les frais généraux etc., on arrive à évaluer la dépense à 3 825 francs.

Le procédé Lesueur fonctionne actuellement à Rumford-Falls (Etats-Unis); il y produit 3 tonnes de chlorure décolorant par jour.

B. — Production de la soude par le sulfate de soude.

I. — SANS TRANSFORMATION PRÉALABLE

I. — *Emploi des oxydes.*

1º *Par la strontiane.* — En traitant à chaud [1] le sel marin par le sulfate d'ammoniaque, on produit du sulfate de soude que l'on pêche à l'état anhydre. Il reste alors une liqueur mère qui, par refroidissement fournit une cristallisation de chlorhydrate d'ammoniaque. L'eau mère évaporée, fournit une nouvelle quantité de sulfate de soude. En traitant le chlorhydrate d'ammoniaque par le carbonate de chaux, on le transforme en carbonate d'ammoniaque, lequel,

---

(1) Ungerer, *Dingler's Journal*, CLXXXVIII, p. 140.

donne avec le sulfate de strontium du sulfate d'ammoniaque qui rentre dans la fabrication et du carbonate de strontium qui, calciné dans un four à réverbère avec intervention de vapeur d'eau surchauffée, fournit de la strontiane qui sert à caustifier le sulfate de soude.

Ce procédé est dépourvu de valeur puisque l'emploi des sels ammoniacaux permet d'obtenir directement la soude sans passer par le sulfate.

2° *Par les oxydes de fer et d'alumine.* — En chauffant à haute température un mélange de sulfate de soude et d'alumine, on obtient une décomposition partielle, notamment en présence de vapeur d'eau surchauffée. L'oxyde de fer réagit plus facilement que l'alumine.

II. — *Emploi des carbonates alcalins et alcalino-terreux.*

1° *Par le carbonate de potasse.* — Lorsque l'on mélange des solutions de sulfate de soude et de carbonate de potasse, le sulfate de potasse cristallise le premier et se sépare ainsi du carbonate de soude restant dans les eaux-mères. Vu le prix de la potasse, ce procédé ne présente actuellement aucun intérèt.

2° *Par le carbonate de chaux.* — Suivant M. Pongowski, le passage d'un courant d'acide carbonique dans une solution de sulfate de soude, tenant du calcaire en suspension, déterminerait, en huit heures, la transformation totale en carbonate de toute la soude du sulfate.

3° *Par le carbonate de baryte.* — Les travaux de MM. Kastner, Erlangen, Kölreuter, Taylor, Kessler et Hofacher établirent qu'il était possible de produire la décomposition du sulfate de soude par le carbonate de baryte et que la réaction était favorisée par le passage d'un courant d'acide carbonique. C'est alors que M. Wagner fit breveter un procédé qui consiste à produire du bicarbonate de baryte par action de l'acide carbonique sur du carbonate de baryte maintenu en suspension dans l'eau et à faire réagir ce bicarbonate sur le sulfate de soude. La réaction s'effectue en effet d'une façon très satisfaisante, mais la faible solubilité du bicarbonate de baryte dans l'eau rend les opérations onéreuses. Pour parer à cet inconvénient, M. Kuhlmann fait intervenir une pression de 3 à 4 atmosphères qui augmente la solubilité du bicarbonate de baryte. Le même écueil est évité plus simplement par M. Brunner qui propose de faire passer un courant de gaz acide carbonique dans une solution de sulfate de soude tenant du carbonate de baryte en suspension. Il emploie à cet effet 1 partie de sulfate de soude, 2 parties de carbonate et 30 à 40 parties d'eau. Comme le bicarbonate de baryte réagit au fur et à mesure de sa formation sur le sulfate de soude pour le décomposer, le liquide, quoique constamment saturé de bicarbonate de baryte, est toujours apte à en dissoudre une nouvelle proportion.

Les essais effectués par M. le professeur Lunge pour utiliser pratiquement ce procédé ont montré que, bien que les réactions fussent complètes, le prix de revient était supérieur à ceux qui résultaient de l'application des procédés Leblanc ou Solvay.

Quant au procédé de M. Schott qui consiste à fondre un mélange de carbonate de baryte et de sulfate de soude et à lessiver le produit final, son exécution nécessite l'emploi d'un excès de sulfate de soude nuisible.

III. — *Emploi des sulfures métalliques.*

On transforme la galène en plombate de soude en la faisant

fondre avec de la silice et du sulfate de soude. La même opération peut être effectuée en substituant la blende à la galène (M. Wagner).

IV. — *Emploi des sulfates.*

Par le sulfate d'ammoniaque. — MM. Carey et Hurter proposent de chauffer le sulfate d'ammoniaque avec le sulfate de soude de façon à former de l'ammoniaque et du bisulfate de soude qui, calciné, donne de l'acide sulfurique et du sulfate de soude :

$$SO^4(AzH^4)^2 + SO^4Na^2 = 2SO^4NaH + 2AzH^3$$

$$2SO^4NaH = SO^4H^2 + SO^4Na^2$$

Comme le sulfate de soude peut servir à la préparation de la soude à l'ammoniaque par le procédé ordinaire, on aurait là un élégant procédé pour obtenir de l'acide chlorhydrique (par action de l'acide sulfurique sur le sel marin (qu'il transforme en sulfate) et de l'ammoniaque libre qui rentre en fabrication.

Mais il semble résulter des essais de M. Blattner que la décomposition du sulfate d'ammoniaque par le sulfate de soude ne produit que 65 à 70 0/0 d'ammoniaque, le reste étant à l'état de bisulfate d'ammoniaque qui se sublime et se détruit en partie.

V. — *Emploi des phosphates.*

Par le phosphate d'alumine. — M. Davis a cherché à produire simultanément les superphosphates de chaux et la soude caustique en partant du phosphate d'alumine. A cet effet, il l'ajoutait à un mélange de sable, de charbon et de sulfate de soude, en utilisant de préférence le sable divisé

qui a servi au doucissage du verre et que les glaceries re-
jettent en grande quantité.

La calcination engendre la formation simultanée de silico-
aluminate de soude, de phosphate sodique, d'acide sulfureux
et d'oxyde de carbone comme le montre la réaction :

$$PO^4Al + 2SO^4Na^2 + 2C + SiO^2 = PO^4Na^3 + SiO^4AlNa$$

$$+ 2SO^2 + 2CO.$$

La masse renferme :

Silice	30,92
Sulfure de fer.	11,16
Sesquioxyde d'alumine	27,46
Soude caustique.	28,03
Acide phosphorique (PO^4H^3).	2,40

Par lessivage, le phosphate trisodique entre en solution
et donne des liquides verts à cause de la présence du sulfure de fer (qui se trouve probablement à l'état de sulfure
double). La solution aqueuse de phosphate de soude peut
être décomposée soit par la chaux, soit par le carbonate de
chaux. On obtient dans le premier cas de la soude caustique
et dans le second du carbonate de soude.

$$2PO^4Na^3 + 3CaO + 3H^2O = (PO^4)^2Ca^3 + 6NaOH$$

$$2PO^4Na^3 + 3CaCO^3 = (PO^4)^2Ca^3 + 3CO^3Na^2$$

Quant au résidu du lessivage, il est riche en sulfure de
fer. On l'abandonne à l'air pour favoriser son oxydation et
la transformation du sulfure en sulfate de fer, qu'on extrait
par lessivage et qu'on emploie ultérieurement soit pour
épurer les eaux, soit pour produire des aluns.

Ce procédé présente quelques inconvénients qui, n'ayant
pu être surmontés jusqu'à présent, ont empêché son développement. En premier lieu, le mélange d'acide sulfureux
d'azote, d'air, d'acide carbonique et d'oxyde de carbone

qui se dégage pendant la calcination, n'a pu être utilisé et ne peut, sans inconvénients graves, être directement déversé dans l'atmosphère. En second lieu, le résidu provenant du lessivage, représente un produit de valeur très minime; il équivaut à une perte égale au quart de la soude totale que contenait le sulfate mis en œuvre.

VI. — *Emploi des acides minéraux.*

Par l'acide silicique. — On a proposé de fabriquer le soude au moyen du verre soluble (silicate de soude) obtenu par calcination de la silice avec le sulfate de soude et la charbon. Le silicate produit peut être décomposé par l'acide carbonique avec mise en liberté de silice et production de carbonate de soude.

VII. — *Emploi des sels organiques.*

1° *Par les acétates de chaux, de baryte ou de plomb.* — Vu les valeurs actuelles des acides acétique et pyroligneux et de la soude, ces procédés sont absolument dépourvus d'intérêt. On fait réagir la solution de sulfate de soude sur le pyrolignite, ou l'acétate de chaux, de baryte ou de plomb. Il se forme, en même temps que de l'acétate de soude, du sulfate correspondant insoluble ou très peu soluble. La solution de l'acétate ou du pyrolignite, évaporée à sec, donne par calcination du carbonate de soude.

2° *Par les phénolates et crésylates de soude*[1]. — La caustification du sulfate de soude par la chaux ne peut être complète à cause de la réaction inverse qui tend à se produire

[1] *Moniteur scientifique*, 1889, p. 337 et 450.

et qui consiste en la formation de sulfate de soude avec
mise en liberté de chaux. M. Staveley est arrivé à éviter cette
action inverse en mettant en présence un corps capable à
la fois de saturer la soude mise en liberté et d'être décomposé par l'acide carbonique avec production de carbonate de
soude et mise en liberté du corps primitivement employé.
Les composés, auxquels il s'est adressé à cet effet, sont les
divers phénols que l'on trouve dans les produits de la distillation de la houille (phénol, crésol, othocrésol, paracrésol,
métacrésol et homologues supérieurs).

Pour fabriquer la soude par ce procédé, on commence par
préparer les sels calciques de ces phénols. A cet effet, on
délaye 558^{kg},8 de chaux fraîchement calcinée de façon à
former un lait d'un volume de 1.800 à 2.000 litres. Après
refroidissement, on y ajoute graduellement 1.953 litres ou
2.032 kilogrammes de phénols distillés ou une équivalente
quantité de phénols bruts et on choisit de préférence ceux
dont le point d'ébullition est compris entre 190 et 250°.
On obtient de cette façon une solution d'un volume de
3.770 à 3.925 litres, de phénolates de calcium dans laquelle
il reste des quantités variables de chaux et de phénols non
combinés, ce dont il n'y a pas à tenir compte, cette particularité n'entravant en rien les réactions subséquentes. Cette
solution de phénolates de chaux est envoyée en minces filets
dans une solution tiède de sulfate de soude à 95° renfermant 1.511 kilogrammes de sulfate dans 3.860 à 4.090 litres
d'eau. On agite continuellement pendant l'affusion qui dure
une heure et demie à deux heures et l'on continue à remuer
encore pendant une heure en maintenant la température
entre 30 et 40° centigrades. On abandonne au repos. Les phénolates de soude restent en solution tandis que le sulfate de
chaux se dépose. En opérant soigneusement, il est possible
de décanter 70 à 75 0/0 de la solution des phénolates. Les
liquides, provenant de la filtration et du lavage du dépôt de
sulfate de chaux (on emploie pour le lavage 3.000 litres

d'eau), sont employés à dissoudre le sulfate de soude devant servir pour une autre opération. Quant à la solution des phénolates de soude, on la soumet, dans des récipients cylindriques, à l'action de l'acide carbonique provenant des fours à chaux. Là, il se forme du carbonate de soude en même temps que les phénols, mis en liberté, viennent surnager. On les décante pour les utiliser tels quels dans une nouvelle opération. La solution de carbonate de soude renferme environ 1 0/0 de phénols qui restent en suspension. On l'évapore à sec et, par calcination, on obtient de beau carbonate de soude. On peut éviter en partie cette perte de phénols en ajoutant à la dissolution de la soude caustique qui se combine à eux en donnant des phénolates de soude qui restent dans la liqueur mère, après séparation du carbonate de soude. Ces liqueurs mères, qui renferment des carbonates sulfates, chlorures et phénolates de soude, peuvent être ou réunies à une opération suivante ou traitées à part.

La présence d'un excès de chaux libre à la fin de la réaction rend longue la clarification du liquide et difficile sa filtration.

Au lieu de concentrer les liqueurs pour en séparer le carbonate de soude, on peut chercher à produire le bicarbonate qui se sépare aisément sous forme de poudre cristalline si l'on a eu soin de saturer à 34°, et avec du sulfate de soude, les liqueurs dans lesquelles on cherche à le produire. La calcination de ce bicarbonate fournit de l'acide carbonique et du carbonate neutre. On pourrait produire le bicarbonate sans saturer les liqueurs de sulfate de soude ; mais, dans ce cas, le bicarbonate se trouve mélangé de sesquicarbonate et son travail est beaucoup moins facile.

Il résulte des essais entrepris chez MM. Gaskell, Deacon et Cie qu'on a pu transformer par ce procédé 96 0/0 du sulfate employé. A la fin de la réaction, le bac contient :

Carbonate de soude pur . . . . . . 1.016 kilogrammes
Sulfate de soude indécomposé . . . 70 —
Sulfate de chaux . . . . 1.270 —

La perte en phénols est d'environ 90 à 91 litres par tonne de carbonate produit, mais l'auteur pense pouvoir la diminuer. Dans l'état actuel, cet intéressant procédé ne peut lutter avec le procédé Leblanc, le prix de revient étant de 5 à 10 0/0 plus élevé.

L'auteur se propose d'employer de la dolomie à la place de chaux. Il espère de cette façon pouvoir traiter par l'acide carbonique le précipité de magnésie et de sulfate de chaux préalablement mis en suspension dans l'eau de façon à produire les réactions suivantes :

$$SO^4Ca + Mg(OH)^2 + CO^2 = + SO^4Mg + CO^3Ca + H^2O$$

$$SO^4Mg + 2NaCl = MgCl^2 + SO^4Na^2$$

Le sulfate de soude rentrerait en fabrication tandis que le chlorure de magnésium, traité par le procédé Weldon-Pechiney, fournirait le chlore. La magnésie, résultant de cette dernière opération, mélangée au sulfate de chaux produit, permettrait de continuer régulièrement les opérations précédentes.

II. — PAR TRANSFORMATION PRÉALABLE DU SULFATE DE SOUDE EN SULFURE

Ce chapitre se divise en deux parties. Dans la première nous nous occuperons des procédés dont le but est de produire, par une opération distincte, du sulfure de sodium qui sera ultérieurement décomposé par des agents convenablement choisis, tandis que la seconde partie comprendra les procédés qui, tout en utilisant le sulfure de sodium, ne nécessitent pas une préparation spéciale de ce produit.

Procédés |fondés sur la préparation préalable du sulfure de sodium.

Préparation du sulfure de sodium par les sulfures alcalino-terreux. — 1° par le sulfhydrate de calcium. — Il y a quelques années, MM. Haddock et Leith [1] ont breveté un procédé de fabrication de la soude aux dépens du sulfure de sodium produit par double décomposition entre le sulfate de soude et le sulfure de calcium ou de baryum. Le but que se proposaient surtout les auteurs était l'utilisation des charrées qui constituent les résidus de fabrication du procédé Leblanc. Cette méthode consiste en la préparation de sulfhydrate de calcium que l'on fait réagir sur une solution de sulfate de soude. Il se forme du sulfate de chaux et du sulfhydrate de sodium.

$$Na^2SO^4 + CaSH^2S + 2H^2O = 2NaHS + CaSO^42H^2O$$

On sépare par filtration le sulfate de chaux formé, et la liqueur claire est traitée dans des carbonateurs par un courant d'acide carbonique provenant d'un four à chaux, ce qui détermine la production de bicarbonate de soude et le dégagement d'une quantité équivalente d'hydrogène sulfuré

$$2NaHS + 2CO^2 + xAz + 2H^2O = 2NaCO^3H$$

$$+ 2H^2S + xAz$$

Le bicarbonate de soude fournit par calcination du carbonate neutre de sodium et de l'acide carbonique. Nous reviendrons sur ce procédé au sujet de la régénération du soufre dans les charrées du procédé Leblanc.

M. Faucheux avait également préconisé l'emploi des sulfures de calcium, mais il formait ces produits au sein même de la solution de sulfate de soude à décomposer. A cet effet,

---

(1) Brevet français, *Moniteur scientifique Quesneville*, 1891, p. 891.

il ajoutait un lait de chaux à une solution concentrée de sulfate de soude à 33° C. et il y faisait passer un courant d'hydrogène sulfuré qui déterminait un précipité de sulfate de chaux. La solution renfermait le sulfure de sodium formé.

Un procédé identique avait été breveté en 1877 par M. C. Vincent, mais celui-ci n'employait que du sulfure de baryum et n'avait pas spécifié l'application spéciale de cette réaction aux charrées de soude.

2° *Emploi du gaz d'eau.* — M. G.-E. Davis utilise le gaz d'eau pour réduire le sulfate de soude. La réaction a lieu à chaud ; l'oxyde de carbone passe inaltéré tandis que l'hydrogène réduit le sulfate.

$$SO^4Na^2 + 8H = Na^2S + 4H^2O$$

En 1872, MM. Muller et Fichet avaient proposé de réduire le sulfate de soude dans des cornues semblables aux convertisseurs Bessemer et garnies de briques en magnésie. Ils employaient à cet effet du gaz oxyde de carbone. En cela, ils n'avaient fait qu'appliquer la réaction brevetée en 1860 par Williams.

3° *Par le charbon.* — La réduction du sulfate de soude par le charbon avait déjà été indiquée par du Hamel en 1736 et Malherbe en avait fait l'application industrielle en vue de la production du sulfure double de fer et de soude. La réaction, simple par elle-même devient assez compliquée à réaliser à cause de la grande rapidité avec laquelle le sulfure en fusion attaque presque tous les matériaux employés dans la construction des fours : il donne avec la silice des silicates, avec l'alumine des aluminates, avec le fer ou la fonte des sulfures doubles de fer et de soude, de plus, pendant son refroidissement, il a une grande tendance à s'oxyder. De nombreux efforts ont été tentés pour vaincre ces difficultés et un grand nombre de modifications, plus ou moins heureuses, ont été apportées par les divers chercheurs. Nous ne signalerons que les principales :

Dès 1859, M. Wilson propose, pour diminuer l'attaque, d'ajouter à la charge de sulfate de soude et de charbon, du sulfate de baryte et d'opérer dans un four à flamme ordinaire ou dans un four tournant. Il se produit vraisemblablement du sulfure de baryum infusible qui, se répartissant dans la masse, diminue et sa fluidité et ses facilités de corrosion. Le même auteur avait imaginé un four vertical cylindrique terminé par une voûte percée de trous. L'intérieur du four était rempli de coke ; on chargeait la voûte de sulfate de soude dont on déterminait la fusion par un générateur placé latéralement. En s'écoulant, le sulfate se trouvait au contact du charbon de telle sorte qu'arrivé à la base, il était transformé en sulfure. M. Weldon effectue l'opération en deux phases : il produit d'abord la fusion du sulfate de soude dans un four à réverbère ordinaire et le fait tomber, alors qu'il est en fusion, dans un four tournant garni intérieurement d'agglomérés préparés avec du charbon ou des poussières de coke et du brai de goudron. Cette garniture résiste bien si l'on a soin de tenir l'atmosphère intérieure du four toujours réductrice. On le chauffe soit avec la chaleur perdue du réverbère, soit par un foyer spécial. La charge consiste en coke ou même en charbon. On en emploie juste la quantité nécessaire pour transformer l'oxygène du sulfate en acide carbonique, par la réaction du carbone ; le four est porté à l'incandescence en même temps qu'on le fait traverser par des gaz brûlants et complètement brûlés produits par une source quelconque. Dès que l'intérieur est porté au rouge vif, on arrête l'arrivée des gaz en fermant l'ouverture qui leur donne accès et l'on coule le sulfate fondu dans le four que l'on fait tourner pour rendre la masse homogène. Ce sulfure de sodium doit être recueilli dans des étouffoirs à garniture intérieure de charbon pour éviter son oxydation.

M. Gossage avait proposé, en 1859, d'opérer la réduction dans un four à moufle à l'abri de l'air. Plus récemment [1], le même auteur, en collaboration avec M. Th. Mathiesen, a breveté l'addition de chlorure de sodium au mélange de sulfate de soude et de charbon. Cette matière a pour but d'enrober et de diluer le sulfure produit de façon à diminuer son action corrosive sur les parois du four à fusion.

On emploie à cet effet [2] :

Sulfate de soude.	500 parties
Charbon.	50 —
Sel marin	31 —

La réduction s'opère en conduisant l'opération comme dans le procédé Leblanc; elle est complète en deux ou trois heures. On la refroidit comme d'ordinaire dans des wagonnets ouverts.

La composition moyenne du produit obtenu est :

Monosulfure de sodium	35,1
Carbonate de sodium	9,8
Sulfate —	2,1
Hyposulfite —	1,4
Sel marin	19,2
Résidu insoluble (charbon)	32,2

Préparation des solutions de sulfure de sodium. — Grâce à sa grande solubilité dans l'eau, l'on peut aisément préparer à froid, par l'emploi de lessiveurs méthodiques, des solutions aqueuses de ce produit. Il est très important d'opérer à froid, car l'application de la chaleur amènerait une oxydation partielle du sulfure, ce qui correspondrait à une perte.

____

(1) Brevet du 20 novembre 1888 exposé le 28 janvier 1889.
(2) *Moniteur scientifique Quesneville*, 1889, p. 596.

Décomposition du sulfure.

1º *Par l'acide carbonique.* — Cette opération, qu'on désigne souvent sous le nom de carbonatation, consiste à soumettre à l'action de l'acide carbonique le sulfure en solution aqueuse renfermant de 17 à 20 0/0 de ce corps. La transformation a lieu dans des appareils spéciaux dont la figure 9 représente un spécimen dû à M. Weldon. La solution de sulfure de sodium circule dans les réservoirs de droite à

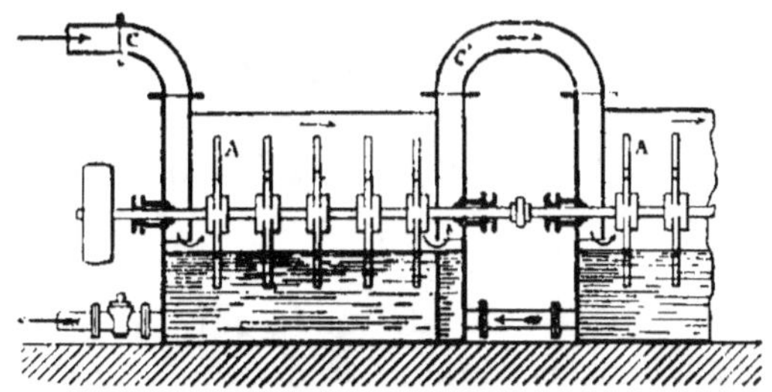

Fig. 9. — Appareil pour la décomposition du sulfure de sodium par l'acide carbonique.

gauche, tandis que l'acide carbonique arrivant en C se dirige vers C'. Un contact intime est établi entre le liquide aqueux et le gaz acide par l'emploi d'un agitateur mécanique à palettes A qui divise le liquide dans l'atmosphère supérieure.

Les appareils sont généralement en fer recouverts d'un épais enduit de goudron ; on les fait aussi en bois doublé de plomb. Avec de semblables moyens, le sulfure se transforme aisément et rapidement en carbonate de soude avec dégagement de gaz hydrogène sulfuré. Suivant que l'action de l'acide carbonique est plus ou moins prolongée, on obtient soit le monocarbonate, soit le bicarbonate ; mais, dans ce dernier cas, l'emploi de l'appareil ci-dessus n'est pas très pratique, car il s'obstrue par le précipité de sel de soude.

La précipitation de la soude à l'état de bicarbonate nécessite l'emploi d'un grand excès d'acide carbonique. Pour parer à cet inconvénient, M. Weldon a proposé un système mixte qui consiste à ne précipiter que 80 0/0 de la soude à l'état de bicarbonate et à employer l'eau-mère pour la préparation des solutions de sulfure de sodium. Au bout d'un certain nombre d'opérations, ces eaux-mères sont devenues si riches en impuretés qu'elles doivent être rejetées.

Lorsque le sulfure de sodium renferme des polysulfures alcalins, il se sépare du soufre pendant la carbonatation. Dans ce cas, il est bon de n'agir que sur des solutions étendues de façon à obtenir le dépôt complet du soufre avant la fin de l'opération.

Si l'on voulait effectuer la carbonatation à chaud, on devrait nécessairement employer de l'acide carbonique exempt d'oxygène ; sans cette précaution l'on déterminerait la formation d'hyposulfite de soude qui, n'étant pas décomposé par l'acide carbonique, correspond à une perte.

Quelques modifications ont été apportées à ce procédé. MM. Hunt d'une part et Condy d'autre part ont proposé de faire agir l'acide carbonique sur le sulfure de sodium solide en présence d'une petite quantité d'eau. Ces procédés, moins rapides que le précédent, ne présentent sur lui aucun avantage.

2º *Par les bicarbonates alcalins ou alcalino-terreux.* — Comme les bicarbonates se transforment aisément par la chaleur en acide carbonique et en carbonate neutre, cet acide carbonique réagit sur le sulfure alcalin en mettant en liberté de l'hydrogène sulfuré qui n'est souillé par aucun gaz, ce qui est un avantage étant donné qu'on peut, pour la production du bicarbonate, employer de l'acide carbonique impur.

Le procédé de M. Clemm consiste à fondre un mélange de sulfate de soude et de charbon avec de la magnésie ou du sulfate de magnésie. Le sulfure qui en résulte est coulé en plaques; après refroidissement, on l'humecte d'eau et on l'introduit dans une atmosphère d'acide carbonique pur qui transforme la magnésie en bicarbonate de magnésie.

On porte alors dans des cylindres et on chauffe à 260°. A cette température le bicarbonate de magnésie se décompose et l'acide carbonique réagit sur le sulfure humide. Il en résulte un dégagement d'hydrogène sulfuré et un mélange de carbonate de soude et de magnésie.

Dans ce procédé, l'acide carbonique pur est obtenu en soumettant de la magnésie (de préférence celle qui a été calcinée avec la soude, car elle est plus active) à l'action des gaz du foyer humectés et refroidis. La magnésie se transforme en bicarbonate. Quand la réaction est presque complète, on arrête le courant de gaz et on chauffe à 260°. L'acide carbonique pur se dégage et est employé dans le traitement ainsi que nous l'avons dit.

3° *Par la magnésie.* — Suivant M. Clemm, en évaporant à sec une solution de sulfure de sodium à laquelle on a ajouté de la magnésie, on obtient, par calcination à 300°, du carbonate de soude.

4° *Par la chaux.* — M. Tessié du Motay a breveté l'action du sulfure de sodium sur la chaux caustique. L'addition ménagée du sulfure de sodium donne bien, dans ces conditions, de la soude caustique, mais la réaction est loin d'être complète.

5° *Par l'alumine.* — En faisant bouillir du sulfure de sodium avec de l'alumine, de la bauxite ou de la cryolithe, M. Wagner a pu obtenir de l'aluminate de soude décomposable par l'acide carbonique en alumine insoluble et acide carbonique. Il se dégage pendant cette opération de l'hydrogène sulfuré à peu près pur.

Au lieu d'opérer par voie humide, M. Siermann effectue la même réaction en chauffant dans des cornues ou moufles en fer. La calcination doit se faire au contact de l'air et exige que la masse soit fréquemment remuée. Il se dégage de l'acide sulfureux qu'on dirige dans les chambres de plomb et il reste de l'aluminate de soude qu'on met en solution et qu'on décompose par l'action de l'acide carbonique; celui-ci est envoyé dans la solution au moyen d'un injecteur à vapeur.

Laming avait proposé d'employer les eaux ammoniacales d'usines, lesquelles renferment du sulfhydrate et du carbonate d'ammoniaque pour humecter le sulfure de sodium, puis de chauffer à 150° en vase fermé. Le sulfhydrate d'ammoniaque se volatilise; on le décompose en le faisant passer à travers une matière poreuse renfermant de l'oxyde de fer qui retient le soufre et dégage l'ammoniaque que l'on traite par l'acide carbonique. Le résidu est du carbonate de soude.

Procédés fondés sur l'emploi du sulfure sans séparation ni purification préalable.

1° *Par le charbon et le carbonate de chaux (procédé Leblanc).* — Ce procédé est le plus ancien ; il consiste à calciner ensemble sur la sole d'un four à réverbère un mélange en proportions convenables de sulfate de soude, de charbon et de calcaire (carbonate de chaux). Le sulfure de sodium, qui prend d'abord naissance, se décompose et abandonne son soufre qui se fixe au calcium. Par lessivage, la masse donne une lessive de soude brute.

2° *Par le charbon et le fer.* — Ce procédé, breveté en 1778 par le P. Malherbe, fut repris en 1855 par Kopp. Il consiste à fondre ensemble un mélange de sulfate de soude, de charbon et d'oxyde de fer et de soumettre la masse obtenue à l'action simultanée de l'eau et de l'acide carbonique. Sous cette double influence, le sulfure double de fer et de sodium qui a pris naissance se dédouble en carbonate de soude et sulfure de fer. On sépare ces deux corps par lessivage, le dernier restant à l'état insoluble tandis que le premier passe en solution.

C. — Production de la soude au moyen de la cryolithe.

Procédé à l'acide sulfurique. — En faisant agir l'acide sulfurique sur la cryolithe il se dégage de l'acide fluorhydrique en même temps qu'il se forme un mélange de sulfates de soude et d'alumine qu'on sépare par cristallisation fractionnée

$$Al^2Fl^6 + 6NaFl + 6SO^4H^2 = 3SO^4Na^2 + Al^2(SO^4)^3$$
$$+ FlH$$

mais on préfère généralement employer le *procédé à la chaux* qui fournit directement le carbonate de soude. Ce procédé est dû à M. Thomsen ; il peut être appliqué par voie sèche ou par voie humide. L'industrie a recours à la méthode par voie sèche.

A cet effet, l'on calcine un mélange de cryolithe et de carbonate de chaux. Il se produit de l'aluminate de soude et du fluorure de calcium en même temps que l'acide carbonique se dégage :

$$Al^2Fl^6, 6NaFl + 6CO^3Ca = 6CaFl^2 + Al^2O^3 3Na^2O + 6CO^2$$

On traite cette masse par l'eau qui dissout l'aluminate de soude et laisse le fluorure de calcium. Les liquides aqueux traités par un courant d'acide carbonique, fournissent un précipité d'alumine et une solution de carbonate de soude. Ce procédé permet de préparer du carbonate de soude très pur dépourvu de composés sulfurés.

D. — Production de la soude au moyen du nitrate de soude.

1° *Par le charbon.* — La calcination du nitrate de soude en présence du charbon fournit, comme l'a montré du Hamel, de la soude; le prix élevé de la matière première ne permet pas d'utiliser industriellement cette réaction.

2° *Par les alcalis ou les carbonates alcalins.* — Les mêmes considérations s'appliquent aux procédés dans lesquels les solutions chaudes d'azotate de soude sont décomposées par le carbonate de potasse ou par la potasse caustique. Les liquides évaporés fournissent, par cristallisation fractionnée, d'abord du nitrate de potasse, puis du carbonate de soude.

3° *Par le carbonate de chaux.* — Ce procédé, dû à M. Walz, est basé sur l'action réciproque du carbonate de chaux et de l'azotate de soude en présence de la vapeur d'eau surchauffée. L'opération s'effectue dans de grandes cornues et fournit des rendements presque quantitatifs en acide nitrique. Le résidu est composé de soude caustique et de carbonate de chaux insoluble. Ce procédé a été exploité en Prusse par M. Lieber, qui a dû l'abandonner après huit mois d'expérience, à cause, dit-on, de l'usure rapide des appareils.

4° *Par le métaphosphate de soude.* — En fondant ensemble un mélange de ce sel et de nitrate de soude, il se dégage de l'acide azotique et il reste un phosphate basique de soude qu'on dissout dans l'eau et qu'on soumet à l'action d'un courant d'acide carbonique. Après évaporation, jusqu'au titre de 40° Baumé, on ajoute à la liqueur une solution chaude et concentrée de carbonate d'ammoniaque. Par refroidissement, il se sépare du sel de phosphore, tandis que les deux tiers de la soude se retrouvent dans l'eau-mère. On l'en précipite sous forme de bicarbonate par l'action du gaz acide carbonique. Les cristaux de sel de phosphore sont décomposés par la chaleur en ammoniaque et métaphosphate de soude, qui rentrent tous deux dans le traitement. Selon M. Siebel, l'inventeur, la difficulté consisterait en l'emploi de vases non attaquables et il propose, à cet effet, d'employer le graphite.

5° *Par les sulfates alcalino-terreux.* — La calcination du nitrate de soude avec les sulfates alcalino-terreux fournit du sulfate de soude et un dégagement d'oxydes d'azote, qui, par un traitement convenable à l'eau et à l'air, se transforment en acide azotique. Le point faible est que, dans ce procédé, la régénération des vapeurs nitreuses est loin d'être complète. On en évalue la perte à environ 10 0/0.

6° *Par l'alumine.* — La calcination du nitre avec l'alumine (argile ou sable) fournit un dégagement de vapeurs d'oxydes d'azote qu'on régénère, comme dans le cas précédent, en même temps qu'il se produit un silicate ou un aluminate de soude qu'on décompose par l'acide carbonique pour avoir un précipité de silice ou d'alumine et une solution de carbonate de soude.

7° *Par le bioxyde de manganèse.* — L'azotate de soude calciné, à l'abri de l'air, avec du peroxyde de manganèse dégage la totalité de son acide azotique. Le résidu est constitué par un mélange de soude caustique et d'oxyde inférieur de manganèse.

E. — Production de la soude au moyen du feldspath.

MM. Ward et Wynant [1] ont proposé de calciner un mélange de feldspath finement pulvérisé et de fluorure de calcium ou de cryolithe dans un four à ciment de façon à produire une fritte qui, par lessivage, abandonne à l'état caustique tout l'alcali du feldspath, tandis que le résidu constituerait, suivant certains auteurs, un bon ciment.

On peut douter de la valeur de ce procédé qui, pour le moment, n'est pas entré dans la voie de la pratique.

F. — Production de la soude par les scories.

La plupart des scories métallurgiques peuvent, le plus souvent, subir un traitement destiné à en extraire la soude qu'elles renferment. C'est ainsi que, pendant un certain temps, la société Fertilas a procédé au traitement des scories Thomas, traitement qui a dû être abandonné dans la suite à cause de l'accroissement de valeur de l'acide chlorhydrique que nécessitait ce traitement.

Dans un récent brevet [2], l'« Alcaline réduction Syndicate limited », à Hebburn ou Tyne (Angleterre) revendique, pour la régénération de la soude des scories, un mode de traitement qui consiste à faire écouler les scories liquides, au moment où elles sortent des fourneaux métallurgiques, dans l'eau où elles se dissolvent et se délitent. Ce traitement peut, en particulier, être réservé aux scories qui résultent du traitement de la galène par la soude. Dans ce cas spécial, on obtient une solution aqueuse de sulfure de sodium de laquelle on extrait la soude par l'un des procédés que nous avons précédemment exposés.

(1) Brevets anglais, 30 décembre 1857 et 2 juin 1864.
(2) Brevets anglais, n° 2.237 du 20 janvier 1890.

FABRICATION DE LA SOUDE
A L'AMMONIAQUE

GÉNÉRALITÉS

On a beaucoup discuté pour savoir à qui revenait le mérite d'avoir trouvé le principe de la fabrication de la soude par cet élégant procédé [1] et ce n'est guère que dans ces dernières années que la question a été définitivement tranchée. Le professeur Césaro (de l'Université de Lüttich) a, en effet, prouvé clairement que Fresnel avait essayé, en 1811, les réactions du procédé à l'ammoniaque, réactions qui ne furent employées en grand et coordonnées que quarante-quatre années plus tard [2], pour ne recevoir une application vraiment industrielle qu'en 1861, grâce à l'intelligence et à la persévérance de M. E. Solvay et de ses collaborateurs. L'histoire de ce procédé est celle de toutes les grandes découvertes : elles demandent en général pour leur réalisation trois inventeurs, celui qui découvre le principe, celui qui indique la série de transformations à effectuer et celui qui, surmontant toutes les difficultés pratiques, fonde véritablement l'industrie.

(1) Voyez notamment l'article de M. L. Mond, *Moniteur scientifique Quesneville*, 1885, p. 1155 et E. Lequin, *Rapport sur l'Exposition de 1889 (Rapports du jury international)*.
(2) Par MM. Schlœsing et Rolland.

Les transformations chimiques mises en œuvre sont extrêmement simples. Leur étude a été faite d'une façon complète par MM. Schlœsing et Rolland, dans le travail qu'ils ont publié, en 1868, dans les *Annales de Chimie et de Physique* [1].

1° On fait réagir le bicarbonate d'ammoniaque sur le chlorure de sodium en solution aqueuse : il se produit une double décomposition qui engendre la formation de bicarbonate de soude et de chlorhydrate d'ammoniaque.

$$NaCl + AzH^4CO^3H = CO^3NaH + AzH^4Cl$$

2° Le bicarbonate de soude formé étant très peu soluble, se précipite en majeure partie. On le sépare, on le lave puis, après dessication, on le calcine pour lui faire perdre la moitié de son acide carbonique et le transformer en carbonate neutre :

$$2CO^3NaH = CO^3Na^2 + CO^2 + H^2O$$

3° La liqueur filtrée contient du chlorhydrate d'ammoniaque. On en extrait l'ammoniaque (pour la faire servir à la fabrication du bicarbonate d'ammoniaque) par l'action simultanée de la chaleur et de la chaux caustique qui décompose le chlorhydrate d'ammoniaque en chlorure de calcium et ammoniaque libre.

$$2AzH^4Cl + CaO = CaCl^2 + 2AzH^3 + H^2O$$

4° La chaux est produite par la calcination du calcaire, opération qui a l'avantage de produire de l'acide carbonique qui entre en fabrication :

$$CO^3Ca = CaO + CO^2$$

5° L'ammoniaque et l'acide carbonique préparés, l'un en 3°,

(1) *Annales de Physique et de Chimie*, 1868, t. XIV, p. 5.

l'autre pour partie en 2° et pour partie en 4°, se combinent
l'un à l'autre pour fournir du bicarbonate d'ammoniaque,
qui réagira sur les solutions de sel suivant l'équation donnée
en 1° et ainsi de suite.

On effectue donc un cycle de réactions simples en même
temps que l'on obtient de fort beau sel de soude, très pur,
et qu'on évite l'emploi du sulfate de soude exigeant l'utilisation d'acide sulfurique. Malheureusement, la simplicité de
ce procédé, très grande en théorie, présente en application
de si réelles difficultés qu'il n'y a, encore aujourd'hui, qu'un
petit nombre de fabricants qui aient pu l'utiliser. Les procédés employés sont, pour la plupart, gardés secrètement.

Un des grands écueils de ce procédé est la facilité avec
laquelle le bicarbonate de soude formé réagit sur le chlorhydrate d'ammoniaque pour ramener les produits à leur état
primitif (chlorure de sodium et bicarbonate d'ammoniaque)
par une réaction inverse. En outre, la transformation n'est
pas toujours complète et une certaine portion du sel marin
échappe à l'action du bicarbonate d'ammoniaque. Heeren a
en effet montré [1] qu'avec les proportions théoriques et en
présence d'un excès d'acide carbonique, les deux tiers de
l'ammoniaque sont seuls transformés en chlorhydrate et ne
produisent, par conséquent, qu'une quantité correspondante
de bicarbonate de soude.

De plus, il arrive que si la solution salée est saturée de
sel, le précipité de bicarbonate de soude qui prendra naissance en son sein entraîne avec lui du bicarbonate d'ammoniaque (jusqu'à 6 0/0), corps peu soluble, qu'on ne peut
séparer que difficilement du produit principal. Il en résul-
tera des pertes en ammoniaque que l'on évitera en n'employant que des eaux incomplètement saturées telles que
celles qui marquent de 23 à 24° Baumé.

L'agent principal mis en œuvre est le gaz ammoniac. Grâce

[1] *Dingler's Journal*, CXLIX, p. 47.

à son état physique, à ses propriétés et aussi à sa valeur, le maniement de ce corps doit être fait avec soin et exige l'emploi d'appareils compliqués et parfaitement clos. La fabrication de la soude à l'ammoniaque, étant un procédé par voie humide, peut se faire en prenant comme matières premières le sel gemme ou le sel marin, employés à l'état solide ou en dissolution ; il permet donc de traiter les eaux salées naturelles sans les soumettre à une évaporation préalable toujours onéreuse. L'emploi des eaux salées naturelles ne présente pas autant d'avantages qu'on aurait pu l'espérer *à priori*, parce qu'on ne saurait les mettre en œuvre sans leur avoir fait subir une purification destinée à en séparer les diverses impuretés et notamment les sels de chaux et de magnésie. Les frais de purification nécessités compensent dans une certaine mesure l'avantage qu'on a en employant des solutions, car par l'emploi des sels solides tels qu'on les prépare dans les salines du Midi, on évite cette opération préalable. L'usage du sel solide présente encore un avantage, lorsque, comme on le fait le plus souvent, la formation du bicarbonate d'ammoniaque s'effectue au sein de la liqueur salée. En effet, dans ce cas, la saumure doit être additionnée de la quantité requise d'ammoniaque. Cette ammoniaque, régénérée du chlorhydrate, ne saurait être débarrassée d'eau sans de grands frais ; son addition à la saumure a pour effet de diluer celle-ci et comme le bicarbonate de soude n'est pas tout à fait insoluble, les rendements sont d'autant plus faibles que les saumures traitées sont plus étendues. En somme, on voit que l'emploi du sel solide et des eaux salées présentent chacun des avantages et des inconvénients. Leur choix se trouve le plus généralement dicté par la position des usines qui y ont recours.

On peut classer les procédés à l'ammoniaque en deux groupes suivant que le bicarbonate d'ammoniaque utilisé dans la réaction fait l'objet d'une préparation spéciale ou prend naissance au sein même de la liqueur salée. Ce dernier mode de faire est le plus ancien et peut être aussi le plus employé actuellement.

Parmi les différents procédés·que nous exposons plus loin, on remarquera que MM. Schlœsing et Rolland, Solvay, Boulouvard, ont proposé toute une série d'appareils qui ont été utilisés ou sont encore employés. L'ensemble de chacun de ces appareils constitue respectivement les procédés Schlœsing et Rolland, Solvay, Boulouvard.

1° PROCÉDÉS DANS LESQUELS LE BICARBONATE D'AMMONIAQUE EST FORMÉ AU SEIN DE LA LIQUEUR SALÉE

I. — PRÉPARATION DE LA SAUMURE AMMONIACALE

Comme nous l'avons déjà dit, les rendements en sel de soude sont différents selon les proportions d'ammoniaque employées.

La valeur de ces rendements est d'ailleurs variable suivant qu'on rapporte la quantité de bicarbonate de soude produit à la proportion de sel marin mis en œuvre ou suivant qu'on considère une production maxima de sel de soude pour une même quantité d'ammoniaque mise en œuvre.

Dans le premier cas, on doit employer à peu près équivalents égaux de sel et d'ammoniaque, soit :

Suivant M. Schlœsing et Rolland			Suivant M. Günsburg [1]		
H^2O	194	parties	H^2O	161,3	parties
NaCl	58,5	—	NaCl	58,5	—
AzH^3	17	—	AzH^3	18,7	—

(1) *Berichte A. deutsche chem. ges.*, t. VII, p. 644.

Halphen. — La Soude.   6

Quand on se propose d'opérer suivant le second cas, il faut se rappeler que Heeren a montré qu'en employant des quantités théoriques de sel et d'ammoniaque la production en bicarbonate ne correspond qu'aux deux tiers de l'ammoniaque mise en jeu tandis qu'en employant deux fois plus de chlorure de sodium, le rendement correspond à l'utilisation des quatre cinquièmes de l'ammoniaque totale. Dans ce dernier cas les eaux-mères sont plus riches en chlorure de sodium non décomposé.

Pour le fabricant, le problème se pose donc de la façon suivante :

Ou bien chercher à obtenir le meilleur rendement par l'emploi de mêmes quantités de sel, ou bien ne se pas trop soucier de la proportion de sel mis en œuvre et s'attacher à accroître le rendement par rapport à la quantité d'ammoniaque mise en jeu. C'est à cette dernière façon de faire que semblent s'être arrêtés les fabricants de soude. Ils diminuent ainsi les chances de perte en gaz ammoniac.

A. — Par l'eau salée naturelle

Purification.

Il est malaisé de précipiter les sels de magnésie par le bicarbonate d'ammoniaque sans employer un grand excès de réactif, aussi a-t-on trouvé avantageux de séparer ce corps par addition ménagée d'un lait de chaux. La chaux prend alors la place de la magnésie qui devient insoluble ; quant à la chaux, sa séparation peut être aisément effectuée par l'emploi d'une petite quantité de carbonate d'ammoniaque. Néanmoins, comme la précipitation de la magnésie n'est jamais totale quand elle est effectuée au sein d'une solution saline concentrée, les saumures en retiennent toujours de petites quantités. C'est à elles que le sel de soude à l'ammoniaque doit la propriété de troubler légèrement l'eau dans laquelle on le dissout, par suite de la mise en suspension du carbonate de magnésie qu'il renferme fréquemment.

Comme la présence des divers chlorures modifie la solubilité du sel marin dans l'eau, il est généralement avantageux d'ajouter à la saumure du sel marin solide après qu'on l'a purifiée. De cette façon l'on est sûr d'agir ultérieurement sur une dissolution suffisamment concentrée.

Plus récemment (1879) MM. Solvay ont breveté un nouveau mode de purification des eaux salées naturelles consistant en un traitement à chaud par le carbonate de soude et le chlorure de chaux. Ce procédé est avantageux en ce sens qu'il permet de précipiter le fer et qu'on peut le pratiquer avant l'introduction d'ammoniaque. Les précipités formés, dépourvus par conséquent de sels ammoniacaux, ne réclament plus de traitements spéciaux et peuvent être rejetés.

Quant à la proposition qu'on a faite de précipiter la magnésie, à l'état d'arséniate ammoniaco-magnésien, son application serait susceptible d'introduire dans les sels de soude des principes toxiques dont la présence présenterait de graves inconvénients étant donnés les usages multiples de ce produit.

Ainsi purifiés, les liquides salés sont aptes à recevoir le bicarbonate d'ammoniaque qui doit les décomposer. Ce bicarbonate peut être produit au sein de la liqueur salée ou faire l'objet d'une préparation spéciale. Dans le premier cas, les saumures doivent renfermer une proportion d'ammoniaque requise et cette incorporation ne peut être effectuée que par l'emploi d'appareils spéciaux, parfaitement clos, et dans lesquels on favorise l'absorption de l'alcali par l'agitation. Comme les solutions saturées de sel déposent du chlorure de sodium, quand on les sature par l'ammoniaque, il faut avoir soin de faire arriver en même temps que cet alcali, un filet d'eau qui, diluant la solution, compense cette diminution de solubilité.

Préparation.

La préparation de la saumure ammoniacale s'effectue au moyen de l'appareil représenté figure 10. Il se compose d'une série de cylindres C' en nombres variables, hermétiquement clos et pourvus d'agitateurs mécaniques. Ils communiquent tous avec un vase unique A, au moyen de deux tubes horizontaux t, t', placés l'un à la partie inférieure, l'autre à la partie supérieure de ces réservoirs. Le vase A désigné sous le nom *d'absorbeur* renferme : 1° un tube vertical T, débouchant sous un faux fond persillé; 2° un autre tube vertical T', muni d'un entonnoir E; 3° un serpentin réfrigérant.

S'agit-il d'ajouter la quantité voulue d'ammoniaque au liquide contenu dans le vase C,? on fait communiquer ce récipient avec l'absorbeur A en ouvrant les robinets t et t' en même temps qu'on fait arriver le gaz ammoniac par le tube T. Au fur et à mesure de sa dissolution, le liquide tend à s'échauffer, ce que l'on évite au moyen du serpentin réfrigérant. En même temps que la solution salée s'enrichit en ammoniaque, sa densité s'amoindrit si bien qu'il s'établit un mouvement de circulation du liquide très favorable à l'opération; on peut du reste augmenter l'agitation par la mise en mouvement des agitateurs et, au besoin, par l'emploi d'un petit appareil indépendant composé d'une hélice animée d'un mouvement rapide.

En pratique, on introduit pendant l'opération, et par l'entonnoir E, du sel solide en quantité telle que les liquides de l'absorbeur soient toujours saturés de sel, malgré la quantité d'eau apportée par les vapeurs ammoniacales régénérées qui ne sont jamais parfaitement sèches. Les gaz inertes

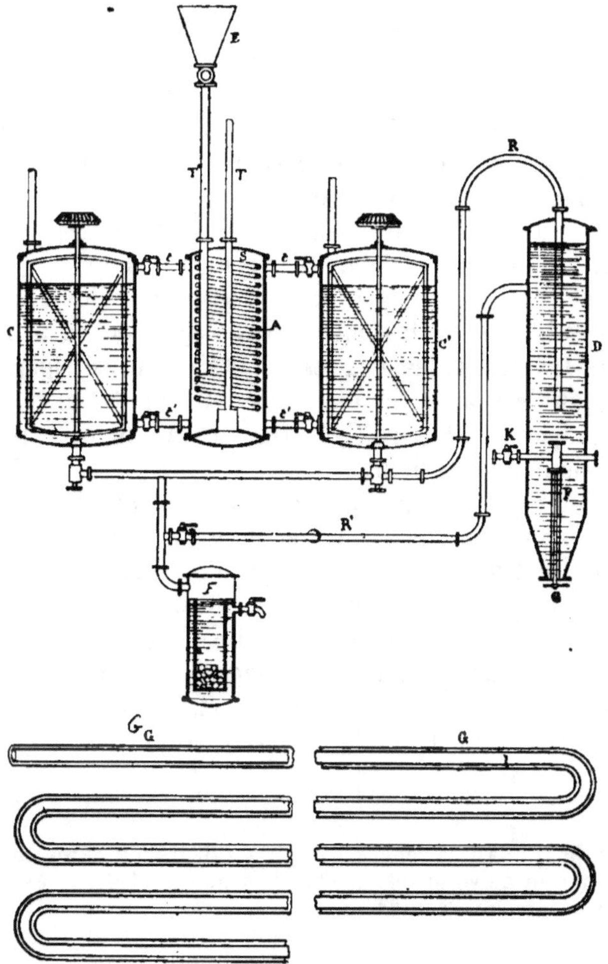

Fig. 10. — Appareil Solvay pour l'introduction de l'ammoniaque dans la saumure.

ou très appauvris en ammoniaque sont dirigés par un as-

6.

pirateur dans des tours de lavage où ils abandonnent les petites quantités d'ammoniaque qu'ils renferment encore. L'on continue l'opération jusqu'à ce qu'un titrage alcalimétrique [1] ait indiqué qu'on a atteint le terme final de l'opération. A ce moment, on interrompt la communication entre le réservoir C et l'absorbeur A et l'on fait communiquer un autre récipient C' avec l'absorbeur. On exerce d'autre part une pression à la surface du liquide contenu dans le réservoir C. Par suite, ce liquide se trouve refoulé dans le tube R et arrive dans le décanteur D. Après clarification, il est amené par le tuyau R' dans un sac en feutre placé à l'intérieur d'une chemise métallique perforée F où il subit une filtration. A leur sortie de ce filtre, les liqueurs traversent les espaces annulaires du réfrigérant G, tandis que de l'eau circule à l'intérieur des tubes. Lorsque cela est nécessaire, la réfrigération est augmentée par un refroidissement extérieur.

Les boues qui se déposent sont évacuées par le tuyau K, par l'intermédiaire du tube F et du grattoir G, après quoi on les soumet à la distillation afin d'en séparer les petites quantités d'ammoniaque qu'elles renferment.

Ce même appareil peut être utilisé à préparer les saumures ammoniacales d'une autre façon : on recueille le gaz ammoniac dans l'eau de manière à en préparer une solution aqueuse dans laquelle on fait dissoudre le sel marin solide.

---

(1) On peut aussi se rendre compte du degré de saturation par l'augmentation de volume que subit la saumure et qu'on estime au moyen d'un niveau d'eau fixé sur C.

B. — Par le sel solide.

PROCÉDÉ SOLVAY

Ce procédé repose tout entier sur la construction d'un appareil dans lequel les proportions de sel et d'ammoniaque

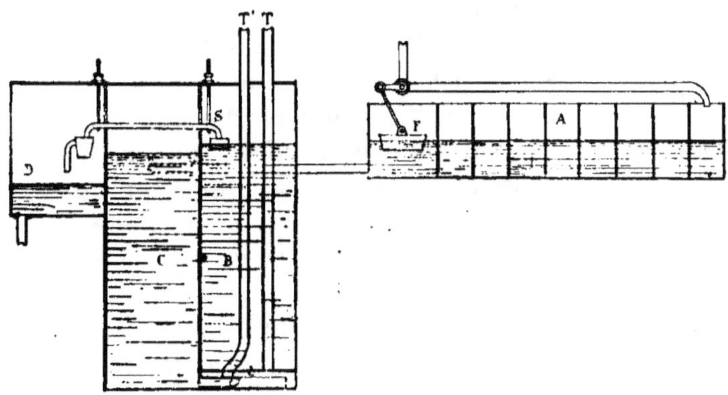

Fig. 11. — Appareil de M. Solvay.

sont réglées automatiquement par la densité des liquides. La figure 11 montre le dispositif adopté.

Le vase plat A, rempli de sel jeté à la pelle, est divisé en compartiments par des chicanes. Un flotteur très sensible F règle l'arrivée d'eau, qui se fait à l'une des extrémités et parcourt toutes les divisions du bac à travers le sel avant de sortir à l'autre extrémité où une série de toiles métalliques retiennent les impuretés. Cette solution salée passe dans l'absorbeur composé des trois compartiments B, C, D communiquant entre eux par des ouvertures ménagées à la partie supérieure des cloisons qui les séparent.

Elle arrive en C d'où un tuyau *inférieur* t l'amène dans le compartiment B. Là, elle rencontre l'ammoniaque dont l'affusion se fait par le tuyau T qui débouche sous un faux fond percé. Au fur et à mesure que ce gaz s'y dissout davantage, la densité de la solution saline diminue si bien que le niveau du liquide se trouve être plus élevé en B qu'en C. Grâce au siphon indésamorçable, placé sur le flotteur S, le compartiment D se trouve en communication avec B de sorte que lorsque, par suite de l'absorption d'ammoniaque, la densité du liquide est devenue telle que son niveau ait atteint un point voulu, le siphon fait passer la saumure ammoniacale dans le vase D en même temps qu'il arrive de nouvelle eau salée fraîche de C en B où elle absorbe, par le même moyen, la quantité d'ammoniaque requise. Comme la position du flotteur ne doit pas être fatalement fixe, il est mobile sur les glissières qui le supportent, de façon qu'on puisse aisément l'arrêter à la hauteur voulue.

Pour éviter que la saumure contenue en B ne dépose du sel au fur et à mesure qu'elle se sature d'ammoniaque, on y introduit constamment dans le tuyau T et au moyen de T un filet d'eau réglé par le flotteur qui commande l'entrée de l'eau dans le bac A. Les gaz non absorbés se dégagent dans le bac A où ils traversent toute la saumure vierge en lui abandonnant les petites quantités d'ammoniaque qu'ils sont susceptibles de contenir.

PROCÉDÉ DE M. BOULOUVARD

Nous venons de voir que l'introduction de l'ammoniaque dans la saumure exige (quand on opère par le procédé précédent) l'emploi d'ammoniaque aussi sèche que possible, ce que l'on ne peut obtenir qu'au moyen d'une véritable rectification qui absorbe une notable quantité de combustible. Dans

son brevet de 1858, Heeren signale qu'on peut éviter cette
onéreuse opération chaque fois qu'on utilise le sel marin solide au lieu des solutions salées naturelles, ce qui est le cas
pour les usines placées à proximité des salines.

Le principe est simple : au lieu de chercher à enrichir
en ammoniaque une solution saline, on condense les vapeurs ammoniacales dans l'eau et l'on emploie ce liquide,
convenablement étendu, pour dissoudre le sel marin et pré-

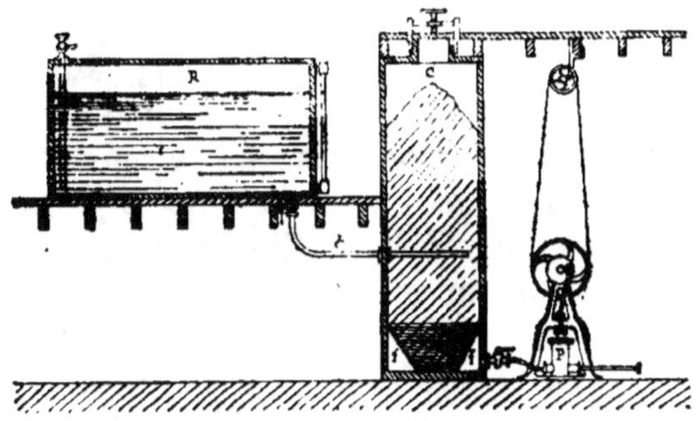

Fig. 12. — Procédé de M. Boulouvard.

parer ainsi la saumure ammoniacale. Cette idée a reçu de
M. Boulouvard une application pratique par l'emploi de l'appareil représenté figure 12. Il se compose de deux réservoirs
RR' en bois doublé, de plombs pourvus de niveaux d'eau
servant à jauger le liquide ammoniacal dont on détermine le
titre par un essai alcalimétrique. Suivant les résultats ana-
lytiques obtenus, on verse dans ces réservoirs des quantités calculées de petites eaux de lavage ou d'ammoniaque
pure de telle façon que la liqueur finale renferme 900 grammes d'ammoniaque AzH^3 par litre. On établit alors la communication avec les caisses à sel C. Le sel se dissout rapidement avec absorption de chaleur et la saumure formée se
filtre d'abord à travers les couches de sel puis sur des toiles
filtrantes f d'où les pompes P l'envoient aux appareils de
carbonatation. Afin de ne pas perdre d'ammoniaque, l'air

ne peut circuler dans le réservoir qu'en traversant des colonnes à coke qui retiennent les dernières portions de gaz utile. Le chargement du sel en C se fait en soulevant le couvercle à la partie supérieure; pendant ce temps, on détermine une aspiration qui empêche, au moins partiellement, que les vapeurs ammoniacales se répandent dans l'atmosphère.

L'appareil doit être hermétiquement clos; les obturateurs sont à joints garnis de caoutchouc et les pompes à double presse étoupe.

Remarquons que, dans le vase C, la magnésie reste à l'état insoluble sous forme de carbonate double de magnésie et d'ammoniaque, sel qui se forme à la faveur de l'acide carbonique que renferme toujours l'ammoniaque régénérée.

On doit donner la préférence à ce procédé chaque fois que l'on est à même d'employer économiquement le sel solide, d'abord parce que, comme nous l'avons montré, il procure une économie de combustible et aussi parce que le sel des salines étant très pur, il est superflu de lui faire subir la purification nécessaire quand on emploie les eaux salées naturelles.

II. — CARBONATATION DE LA SAUMURE AMMONIACALE

Lorsque l'on envoie dans une telle dissolution un courant gazeux d'acide carbonique, la combinaison de ce gaz et de l'ammoniaque s'exécute aisément au début avec un notable dégagement de chaleur, mais lorsque l'ammoniaque se trouve transformée en carbonate d'ammoniaque, l'absorption d'acide carbonique devient plus lente en même temps que la quantité de chaleur produite diminue.

Cette seconde phase s'effectue le plus aisément quand le liquide est maintenu à basse température.

Pour utiliser au mieux les carbonateurs ou *absorbeurs*, l'on cherche à réaliser la carbonatation dans le moins de temps possible. La rapidité de la réaction présente, outre l'avantage d'accroître la production pour un même capital engagé, celui de diminuer les pertes en ammoniaque qui, pour un même appareil, sont proportionnelles à la durée de la réaction.

Sous ce rapport, l'emploi de l'acide carbonique pur présenterait de grands avantages ; mais, malgré de très réels efforts, sa production industrielle ne peut être actuellement effectuée d'une façon assez économique pour qu'on ait pu l'utiliser pratiquement [1].

Si le fabricant de soude ne peut pas disposer, pendant toute la durée de la carbonatation, d'acide carbonique pur, la calcination du bicarbonate de soude produit dans une opération antérieure, lui fournit, à l'état d'acide carbonique presque pur, une portion de l'acide qu'exige la carbonatation totale de la saumure ammoniacale. Or la pratique a montré que le gaz carbonique même dilué pouvait se combiner à l'ammoniaque caustique. De là deux phases dans la pratique de la carbonatation. En premier lieu on fait agir sur la saumure ammoniacale le gaz carbonique dilué produit dans les fours à chaux ordinaires. Ces fours, convenablement conduits, fournissent des mélanges gazeux contenant 25 à 30 0/0 d'acide carbonique que l'on emploie pour transformer l'ammoniaque en carbonate d'ammoniaque. A ce moment, ces mêmes gaz ne seraient plus que malaisément absorbés, c'est alors que l'on met en œuvre l'acide carbonique presque pur qui se dégage pendant la calcination du bicarbonate de soude produit dans une précédente opération.

Le bicarbonate de soude précipité doit avoir un état phy-

____

(1) On avait proposé à cet effet de décomposer le calcaire en vase clos par la vapeur surchauffée. L'écueil de ce procédé est la dépense relativement considérable de combustible qu'il nécessite.

sique particulier, favorable à son lavage, et pour l'empêcher de se tasser, ce qui obstruerait les appareils, on le produit en envoyant l'acide carbonique par bouffées. Lorsque la température vient à s'élever, la réaction inverse s'effectue de plus en plus aisément et les rendements diminuent proportionnellement.

Le problème de la carbonatation a été résolu plus ou moins heureusement par les divers inventeurs qui ont proposé les appareils suivants :

ABSORBEUR DE MM. SCHLŒSING ET ROLLAND

Cet appareil se composait d'une série de cylindres horizontaux communiquant entre eux et à l'intérieur desquels se mouvaient, animés d'un mouvement rapide, des agitateurs à palettes.

Dans ces cylindres circulaient, en sens inverse, l'acide carbonique et la saumure.

Dans le second cylindre, arrivait la saumure ammoniacale [1] ; dans le quatrième cylindre affluait l'acide carbonique des fours à calcaire qui, au fur et à mesure de son passage dans les cylindres 3 et 2, saturait l'ammoniaque, la transformant en monocarbonate. Les gaz, appauvris en acide carbonique entraînaient de l'ammoniaque dont ils se dépouillaient par leur contact avec la saumure vierge (solution aqueuse de sel) que renfermait le cylindre n° 1.

La solution de carbonate d'ammoniaque poursuivant son chemin passait successivement dans les cylindres 5, 6 et 7 où elle rencontrait de l'acide carbonique pur débouchant dans ce dernier cylindre. Tous ces appareils étaient conve-

---

[1] Dans le procédé Schlœsing et Rolland, la saumure ammoniacale se prépare simplement en faisant arriver l'ammoniaque régénérée au contact d'eau salée.

nablement refroidis par un déversement d'eau qui s'effectuait sur leur surface externe. Ce dispositif permettait d'obtenir une bonne utilisation du gaz carbonique, et évitait les pertes d'ammoniaque par entraînement; on lui reproche généralement d'absorber un travail mécanique important nécessité par la mise en mouvement des agitateurs.

ABSORBEUR DE M. BOULOUVARD

Cet appareil, fondé sur le même principe que celui que nous venons de décrire, présente l'avantage de n'exiger qu'une force motrice moindre. Il se compose d'une série de dix cylindres A, B.... disposés en gradins (fig. 13) dans lesquels circule, du cylindre supérieur au cylindre inférieur, la saumure ammoniacale. Les gaz carboniques suivent une marche inverse de celle du liquide : ils sont introduits sous deux formes dans deux cylindres différents. L'acide carbonique presque pur provenant de la calcination du bicarbonate arrive dans le cylindre inférieur, tandis que l'acide des fours à calcaire débouche dans l'un des cylindres du milieu de la série.

L'absorption de l'acide, au lieu d'être favorisée comme dans le cas précédent par le mouvement rapide d'un agitateur, est déterminée par la rotation lente d'une roue à augets qui soulève une certaine quantité de liquide, la déverse dans l'atmosphère carbonique et entraîne en descendant un même volume d'acide carbonique qui se trouve obligé de rester en contact avec le liquide jusqu'à ce qu'étant arrivé au fond, il se dégage pour passer dans le cylindre suivant. Les gaz non absorbés rencontrent des liquides dont la teneur en alcali augmente progressivement, ils abandonnent par suite tout leur acide carbonique et entraînent de petites quantités d'ammoniaque que l'on condense en les faisant passer dans des tours à coke où circulent des solutions de sel et parfois de l'acide sulfurique. Ces appareils, employés à l'usine de Sorgues, y ont donné de bons résultats.

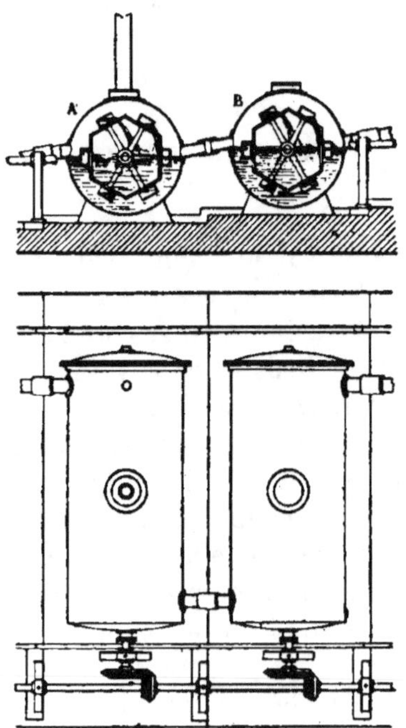

Fig. 13. — Appareil de carbonatation, système Boulouvard.

ABSORBEUR DE M. PECHINEY

Il se compose d'un cylindre unique de grande dimension, le long de la paroi duquel sont disposés des augets. Il tourne autour de son axe par lequel pénètrent et sortent les liquides et les gaz.

ABSORBEUR DE M. SOLVAY

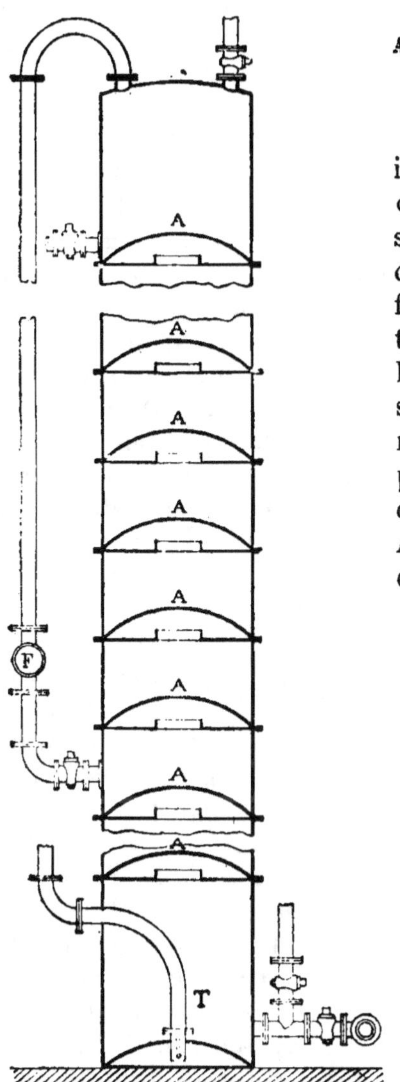

Cet appareil est le point important du procédé dit « Solvay ». Il consiste essentiellement en un long cylindre en tôle ou en fonte ayant de 15 à 24 mètres de hauteur (fig. 14). Il est constitué par une série de cylindres de 1 mètre de haut, assemblés par des boulons au moyen de couronnes extérieures. A l'intérieur sont placés des faux fonds percés

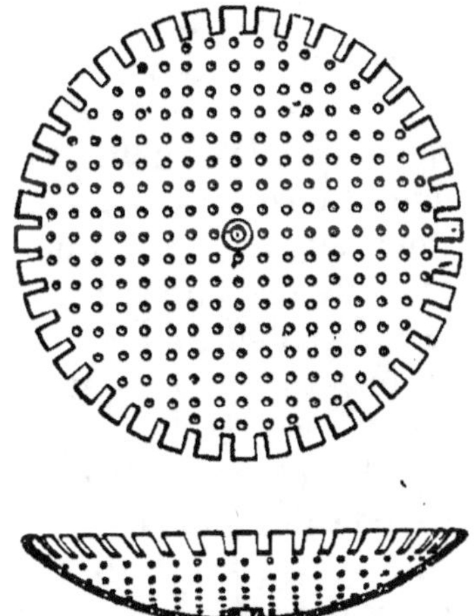

Fig. 14. — Colonne de M. Solvay.

Fig. 15. — Faux fonds de l'absorbeur de M. Solvay.

de petits trous, dont le but est de diviser l'acide carbonique. Ils ont la forme d'une calotte (fig. 15) dont la circonférence dentelée ménage entre elle et la colonne, des
vides qui permettent au précipité de descendre dans la colonne et donnent aussi passage aux liquides et aux gaz quand
l'appareil tend à s'obstruer. Chacun de ces faux fonds repose
sur une dalle horizontale plate percée de un ou de plusieurs
trous larges dont le but est de permettre la circulation des
gaz et des liquides sans que la saumure neuve puisse se
mélanger au liquide presque saturé du fond de l'appareil.
Ces cloisons reposent sur des cornières occupant seulement
une portion de la circonférence du cylindre et sont maintenues par des butoirs qui, tout en leur laissant un certain jeu, empêchent qu'elles ne soient soulevées par la
pression du gaz. La saumure ammoniacale arrive par le
tube F d'un réservoir clos, placé à 3 mètres en contre-bas du
haut de la colonne, à niveau contant, et communiquant
avec le dôme de la colonne de façon à maintenir une pression égale dans ces deux organes ; elle pénètre en forçant une
clapet qui se ferme automatiquement en cas d'arrêt. L'acide
carbonique pur arrive au bas de la colonne par un tube débouchant sous un faux fond percé. Tandis qu'à une hauteur variable avec la marche de la réaction, on fait arriver les gaz des
fours à chaux par une tubulure que la figure ne fait pas voir.
Pour augmenter le rapport du bicarbonate précipité à la
quantité d'ammoniaque mise en œuvre, on introduit, dans
le carbonateur, du sel égrugé qui se dissout dans le liquide
au fur et à mesure que celui-ci s'appauvrit en chlorure de
sodium par suite de la formation du bicarbonate insoluble.
On obtient ainsi le même résultat que si l'on augmentait le
volume des liquides traités et l'on évite la manipulation
d'importantes quantités de produits desquels il faudrait retirer plus tard l'ammoniaque. Les gaz, après avoir traversé
le liquide, se débarrassent de l'ammoniaque qu'ils ont en-
traînée, en traversant une tou à coke dans laquelle circule,

continuellement de la saumure vierge qui se charge ainsi d'ammoniaque. Après quoi on les envoie dans une tour à coke renfermant de l'acide sulfurique qui retient les dernières traces d'ammoniaque. Il représente le tuyau par où s'écoule le liquide, riche en chlorhydrate d'ammoniaque, tenant le précipité de bicarbonate de soude en suspension.

Il arrive parfois que les petits trous des plaques perforées s'obstruent partiellement. Il faut alors vider la colonne, la remplir d'eau et chauffer à la vapeur jusqu'à dissolution des croûtes.

Pour que l'acide carbonique puisse traverser toute la colonne liquide, il faut l'envoyer sous pression ($1^{atm} 3/4$ à $2,5$ suivant la hauteur). La compression échauffant le gaz, on le refroidit par un système réfrigérant quelconque avant de l'envoyer dans la colonne. L'expansion des gaz dans la colonne détermine un refroidissement qui compense, dans une certaine mesure, l'accroissement de température qui résulte de la carbonatation.

Il ne parait pas nécessaire, comme on l'a prétendu, d'avoir des solutions froides pour obtenir une bonne carbonatation. Celle-ci s'effectue encore bien alors même que les liqueurs marquent $30°$ centigrades ; mais comme il est important de ne pas opérer sur un liquide trop chaud, la colonne doit pouvoir être refroidie par de l'eau que l'on fait couler à sa surface externe.

L'appareil de M. Solvay permet d'effectuer rapidement la carbonatation ; la compression des gaz exige une dépense de combustible assez considérable, mais moindre que celle qui demande la mise en mouvement des agitateurs dans le procédé de MM. Schlœsing et Rolland.

ABSORBEUR DE M. BOUTMY

M. Boutmy a proposé d'appliquer à la fabrication de la soude son absorbeur breveté le 6 janvier 1879, et qui est fondé sur le principe suivant :

On détermine à l'aide d'une pompe centrifuge ou autrement un écoulement rapide du liquide à travers un ajutage conique divergeant. Il se produit alors dans la section contractée une dépression telle que si cette partie est en communication avec le tuyau d'arrivée du gaz, il y a aspiration et entraînement du gaz à travers le liquide.

Nous croyons que cet appareil a été essayé à Saint-Fons par la compagnie de Saint-Gobain.

III. — FILTRATION
ET LAVAGE DU BICARBONATE DE SOUDE

Quel que soit le mode de carbonatation adopté, on recueille à la sortie des carbonateurs, un liquide riche en chlorhydrate d'ammoniaque et tenant en suspension le bicarbonate de soude. Il importe de priver aussi complètement que possible le précipité de liqueur mère, parce que, en opérant autrement, il se produirait, pendant la calcination du bicarbonate, une double décomposition entre le carbonate de soude et le chlorhydrate d'ammoniaque, décomposition qui diminuerait la richesse de soude la fabriquée, par suite de la formation de chlorure de sodium. Pour obtenir une bonne séparation du liquide et du précipité, il faut que celui-ci ait un état physique convenable. Il ne doit pas être en fins cristaux car le précipité est alors trop volumineux et retient trop d'eau, mais il ne doit pas non plus être en cristaux trop gros parce qu'alors le lavage devient difficile et la calcination onéreuse. On évitera ces deux inconvénients en ne carbonatant ni lentement ni à trop basse température.

APPAREIL DE MM. SCHLŒSING ET ROLLAND

MM. Schlœsing et Rolland ont utilisé des centrifuges analogues à ceux qui sont employés en sucrerie. La nature du liquide, aussi bien que celle du précipité, ont nécessité quelques modifications dans la construction de cet appareil que nous représentons figure 17. Le tambour T (fig. 16) est formé d'une enveloppe en forte tôle ; une spirale de gros fil de fer le sépare d'une toile métallique en fil de fer étamé t, sur laquelle est tendue une toile de chanvre c fixée sur le fond et sur les bords du tambour par des arcs de fer serrés par des boulons.

Pour éviter les projections et les pertes d'ammoniaque, le tambour tourne dans une enveloppe hermétiquement close. Le liquide tenant le bicarbonate en suspension arrive dans le tambour par un tube en fer creux t (fig. 16) animé d'un mouvement vertical alternatif, tel que son extrémité recourbée et rétrécie t' projette successivement la mixture en chaque point de la hauteur de la toile. L'extrémité supérieure de ce tube est reliée au réservoir d'alimentation R par un tube en caoutchouc.

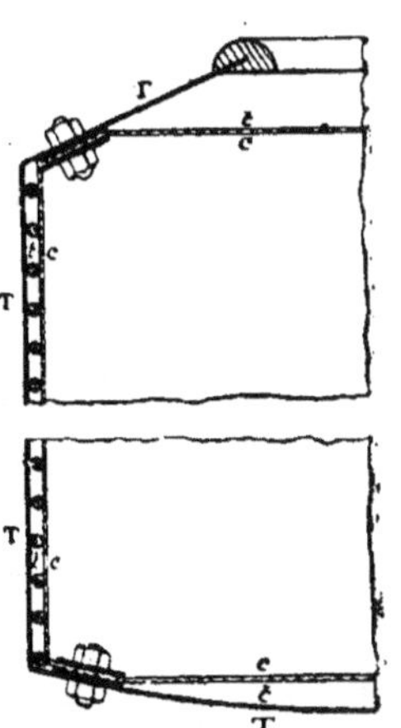

Fig. 16. — Filtre de l'appareil de MM. Schlœsing et Rolland.

Quand, par ce moyen, on a déposé un nombre suffisant de couches très minces de précipité, on arrête l'arrivée du liquide que l'on remplace par de l'eau de lavage contenue dans le réservoir R', et qu'on amène également au moyen d'un tube en caoutchouc. Les premières eaux de lavage sont réunies aux liquides filtrés, les secondes servent à laver un chargement suivant.

La partie P du couvercle, mobile autour de deux charnières,

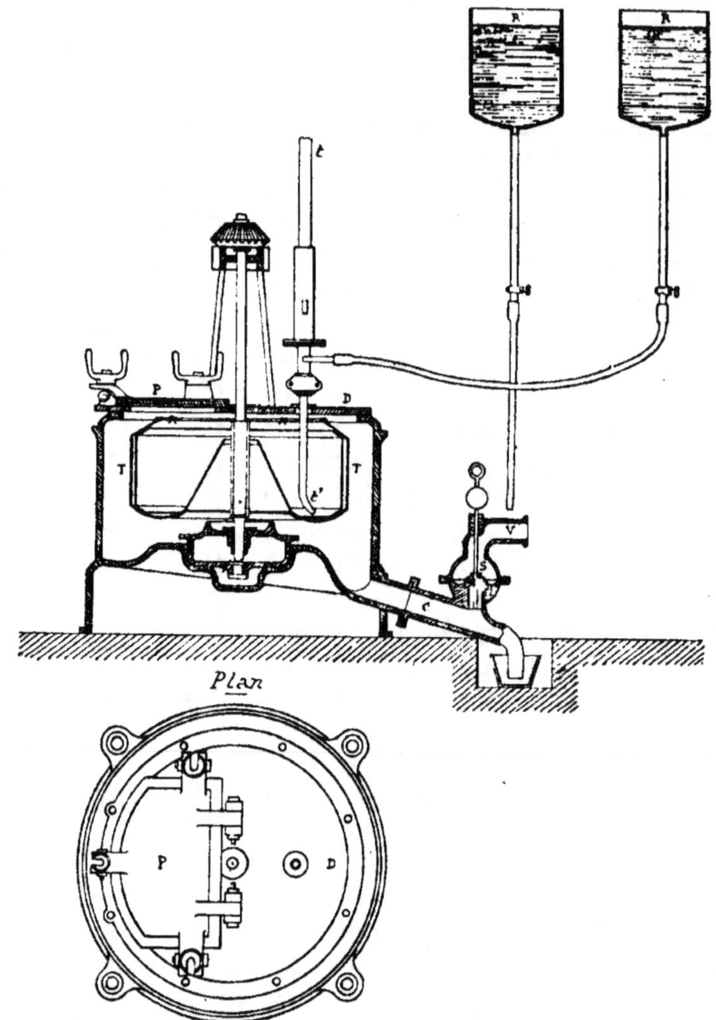

Fig. 17. — Appareil de MM. Schlœsing et Rolland.

sert à la vidange de l'appareil. Le canal C, par lequel s'écoulent les liquides, débouche dans une pièce de fonte munie d'une soupape S qui s'ouvre quand on embraye et se ferme dans le cas contraire, évitant les fuites d'air par les joints. La tubulure V aboutit au bas de la tour à coke, de façon que l'aspiration du ventilateur agit dans ce centrifuge dès qu'on met en marche.

APPAREILS DE M. SOLVAY

Les deux appareils employés par M. Solvay sont fondés sur l'emploi du vide. Dans les deux cas, on emploie pour le la-

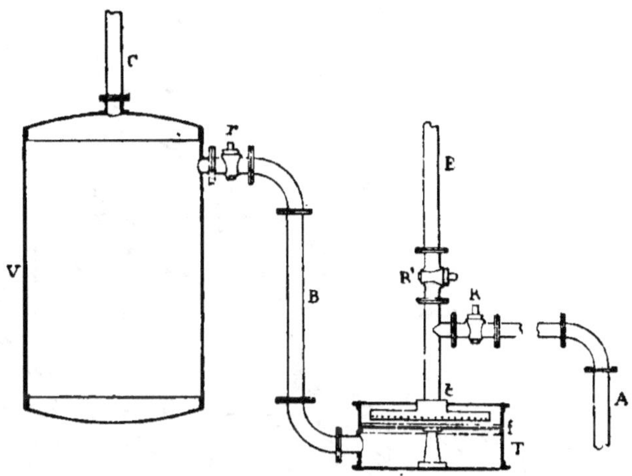

Fig. 18. — Appareil de M. Solvay pour filtrer le bicarbonate de soude.

vage du précipité de l'eau chaude dans laquelle le chlorhydrate d'ammoniaque est beaucoup plus soluble que dans l'eau froide, tandis que la solubilité du bicarbonate de soude n'est que peu influencée par cet accroissement de température.

Le premier de ces appareils, employé dans l'usine de Northwich, se compose (fig. 18) d'un tambour fermé T renfermant une surface filtrante *f* sur laquelle arrive la mixture à filtrer, par l'intermédiaire du tube A qui communique avec le bas de la colonne à carbonater. Il y est également réparti par le tourniquet hydraulique *t*. Pour laver le dépôt formé, on ferme le robinet R, puis ouvrant R', on laisse arriver par E

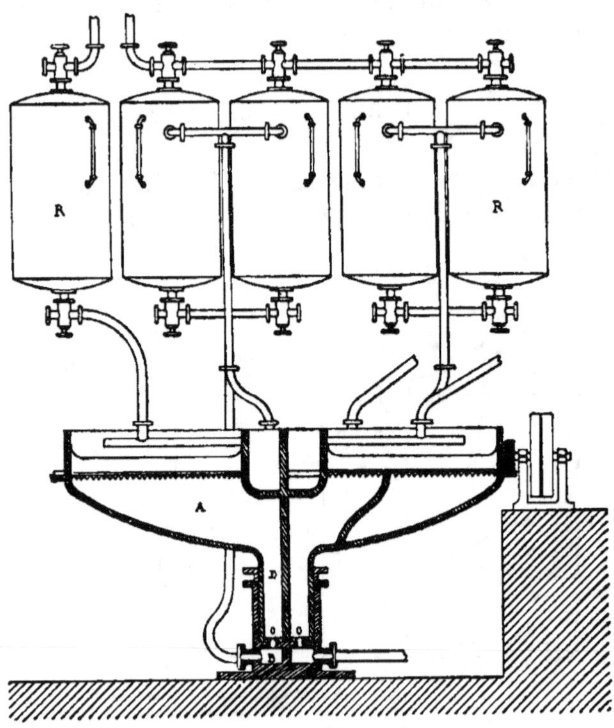

Fig. 19. — Appareil de M. Solvay pour la filtration du bicarbonate de soude.

les eaux de lavage. Le vase V sert à faire le vide; c'est là que se rendent, par le tuyau B, les liquides filtrés. Le vide est obtenu par l'emploi d'une pompe à piston d'eau.

Le second des appareils permet une filtration méthodique. Il se compose (fig. 19) d'une caisse à fond parabolique A divisée, par des cloisons rayonnantes, en huit compartiments. La caisse A se termine en un cylindre D, également divisé en huit compartiments, de telle sorte que la caisse et le cylindre représentent un ensemble de huit entonnoirs. Le couvercle de chacun constitue la surface filtrante et la partie inférieure du cylindre D repose sur une boîte B avec laquelle elle est en communication par les ouvertures *o*. Cette boîte B, est divisée en quatre parties dont une pleine, dispositif qui permet de changer la marche du liquide filtré que l'on envoie à volonté dans l'un des réservoirs supérieurs R par des tuyaux spéciaux. La caisse A est mobile. On verse le liquide à filtrer sur chacun des segments du filtre et quand le premier est chargé de précipité, on fait faire à la caisse A 1/8 de tour alors ce même segment reçoit un liquide de lavage ayant déjà servi et les liquides écoulés se rendent dans un réservoir spécial. On poursuit de cette façon le lavage méthodique. Le précipité déposé à la partie supérieure des entonnoirs est enlevé mécaniquement.

APPAREIL DE M. BOULOUVARD

Cet appareil est une presse hydraulique, de construction spéciale, représentée par les figures 20 et 21.

Il se compose d'un plateau filtrant F, porté par le piston P, auquel on donne un mouvement ascendant ou descendant en faisant arriver de l'eau dans la cavité *e*. Le filtre consiste en une plaque de tôle carrée, perforée dans le cercle correspondant à la section du cylindre C, et la recouverte d'une pièce de feutre. *c* est un châssis carré.

Le plateau filtrant est sillonné de rainures rayonnantes qui amènent le liquide filtré dans une rainure circulaire *o* communiquant avec le tuyau d'écoulement E.

Lorsque la filtration est terminée, on abaisse le piston P qui entraîne avec lui le cadre *f*, jusqu'à ce que ce dernier

vienne reposer sur le châssis *c*, ce qui permet de le retirer
de l'appareil en le faisant glisser sur les huit galets *g*. On

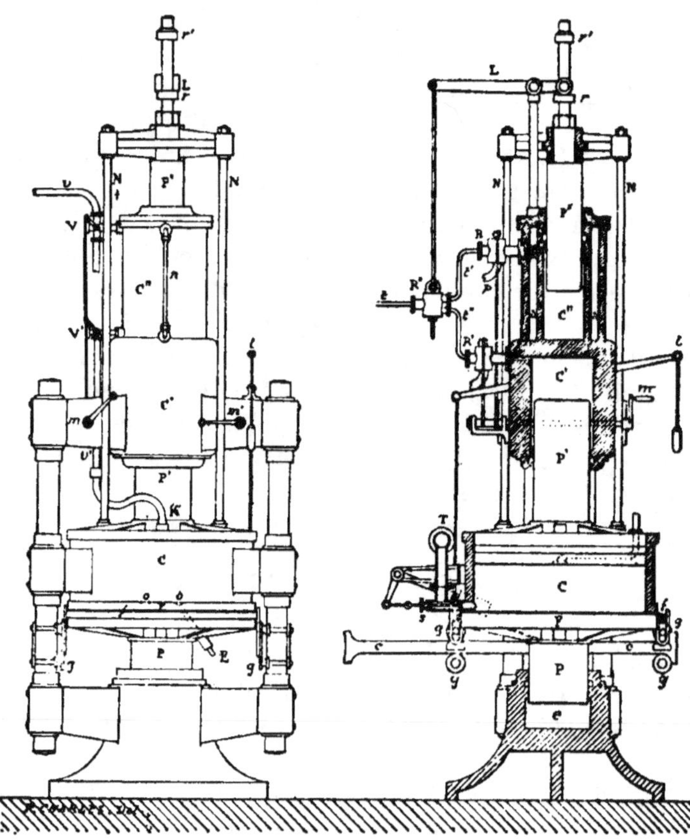

Fig. 20-21. — Appareil de M. Boulouvard pour filtrer le bicarbonate de soude.

enlève alors le gâteau de dessus le filtre que l'on replace
sur le cadre *f*; puis, faisant arriver l'eau en *e*, on soulève le
piston P et le plateau filtrant qui se trouve ainsi prêt à recevoir une nouvelle quantité de liquide et de précipité. Les

pistons P″ et P′, réunis par les quatre tiges N, sont solidaires. Les robinets à trois voies R et R′ sont commandés simultanément par un même levier m, dispositif qui permet de faire arriver à volonté l'eau dans les cavités C″ ou C′. Dans le premier cas, l'eau arrivant par les tuyaux t et t' soulève le piston P″ et par conséquent P′. Le vide, produit par l'ascension de ce dernier, a pour effet d'aspirer, par le tuyau T et la soupape s, qu'on a soin d'ouvrir, le liquide à filtrer qui se répartit sur le plateau filtrant. Par suite de l'ascension, du cylindre P″, la rondelle r ne tarde pas à venir butter le levier L qui, commandant une tige verticale, agit sur le robinet à trois voies R″ de façon à couper la communication entre les tuyaux t et t', faisant communiquer t et a; on tourne la manivelle m pour faire communiquer le tuyau t' et le cylindre C′ et aussi le corps de pompe C″ et le tuyau purgeur P, alors, le cylindre P′ s'abaisse, fait office de compresseur et oblige le liquide à traverser le filtre jusqu'à ce que la rondelle r' venant butter le levier L, interrompe la communication entre les tuyaux t et t'' et détermine l'arrêt du piston P′. A ce moment, on fait arriver, par le tuyau v et le robinet V, une solution de carbonate de soude pure qui se répand dans l'espace annulaire a et dont on continue l'affusion jusqu'à ce qu'on en ait accumulé une suffisante quantité qu'on évalue par l'indicateur de niveau n. En manœuvrant la manivelle m, on fait arriver, dans l'espace annulaire a, de l'air comprimé qui chasse la clairce; celle-ci passe par le tuyau v' relié au moyen d'un caoutchouc à la tubulure K qui correspond à un tube foré dans le plateau du piston P′. Ce plateau est, comme nous l'avons dit, muni de rainures rayonnantes et recouvert d'une plaque en tôle et d'une toile filtrante. La clairce passe par ces rainures, traverse le bicarbonate de soude et s'échappe par la tubulure E.

Un seul homme peut diriger deux presses et produire 240 kilogrammes de bicarbonate par heure.

IV. — DESSICATION ET TORRÉFACTION

Tel qu'il sort des appareils à filtration, le bicarbonate renferme outre une certaine quantité d'eau, qui atteint en moyenne 20 0/0 de son poids, de petites quantités d'ammoniaque, de chlorhydrate et de bicarbonate de la même base. M. Solvay a indiqué un appareil dans lequel on dessèche ce produit en le soumettant à l'action de gaz riches en acide carbonique, à une température de 45°. Pour rendre ce sel utilisable dans la consommation, c'est-à-dire pour le priver de ses sels ammoniacaux, M. L. Mond a proposé de le purifier par cristallisation en le dissolvant à 60° dans une atmosphère saturée d'acide carbonique, mais l'emploi du bicarbonate est peu considérable et il semble que chaque fois qu'on a en vue la production du carbonate neutre, on cherche à effectuer en même temps la dessication et la torréfaction. Parmi le grand nombre d'appareils proposés pour torréfier le bicarbonate, nous nous bornerons à signaler les suivants :

TORRÉFACTEUR DE MM. SCHLŒSING ET ROLLAND

L'appareil (fig. 22) se compose d'un cylindre horizontal en tôle, à l'intérieur duquel se meuvent des râcloirs $rr'r''$ destinés à retourner la matière et à la conduire d'une extrémité du cylindre à l'autre. Ce cylindre est chauffé par un foyer placé à une distance suffisante pour qu'on n'ait pas à redouter les coups de feu. Le bicarbonate est introduit régulièrement dans ce cylindre par un distributeur mécanique T consistant en une roue à palettes placée à l'une des extrémités.

Les gaz échappés du cylindre se rendent à travers un tuyau condenseur ; là l'eau se condense entraînant avec elle la presque totalité de l'ammoniaque qui se retrouve à l'état

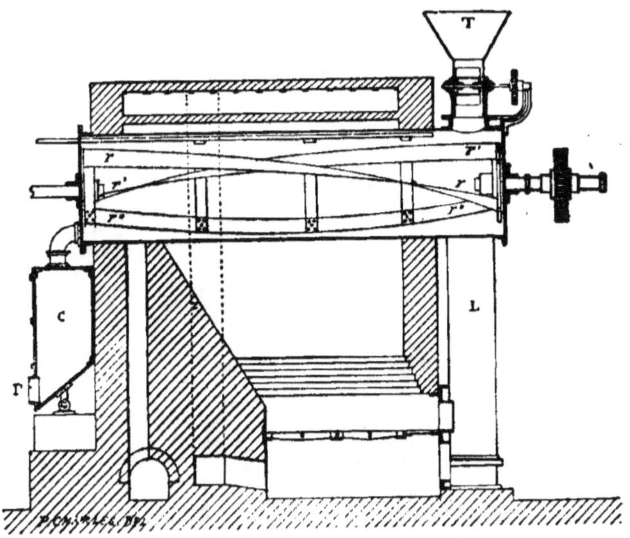

Fig. 22. — Torréfacteur de MM. Schlœsing et Rolland.

de bicarbonate. Ils se rendent ensuite, grâce à l'action aspirante du ventilateur, dans le tube A d'un gazomètre, à régulateur conique (fig. 23), dont la cloche est équilibrée de telle façon que la pression dans tout le cylindre se maintienne à 1 ou 2 millimètres d'eau au-dessous de la pression atmosphérique, dispositif qui évite les déperditions de gaz qui pourraient se produire par les fuites. Le carbonate neutre produit se rassemble dans une boîte C placée à l'autre extrémité du cylindre, d'où on le défourne par la porte P.

Quand on veut arrêter l'appareil, il convient de laisser le distributeur se vider complètement ; on ferme alors la trémie T par une plaque de tôle qu'on lute avec du bicarbonate.

Sans cette précaution, le distributeur s'encrasserait et

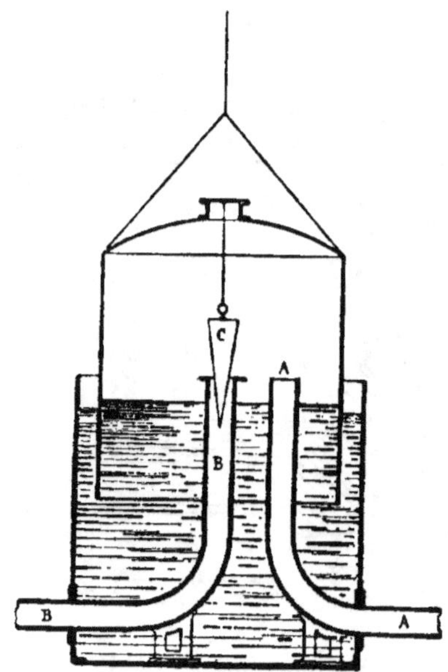

Fig. 23. -- Gazomètre à régulateur conique.

le mécanisme pourrait être endommagé à la reprise du travail.

TORRÉFACTEURS DE M. SOLVAY

M. Solvay a breveté plusieurs types de torréfacteurs, mais aucun d'eux ne semble avoir réalisé d'une façon complète la solution du problème. L'un de ces appareils, qui a été employé à Varangéville, consiste en une grande capsule de fonte, close et chauffée directement par un foyer. Le bicarbonate y est constamment agité par des racloirs librement suspendus sur un bras horizontal animé d'un lent mouvement de rotation. Ces racloirs forment avec la surface de la capsule un angle aigu. Le même industriel a pris, en 1882 et 1834, quelques brevets[1] dans le but de résoudre les difficultés qui proviennent de la formation, dans le torréfacteur, de croûtes très dures qui se forment à la faveur de l'eau que renferme le sel de soude et aussi pour parer à la faible conductibilité du bicarbonate pour la chaleur.

A cet effet, le bicarbonate est mélangé avec une quantité déterminée de carbonate calciné dont la proportion varie avec la teneur en eau du produit à calciner. L'opération se fait dans des cylindres clos, munis d'agitateurs à palettes animés d'un mouvement rapide de rotation, dont le but est de diviser la masse et de la projeter contre les parois de l'appareil. Les particules de carbonate entraînées sont reçues dans une chambre qui fait suite au torréfacteur. Cette disposition permet aussi de recueillir les dernières traces d'ammoniaque qui se dégagent toujours pendant la calcination.

TORRÉFACTEUR DE M. BOULOUVARD

Il se compose (fig. 24 et 25) d'une série de six cornues en fonte a, à section rectangulaire, autour desquelles circulent les flammes d'un foyer commun f. Ces six cornues aboutissent à une caisse commune t où se réunissent le gaz carboni-

---

(1) Brevet du 12 octobre 1881 : brevet allemand, n° 16.131 ; brevet n° 23.190 du 7 avril 1882.

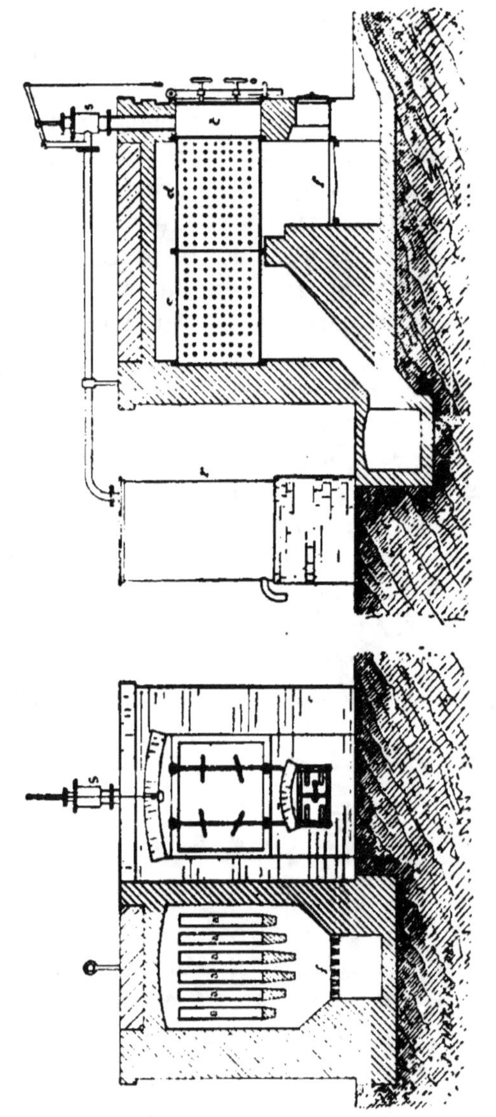

Fig. 24-25. — Torréfacteur de M. Boulouvard.

que, la vapeur d'eau et les sels ammoniacaux qui se dégagent pendant la calcination du bicarbonate, d'où ils se rendent, en forçant une soupape s, dans un serpentin réfrigérant r où se condensent l'eau et les sels ammoniacaux. Dans chacune de ces cornues on introduit deux cylindres en tôle c, d, à parois perforées, préalablement remplis de bicarbonate. Au bout de six heures, la calcination est généralement terminée. On enlève l'obturateur o, puis avec un crochet en fer, on retire les boîtes et on en vide le contenu.

V. — FUSION DU CARBONATE DE SOUDE

La soude ainsi produite étant de beaucoup plus légère que celle fabriquée au moyen du procédé Leblanc, on a cherché à augmenter sa densité en lui faisant subir une fusion. On a proposé, dans ce but, un certain nombre d'appareils sur la nature desquels nous n'insistons pas puisqu'aucun d'eux ne semble avoir été appliqué industriellement.

VI. — RÉGÉNÉRATION DE L'AMMONIAQUE

APPAREIL DE MM. SCHLŒSING ET ROLLAND

Il se compose d'un petit distillateur, ayant environ 1 mètre de diamètre et 2 mètres de haut, chauffé, par injection de vapeur, entre 50 et 60°. Là, l'acide carbonique se dégage ; les liquides passent ensuite dans un autre appareil semblable, chauffé à l'ébullition, où l'ammoniaque se trouve éliminée puis, le liquide arrive dans un cylindre horizontal où une vis d'Archimède amène constamment de la chaux en pâte qui décompose le chlorhydrate d'ammoniaque avec produc-

tion de chaleur (l'appareil doit être refroidi par un courant
d'eau) enfin les liquides sont amenés dans un distillateur,
chauffé à la vapeur, où l'ammoniaque se rectifie. Le gaz sec
est recueilli dans de la saumure vierge et donne la saumure
ammoniacale.

APPAREIL DE M. SOLVAY

Bien que l'on n'ait pas de renseignements précis sur la
méthode employée par M. Solvay pour régénérer l'ammoniaque, il est intéressant de signaler son appareil à colonne, re-
marquable par son ingéniosité. Le problème de la régénération de 'ammoniaque est en effet l'un des points les plus
importants de ce procédé, étant donné le prix élevé de cette
matière. Or s'il est aisé de dégager l'ammoniaque contenue
dans une solution saturée, la mise en liberté des dernières
portions nécessite la distillation d'une grande quantité de
liquide, et il en résulte l'obtention d'une quantité notable
de liqueurs peu riches en principe utile. En réalité, l'opération. s'effectue en deux temps dans l'appareil dont nous parlons plus loin. Les eaux-mères, séparées du bicarbonate et
qui renferment, outre le chlorhydrate d'ammoniaque, de
l'ammoniaque libre et du carbonate d'ammoniaque, passent
d'abord dans une colonne rectificatrice analogue à celles qui
sont employées pour la fabrication des alcools. Là, elles sont
privées de l'ammoniaque et du carbonate d'ammoniaque
qu'elles renferment, après quoi elles s'écoulent dans des récipients spéciaux où elles sont soumises à la double influence
de la chaux et de la vapeur d'eau. La chaux décompose le
chlorhydrate d'ammoniaque avec mise en liberté d'ammoniaque que l'élévation de température fait dégager.

La séparation de l'ammoniaque et du carbonate d'ammoniaque se fait dans la colonne A (fig. 25) traversée de hau

en bas par un courant de vapeur déjà chargée d'ammoniaque et qui pénètre par le tuyau V. Cette vapeur traverse le
liquide à distiller retenu dans les compartiments XX
qu'il ne peut quitter que par les tuyaux de trop plein t. Le

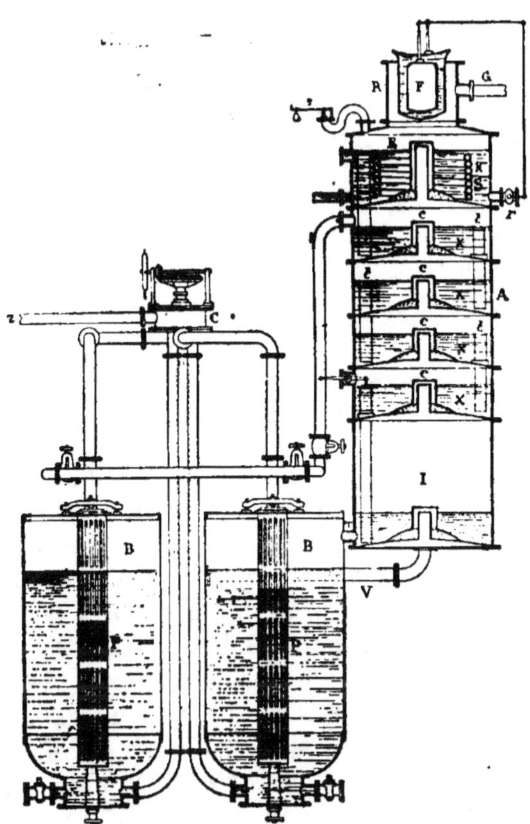

Fig. 26. — Régénération de l'ammoniaque (Procédé de M. Solvay).

compartiment supérieur est muni d'un serpentin réfrigérant S dans lequel circule le liquide à distiller. Il remplit
un double but : condenser les vapeurs et par conséquent
sécher les gaz qui vont s'échapper par le tuyau G, et échauf-

fer par les chaleurs perdues, le liquide à distiller. Le liquide privé d'ammoniaque caustique et de carbonate d'ammoniaque, s'accumule dans le compartiment I d'où un tube T le fait passer dans des chaudières B destinées à décomposer le chlorhydrate d'ammoniaque. Ces chaudières, au nombre de quatre, sont reliées entre elles par un système de tuyauterie aboutissant à un commutateur C qui permet d'isoler l'une d'elles à volonté. Elles renferment des paniers percés P dans lesquels on introduit de la chaux vive. Cette chaux est préparée dans les fours servant à la production de l'acide carbonique employé pour la carbonatation. Tandis que la chaux se dissout dans le liquide à l'état de chlorure de calcium, les incuits et les impuretés restent dans le panier d'où on peut les retirer par la porte qui supporte par un pied le panier. Ces chaudières sont chauffées à la vapeur. Celle-ci arrive d'abord par le tuyau Z dans le distributeur qui l'envoie dans la chaudière la plus épuisée ; elle circule ensuite dans les autres chaudières et revient par le commutateur dans le tuyau V qui la conduit dans la colonne A de rectification. Cette colonne porte une soupape de sûreté s ajustée sur un tube en U rempli de pétrole. Comme il importe que les gaz qui s'échappent de la colonne, pour se rendre aux dissolveurs, aient une composition aussi fixe que possible, il faut qu'ils s'échappent de la colonne toujours à la même température. On atteint ce résultat grâce au régulateur placé au haut de la colonne, et qui consiste en un réservoir R renfermant un flotteur F qui commande par un levier la vanne r et détermine ainsi, suivant les besoins, un afflux plus ou moins considérable de liquide froid dans le serpentin réfrigérant.

Dans un brevet du 15 avril 1881, M. Solvay propose de remplacer la chaux par les phosphates naturels. A cet effet, ceux-ci sont pulvérisés et livigués pour en séparer le carbonate de chaux plus léger. Après quoi on cuit la masse que l'on fait agir sur la solution de chlorhydrate d'ammoniaque.

De cette façon, la chaux libre, ou combinée à l'acide carbonique, déplace l'ammoniaque et se transforme en chlorure de calcium, tandis que le précipité insoluble, lavé à l'eau, constitue un produit marchand ne renfermant que peu de chaux en excès.

Enfin, MM. Parnell et Simpson remplacent la chaux par les charrées de soude Leblanc. Il se dégage du sulfure d'ammonium qu'on décompose dans une colonne Solvay par de l'eau salée, au contact d'acide carbonique. Il se forme alors du bicarbonate de soude et de l'hydrogène sulfuré.

APPAREIL DE M. MALLET

Au lieu de l'appareil précédent, M. Boulouvard utilise la colonne proposée par M. Mallet [1], à laquelle il a fait subir de légères modifications.

Procédé de M. Schreib.

M. Schreib [2] a proposé de régénérer l'ammoniaque des lessives de chlorure de sodium et de chlorure d'ammonium, en mettant à profit la propriété, que possèdent de telles solutions, d'abandonner à l'état insoluble le chlorure d'ammonium qu'elles renferment, quand on les sature de sel marin et qu'on les traite par le carbonate d'ammoniaque, produit ou non au sein de la liqueur.

Les meilleurs résultats sont obtenus en faisant agir sur ces eaux-mères le sel marin et le carbonate d'ammoniaque à 40 au 50°, puis refroidissant à $+$ 2°. Il se sépare de cette façon un précipité riche en AzH^4Cl et contenant peu de chlorure de sodium. En le chauffant avec du carbonate

(1) Mallet, *Appareil à colonne inobstruable pour l'extraction de l'ammoniaque des eaux-vannes.*

(2) Schreib, *Chemische Industrie*, 1889, p. 481 et 511.

de chaux pulvérisé, on obtient du carbonate d'ammoniaque et du chlorure de calcium.

Les liqueurs filtrées, séparées du chlorhydrate d'ammoniaque, sont riches en carbonate d'ammoniaque. On les réchauffe, puis on les met en contact avec du sel marin, dont elles dissolvent de nouvelles quantités.

En les soumettant à l'action du gaz carbonique, le carbonate d'ammoniaque réagit sur le sel marin et fournit du bicarbonate de soude.

Procédé de M. Gilloteaux [1],
pour utiliser le chlore du chlorhydrate d'ammoniaque.

On décompose le chlorhydrate d'ammoniaque par le bisulfate d'ammoniaque, pour former du sulfate neutre, lequel, chauffé à 200°, se scinde en sulfate acide et ammoniaque qui rentre dans la fabrication.

L'auteur conseille d'employer le sel ammoniac et le sulfate acide à l'état sec.

De cette façon, on recueille, suivant l'inventeur, l'acide chlorhydrique et l'ammoniaque du chlorhydrate d'ammoniaque.

Procédé de M. L. Mond,
pour la récupération de l'ammoniaque et de l'acide chlorhydrique du chlorhydrate d'ammoniaque.

Ce procédé consiste à volatiliser le chlorhydrate d'ammoniaque et à obliger les vapeurs à traverser un sel, résultant de l'union d'un acide polybasique, comme SiO^2, Bo^2O^3, P^2O^5, avec un oxyde, tel que ceux de nickel, de cobalt, de fer, de manganèse, de magnésium, etc. Ces sels fixent l'acide chlorhydrique du chlorhydrate, tandis que l'ammoniaque se dé-

(1) *Moniteur scientifique Quesneville,* 1889, p. 1470.

gage régulièrement. Quant au produit de la réaction, on le soumet ultérieurement à l'action d'un courant convenable d'air, d'oxygène ou de vapeur d'eau. Il perd alors de l'acide chlorhydrique et reprend son état primitif. On doit donner aux sels métalliques des formes en briquettes ondulées, boules, briques creuses, etc., de manière à obtenir un contact aussi complet que possible [1]. Ce procédé paraît devoir être trop coûteux.

VII. — TRAITEMENT DES EAUX RÉSIDUELLES

Les eaux-mères, desquelles on a extrait l'ammoniaque, consistent en une solution de chlorures de calcium et de sodium, dont les proportions varient selon la conduite de l'opération. On peut, comme l'a proposé M. Honigmann, les soumettre à l'évaporation pour en retirer par cristallisation le chlorure de sodium.

Jusqu'à présent et malgré les nombreux efforts tentés, on n'a pu retirer avantageusement le chlore de ces solutions. Deux procédés récents, les procédés Péchiney et Schlœsing sont aujourd'hui à l'étude. Il paraît que ce dernier a été essayé à l'usine de MM. Bell frères, à Middlesborough.

2° PROCÉDÉS DANS LESQUELS LE BICARBONATE D'AMMONIAQUE EST PRÉPARÉ EN DEHORS DE LA SAUMURE

Il n'existe qu'un procédé dans cette catégorie de traite-

(1) Brevet anglais du 29 mars 1887, d'après *Moniteur scientifique Quesneville*, 1887, p. 841.

HALPHEN. — La soude.   8

ments. Il est dû à M. Schlœsing qui l'a fait breveter, il y a quelques années.

Il repose sur les observations suivantes :

La réaction, produite par le passage d'un courant d'acide carbonique dans une solution ammoniacale maintenue à une température de 18 à 20°, se fait moins rapidement au début, mais d'une façon beaucoup plus uniforme qu'avec la saumure ammoniacale; l'énergie d'absorption ne diminue qu'extrêmement lentement, au fur et à mesure que la carbonatation s'effectue, ce qui permet de réaliser la combinaison de ces deux corps dans des tours à coke; d'où la suppression de la compression des gaz et des dépenses qui en résultent.

La précipitation du bicarbonate d'ammoniaque s'effectue d'autant plus rapidement que la liqueur est plus riche en ammoniaque. Les meilleures conditions de formation sont donc, théoriquement, celles dans lesquelles on emploie des solutions ammoniacales aussi riches que possible, mais, comme l'entraînement d'alcali par les gaz augmente avec la teneur, on doit se contenter de rester dans de justes limites.

Les liquides ainsi produits consistent en une solution de carbonate tenant en suspension du bicarbonate d'ammoniaque. On les reçoit dans de grands cylindres munis de faux fonds garnis d'une toile filtrante, sur laquelle se déposent les cristaux de bicarbonate, tandis que l'eau-mère est recueillie dans des réservoirs.

La transformation du bicarbonate d'ammoniaque en bicarbonate de soude s'effectue en faisant couler, sous forme de pluie, une dissolution de sel sur le filtre contenant les cristaux de bicarbonate d'ammoniaque. Les liquides filtrés en premier lieu sont riches en carbonate d'ammoniaque. On les joint à ceux déjà obtenus, puis, la réaction s'effectuant, le bicarbonate de soude prend naissance et forme des blocs durs et poreux qui se soudent entre eux. A ce moment, l'eau-mère ne renferme que du chlorhydrate d'ammoniaque, de l'ammoniaque et un peu de bicarbonate de soude. De ces eaux-mères, on retire l'ammoniaque en les décomposant par la chaux.

Marche d'une fabrication normale par le procédé de MM. Schlœsing et Rolland[1].

COMPOSITION DES LIQUIDES A LA SORTIE DES ABSORBEURS

La saumure vierge, marquant environ 23° Baumé, présentait à la sortie de l'absorbeur la composition suivante :

Eau	100
Sel.	30
Ammoniaque	8,8
Acide carbonique	9 environ

pour une densité de 1,177.

COMPOSITION DES LIQUIDES SORTANT DES CENTRIFUGES

Ces liquides ont une densité de 1,118 et contiennent :

Eau	100	
Sel	10,2	
Sel ammoniac.	18,6	
Ammoniaque	2,95	} combiné
Acide carbonique.	6,65	
Bicarbonate de soude	0,50	

COMPOSITION DES GAZ.

Gaz des torréfacteurs.	90 à 95 de CO^2 0/0
— des foyers du four	18 à 20	—
— du four	28 à 30	—
— des absorbeurs	6 à 8	—

[1] D'après le mémoire des auteurs.

Tableau de la transformation des matières premières.

Sel pur mis en œuvre . . . .   58,5 kilogrammes
Sel perdu   20,2   —
Carbonate de soude fabriqué .   35,0   —
Chaux vive employée   24,5   —
Vapeur pour distillations. . .   123 équivalent à 17,6 de houille

Composition, production, prix de revient.

Composition des sels de soude à l'ammoniaque.

	SEL DE SOUDE SOLVAY			SEL DE SOUDE anglais		SEL DE SOUDE Boulouvard
CO^3Na^2	96,23	95,65	99,438	98,72	93,84	94,80
NaC	0,64	3,22	0,210	0,54	1,17	1,27
SO^4Na^2	0,2	0,31		0,20	0,47	
SO^4Mg	traces			0,04	0,17	0,09
CO^3Ca			traces	0,13	0,16	traces
Fe^2O^3		0,07		0,01	0,16	traces
Al^2O^3			traces	0,01	0,10	0,09
SiO^2			0,04	0,09	.	
Insoluble					0,23	
Eau	3,11	0,55	0,31	. 0,32	3,74	3,75
Analystes	M. List	M. Lunge	M. Hanrez	M. Pattinson	M. Henrath	M. Naville

Production de la soude à l'ammoniaque.

Le procédé à l'ammoniaque s'est développé au détriment du procédéLeblanc. La totalité de la soude produite actuellement en Belgique est préparée à l'ammoniaque. C'est en Angleterre que le procédé Leblanc a eu le moins à souffrir. En Allemagne, le procédé à l'ammoniaque fournit les deux tiers de la soude totale. Le tableau suivant montre les proportions respectives de soude fabriquée, par ces deux méthodes, en France et en Angleterre de 1878 à 1888.

| | ANGLETERRE | | FRANCE | |
Années	Sel total consommé tonnes	Sel employé pour la soude à l'ammoniaque tonnes	Sel total consommé tonnes	Sel employé pour la soude à l'ammoniaque tonnes
1878	577 639	12 192	149 906	32.891
1879	625.132	21 946	162 410	43.640
1880	711.216	31.699	173 269	47.952
1881	685 901	41.453	187.253	60.023
1882	690 814	51.206	196.085	72.174
1883	719 399	93.878	211.518	85 854
1884	701.550	»	223 186	97.491
1885	734.031	116.870	247 541	120.551
1886	724.521	139.415	261.182	141.181
1887	742.899	161.174	264 226	152.202
1888	815.332	215 576	262.992	155.902

Dépenses en matières premières pour 100 kilogrammes de carbonate de soude.

Sel. . . . . 180 kilogrammes
Pouvant être remplacé par eau salée . 5,57 hectolitres
Calcaire. . . . . 135 kilogrammes
Ammoniaque. . . . . 1 —
Houille pour distillation. . . . . . . 50ᵏᵍ,3 ⎰ 128,3
  — pour force motrice . . . . 78 » ⎱
Coke. . . . . ⎰ 72

8.

Prix de revient de la soude à l'ammoniaque
(d'après MM. Haddock et Leith [1]).

La production de 1,016 kilogrammes de soude à 58 0/0 de Na^2O, nécessite les dépenses suivantes :

		fr.
Saumure	. . . .	1,85
Ammoniaque	. . . .	9,35
Chaux	. . . .	16,85
Combustible	. . . .	25 »
Salaires	. . . .	15,60
Emballages	. . . .	9,35
	TOTAL . .	78,00

[1] *Moniteur scientifique Quesneville*, 1891, p. 1171.

RÉGÉNÉRATION DU CHLORE DANS LE PROCÉDÉ A L'AMMONIAQUE

Lorsque l'on a régénéré, par l'une des méthodes que nous avons décrites précédemment, l'ammoniaque contenue dans les lessives résiduelles de chlorhydrate d'ammoniaque, le chlore qui se trouvait combiné à cette base s'est uni à un autre corps en formant un chlorure, qui, suivant le procédé adopté, est obtenu ou en dissolution ou à l'état solide. Dans le cas où l'on s'adresse à la chaux, pour déplacer l'ammoniaque, on obtient des solutions de chlorure de calcium qui n'ont pu encore être utilisées en l'état et qui, outre qu'elles constituent une cause d'insalubrité pour les rivières dans lesquelles on les écoule en énormes quantités, représentent une perte réelle de chlore. Les efforts tentés pour extraire le chlore de ces résidus ne paraissant pas avoir fourni de résultats satisfaisants, on a proposé de substituer à la chaux, la magnésie qui, comme elle, déplace l'ammoniaque, en produisant du chlorure de magnésium plus facilement décomposable en ses éléments constitutifs que ne l'est le chlorure de calcium.

Enfin, d'autres auteurs ont proposé de régénérer l'ammoniaque par voie sèche, ce qui a l'avantage de produire un chlorure solide.

Procédé de MM. Solvay.

Les premiers essais tentés dans cette voie remontent à dix-huit années et sont dus à MM. Solvay. Leur brevet comporte la décomposition à haute température du chlorure de calcium ou de magnésium par le silicate d'alumine avec intervention ou non de la vapeur d'eau, suivant que l'on se propose d'obtenir du chlore ou de l'acide chlorhydrique. L'opération s'effectue de la façon suivante :

On évapore jusqu'à une certaine concentration les solutions de chlorures de calcium et de sodium qui constituent les résidus de fabrication, on les mêle avec de l'argile de façon à former des boulettes que l'on dessèche et qu'on chauffe au rouge dans un courant d'air ou de vapeur d'eau. Comme, dans ce dernier cas, on doit utiliser une quantité de vapeur telle que, par sa condensation, on n'obtiendrait que de l'acide chlorhydrique très dilué, on sépare la majeure partie de la vapeur d'eau, avant la condensation de l'acide, en faisant passer le mélange gazeux dans une solution très concentrée de chlorure de calcium qui absorbe l'eau sans retenir l'acide chlorhydrique. Ce procédé coûteux a été abandonné.

Après avoir fait subir au précédent procédé divers perfectionnements, MM. Solvay indiquent l'emploi en l'absence d'eau, d'argile préalablement calcinée, ce qui donne moins de muriatique et, par conséquent, plus de chlore, tout en fournissant une masse moins susceptible d'entrer en fusion.

Procédé de MM. Weldon-Péchiney.

Les solutions de chlorhydrate d'ammoniaque sont décomposées par la magnésie, ce qui provoque en même temps que la mise en liberté de l'ammoniaque, qui se trouve régénérée, la production de chlorure de magnésium qui reste en solution. Les liqueurs sont évaporées jusqu'à ce qu'elles ne renferment plus que six équivalents d'eau.

Le chlorure de magnésium ainsi préparé est mélangé avec de la magnésie dans le but de préparer un oxychlorure. L'opération s'effectue dans un appareil semblable au four mécanique à sel de soude de M. Mactear. La magnésie est amenée par une chaîne à godets et le mélange s'effectue dans la cuvette tournante de l'appareil. On emploie 1,33 équivalents de magnésie pour 1 équivalent de chlorure de magnésium. Au bout de vingt minutes, la masse se solidifie en dégageant de la chaleur; on l'extrait du four pour la placer dans des caisses où la réaction s'achève.

L'oxychlorure ainsi préparé est concassé en fragments de la grosseur d'une noix que l'on place en couches minces sur les divers étages d'un wagonnet que l'on fait circuler dans une galerie chauffée à 300°. Dans cette opération, on enlève 60 à 65 0/0 de l'eau que contenait la masse et on perd de 6 à 8 0/0 de chlore qui s'échappe à l'état d'acide chlorhydrique.

Pour réaliser avantageusement l'extraction du chlore de l'oxychlorure, il faut que celui-ci soit immédiatement porté à une température élevée et soumis à l'action de l'air. On emploie à cet effet deux séries de neuf décomposeurs verticaux à section réduite, qui constituent deux piles de fours; on les charge directement par la partie supérieure et on les chauffe alternativement au moyen d'un brûleur à gaz spécial; on atteint ce dernier but soit en rendant le brûleur mobile sur des rails, soit en le maintenant fixe et venant lui présenter à volonté l'une des deux séries montées sur une plaque tournante. Les fours sont chauffés au maximum de température avant l'introduction de la charge; celle-ci se décompose sous l'influence de la chaleur emmagasinée. Les gaz dégagés sont aspirés au moyen d'une cloche en plomb plongeant dans une solution de chlorure de calcium ; on les débarrasse de l'acide chlorhydrique qu'ils renferment en les faisant passer dans un réfrigérant et dans un système de bombonnes. On ne peut extraire de cette façon que 95 0/0 du chlore total et l'on retire 53 de muriatique pour 47 de chlore.

Procédé de M. Schlœsing.

Ce procédé, employé à l'usine de Middlesborough, repose sur les transformations suivantes :

L'élimination de l'ammoniaque des eaux renfermant le chlorhydrate d'ammoniaque est obtenue par traitement à la magnésie, ce qui fournit des liqueurs de chlorure de magné-sium que l'on évapore dans un four à réverbère jusqu'à obtention de grumeaux renfermant encore 30 0/0 d'eau. Lorsque la dessication n'est pas poussée plus loin, on ne perd dans cette opération que 4 0/0 de chlore. En opérant en vase clos, et en employant un artifice permettant de condenser la vapeur d'eau tout en restituant à l'atmosphère de l'appareil l'acide muriatique non condensé, on parvient à séparer la vapeur d'eau en laissant le chlore uni au magnésium.

Le sel obtenu renferme au plus 1 0/0 d'eau ; il fournit quand on le chauffe au rouge sombre, dans un courant d'air, un gaz d'abord riche en chlore.

Pour éviter la fusion du sel de magnésie, M. Schlœsing propose de mélanger de la magnésie au chlorure de magné-sium anhydre, préparé comme il vient d'être dit et d'en for-mer des briquettes dures et poreuses qu'on décompose au rouge sombre, dans un four cylindrique.

A Scakowa, en Galicie, on régénère l'ammoniaque des solu-tions de chlorhydrate, en les décomposant par la chaux ; les solutions de chlorure de calcium sont transformées en chlorure

de magnésium en les soumettant, comme l'a indiqué M. Schaffner, à l'influence de la magnésie et de l'acide carbonique :

$$CaCl^2 + MgO + CO^2 = CO^3Ca + MgCl^2$$

Le chlorure de magnésium ainsi produit est composé dans
un four de M. Péchiney à foyer mobile.

Procédé de M. Mond [1].

Ce procédé, dont nous avons déjà parlé page 132, consiste à
volatiliser le chlorhydrate d'ammoniaque en l'obligeant à
passer sur un sel à acide polybasique qui fixe l'acide chlorhydrique et laisse l'ammoniaque se dégager ; lorsque cette
première phase de la réaction est terminée, on élève la température et l'on fait intervenir l'air ou la vapeur d'eau suivant
que l'on se propose d'obtenir du chlore ou de l'acide chlorhydrique.

Après avoir proposé diverses solutions, le même auteur
semble avoir adopté, dans son usine, un procédé semblable
au précédent et qui réside dans les opérations suivantes :

1° Séparation du chlorhydrate d'ammoniaque des eaux
résiduelles par congélation ;

2° Décomposition du sel ammoniac solide par la magnésie ;

3° Décomposition du chlorure de magnésium avec production de chlore.

On manque de données sur la valeur de ce procédé qui
paraît présenter un certain nombre de points faibles ; cependant, on croit généralement que son application a produit
de bons résultats financiers à l'usine de Winnington.

(1) Brevet anglais du 20 mars 1887.

Procédé de M. Alsberge.

On porte à l'ébullition les liqueurs qui renferment le chlorhydrate d'ammoniaque, pour dégager tout le carbonate et l'on traite ensuite par un mélange de magnésie et de bioxyde de manganèse provenant d'une opération précédente.

Après le départ de l'ammoniaque, on ajoute de l'acide nitrique qui dégage du chlore.

Le résidu, composé de nitrates, donne, par calcination, des vapeurs nitreuses, que l'on oxyde pour les ramener à l'état d'acide nitrique, et un mélange de magnésie et d'oxyde de manganèse qui sert pour une nouvelle opération.

On peut aussi décomposer le chlorhydrate d'ammoniaque par voie sèche, au moyen du bioxyde de manganèse, ce qui met l'ammoniaque en liberté ; il reste un mélange de chlorure et de bioxyde de manganèse que l'on traite entre 100 et 105° par l'acide nitrique qui dégage tout le chlore. Le résidu, composé de nitrate de manganèse, donne par calcination, comme dans le cas précédent, des vapeurs nitreuses, que l'on oxyde pour régénérer l'acide nitrique et du bioxyde de manganèse qui rentre dans le cycle des opérations.

Perfectionnement de M. Solvay.

Dans son brevet allemand du 15 mars 1889 (brevet S n° 4.691 exposé le 1er août), M. Solvay revendique la préparation de chlorure de magnésium anhydre en mélangeant le chlorure de magnésium hydraté, pris à l'état cristallisé ou à l'état de fusion, avec du chlorure de magnésium anhydre et en

(1) *Moniteur scientifique Quesneville,* 1889, p. 1375.

sonmettant le tout à l'action d'un courant d'air. Le chlorure auhydre, amené à l'état de fusion dans une cornue analogue à la poire de Bessemer, est soumis à l'action de l'air que
l'on injecte au sein de la masse en fusion : on obtient ainsi un
dégagement gazeux renfermant 15 à 20 0/0 de chlore.

Procédé de M. Gilloteaux.

Le chlorhydrate d'ammoniaque est décomposé par le bisulfate d'ammoniaque qui donne du sulfate neutre et de
l'acide chlorhydrique. Ce sulfate neutre, chauffé à 200°, se
décompose en sulfate acide et ammoniaque qui rentrent en
traitement.

SULFATE DE SOUDE

GÉNÉRALITÉS

Le sulfate de soude est le point de départ du procédé Leblanc, qui le met en œuvre, quels que soient sa source ou son mode de préparation, à la seule condition qu'il présente certaines qualités dont nous nous occuperons plus loin. Non seulement on le rencontre à l'état naturel, mais sa préparation a donné naissance à une importante industrie, qui en fabrique annuellement d'énormes quantités.

Dans la nature, il se trouve sous deux formes : à l'état anhydre et à l'état hydraté. Le sulfate de soude naturel anhydre constitue la *thénardite*; la variété hydratée renferme dix molécules d'eau : elle est connue sous le nom de *soude sulfatée* ou *mirabilite*. On le rencontre aussi, à l'état de sel double, constituant la *glaubérite* (sulfate double de soude et de chaux). Le natron en renferme souvent d'importantes proportions ; enfin, les dépôts cristallisés, formés par certains lacs salés, sont riches en sulfate de soude. Les analyses suivantes, dues à M. Abich, donnent la composition des sels déposés par l'eau des lacs de la plaine d'Arax.

	SELS CRISTALLISÉS		EAUX-MÈRES DESSÉCHÉES	
	à la surface	au fond	lacs	lagunes
Sulfate de soude. .	80,56	78,44	18,18	15,55
Carbonate de soude.	16,09	18,42	12,08	68,90
Chlorure de sodium.	1,62	1,92	69,73	15,50
Eau	0,55	1,18		

Le sulfate de soude que produit l'industrie, est obtenu en traitant le sel marin par l'un des trois procédés types suivants :

1° Décomposition du chlorure de sodium par l'acide sulfurique.

2° Double décomposition entre le chlorure de sodium et un sulfate.

3° Action d'un sulfure métallique ou de l'acide sulfureux sur le chlorure de sodium.

Les modes d'obtention par voie sèche sont de beaucoup les plus intéressants, attendu que le sulfate produit, étant à l'état anhydre, peut être employé directement à la préparation de la soude, tandis que celui qui a été préparé par voie humide, ne s'obtient qu'en dissolution ou à l'état cristallisé. Le peu de valeur du sulfate de soude ne permet pas d'effectuer les importantes dépenses que nécessite l'emploi d'évaporateurs ; il est également, dans bien des cas, un obstacle à la déshydratation du sel cristallisé, dont la réduction à l'état anhydre consomme une proportion relativement considérable de combustible.

MÉTHODES PROPOSÉES POUR LA PRÉPARATION DU SULFATE DE SOUDE ARTIFICIEL

A. — Par l'acide sulfurique et le chlorure de sodium.

Ce procédé est relativement simple. Il consiste à mêler le sel à l'acide sulfurique et à soumettre le mélange à l'action de la chaleur. La décomposition ne s'effectue que progressivement. A une température relativement basse, il se forme du bisulfate de soude avec mise en liberté, sous forme de gaz acide chlorhydrique, de la moitié du chlore renfermé dans le chlorure de sodium.

$$2NaCl + SO^4H^2 = SO^4\,NaH + HCl + NaCl$$

Par l'application d'une chaleur plus intense, le bisulfate
r éagit à son tour sur le chlorure de sodium pour en éliminer le dernier équivalent de chlore à l'état d'acide chlorhydrique.

$$SO^4NaH + NaCl = SO^4Na^2 + HCl$$

Dans le travail industriel, ces deux réactions ne s'accom-
plissent pas d'une façon aussi nette que nous venons de
l'indiquer, la première action donnant lieu à la formation
d'environ les deux tiers de la quantité totale d'acide chlorhydrique que peut produire la masse mise en œuvre.

**B.— Par double décomposition entre un sulfate et le chlorure de
sodium.**

1° SULFATE D'AMMONIAQUE

La calci nation du sulfate d'ammoniaque avec du sel
marin produit du sulfate de soude et du chlorure d'ammonium qui se sublime.

$$SO^4(AzH^4)^2 + 2NaCl = SO^4Na^2 + 2AzH^4Cl$$

La même réaction peut être effectuée par voie humide.

2° SULFATE DE MAGNÉSIE

Ce mode de préparation est utilisé pour l'extraction du
sulfate de soude des eaux-mères des salines. Ces eaux, quand
elles ont une concentration convenable, sont en majeure
partie formées de sulfate de magnésie et de sel marin.

L'application du froid détermine un échange, dont le résultat est la production de sulfate de soude qui cristallise et de chlorure de magnésium qui reste en solution.

Le même traitement permet de retirer des sels de Stassfurth (Abraumsalz), du sulfate de soude.

M. Ramon de Luna a proposé, en 1856, d'utiliser le sulfate de magnésie, qui constitue certaines mines d'Espagne, à la production du sulfate de soude. Dans ce but, on chauffe, dans des cylindres en fonte, et au rouge, un mélange intime de 2 parties de sulfate de magnésie hydraté et de 1 partie de chlorure de sodium. En même temps qu'il se dégage de l'acide chlorhydrique, on obtient un résidu composé de sulfate de soude et de magnésie, qu'on détache des cylindres. Ce résidu cède tout son sulfate de soude à de l'eau à 90°; on en peut séparer la petite quantité de sulfate de magnésie, qu'il est susceptible de contenir, par addition d'un lait de chaux. Les solutions aqueuses de sulfate de soude sont évaporées; elles fournissent par calcination du sulfate de soude sec. Ce procédé long et dispendieux a été abandonné.

Dans un brevet allemand plus récent, on propose de décomposer le sel marin par un mélange de silice et de sulfate de magnésie.

A cet effet :

On mêle ensemble 45 kilogrammes de sulfate de magnésie, 44 kilogrammes de chlorure de sodium et $22^k,5$ de silice. On dessèche et l'on chauffe dans un four à moufle entre 470 et 500°, de manière que la masse reste poreuse. On met ensuite cette masse en contact avec l'air atmosphérique à la température ordinaire ou à chaud, soit dans le même four à moufle ou, ce qui est mieux, dans des cornues verticales en terre réfractaire. Il se dégage du chlore et il reste du sulfate de soude et du silicate de magnésie. On peut, à la place de la silice, employer le silicate d'alumine.

Ce traitement est applicable à la caïnite.

3° SULFATE D'ALUMINE ET ALUN

La calcination du sel marin avec le sulfate d'alumine ou l'alun donne lieu à une double décomposition. Il se dégage de l'acide chlorhydrique en même temps qu'il reste un résidu composé d'alumine et de sulfate alcalin

$$(SO^4)^3Al^2 + 6NaCl + 3H^2O = 3SO^4Na^2 + Al^2O^3 + 6HCl$$

On lessive le résidu pour en séparer l'alumine insoluble et, après concentration, on fait cristalliser.

4° SULFATE DE ZINC

Le sulfate de zinc, calciné avec le chlorure de sodium, produit du sulfate de soude et du chlorure de zinc qui se volatilise

$$SO^4Zn + 2NaCl = SO^4Na^2 + ZnCl^2$$

5° SULFATES DE FER

En soumettant à un grillage oxydant, dans un four à réverbère ou dans un four à moufle, un mélange intime de sulfate de fer et de chlorure de sodium, il se dégage, en l'absence d'eau, du chlore en même temps qu'il se produit un mélange de sulfate de soude et de sesquioxyde de fer

$$2SO^4Fe + 4NaCl + O^3 = 2SO^4Na^2 + Fe^2O^3 + 2Cl^2$$

Si l'on fait intervenir en même temps la vapeur d'eau, il se produit du gaz chlorhydrique

$$2SO^4Fe + 4NaCl + 2H^2O + O = 2SO^4Na^2 + Fe^2O^3$$
$$+ 4HCl$$

La réaction demande l'application d'une chaleur rouge et la présence d'un petit excès de sulfate ferreux.

Sulfate ferrique. — Avec les sels ferriques, la transformation est plus aisément réalisable. Les produits de la réaction sont les mêmes que dans le cas précédent

$$Fe^2(SO^4)^3 + 6NaCl + 3H^2O = 3SO^4Na^2 + Fe^2O^3 + 6HCl^2$$

6° SULFATE DE CHROME

La fabrication de certaines substances, telles que l'alizarine, laissent comme résidu un mélange de sulfate de chrome et de sulfate alcalin. Ce résidu, chauffé avec du sel marin, produit du sulfate de soude, de l'acide chlorhydrique et de l'oxyde de chrome

$$Cr^2(SO^4)^3 + nSO^4M'^2 + 6NaCl + 3H^2O = Cr^2O^3 + 3SO^4Na$$
$$+ nSO^4M'^2 + 6HCl$$

7° SULFATE DE PLOMB

M. Margueritte a proposé de décomposer au rouge le sulfate de plomb par le chlorure de sodium, de façon à produire du sulfate de soude fixe et du chlorure de plomb, qui se sublime et que l'on recueille en dehors des fours à calcination. On régénère le sulfate de plomb, en agitant ce chlorure sublimé avec des solutions très étendues de sulfate de magnésie ou de sulfate de chaux. Il se forme par là du chlorure de magnésium ou de calcium que l'on rejette. Dans ce procédé, le chlore du chlorure de sodium est perdu.

8° SULFATE DE MERCURE

Le sulfate de mercure, calciné avec le sel marin, produit

du sulfate de soude en même temps qu'il se sublime du calomel si l'on a employé du sulfate mercureux, ou du sublimé corrosif si l'on s'est adressé au sel mercurique.

$$SO^4Hg + 2NaCl = SO^4Na^2 + HgCl^2$$

$$SO^4Hg^2 + 2NaCl = SO^4Na^2 + Hg^2Cl^2$$

C. — Par les sulfures métalliques ou l'acide sulfureux.

Procédé de M. Hargreaves. — Il consiste à diriger un mélange de gaz acide sulfureux, d'air et de vapeur d'eau sur du sel marin ayant un état physique particulier et que l'on doit maintenir entre 450 et 550°: Les gaz circulent régulièrement à travers divers cylindres renfermant le sel; ils en effectuent graduellement la transformation suivant l'équation :

$$SO^2 + 2NaCl + H^2O + O = SO^4Na^2 + 2HCl$$

Le gaz acide sulfureux employé provient de la calcination des pyrites ou des sulfures métalliques naturels tels que la blende.

D'autres procédés, analogues au point de vue chimique, avaient été proposés dans le même but. M. Longmaid décomposait le chlorure de sodium en le chauffant, en présence de l'air, avec des pyrites. Selon que l'on faisait ou non intervenir la vapeur d'eau, il se dégageait du chlore ou de l'acide chlorhydrique. Le résidu était en partie composé de sulfate de soude; mais, dans ce procédé, la décomposition du sel marin était loin d'être complète, surtout lorsque l'opération s'effectuait sans le concours de la vapeur d'eau. La masse, lessivée à l'eau, lui abandonnait son sulfate de soude.

M. Konigs a apporté un perfectionnement au procédé pré-

..cédent en calcinant les pyrites à part, de façon à produire de l'acide sulfureux qui, après mélange avec une quantité d'air convenable, s'échauffait en passant dans des chambres et des tuyaux maintenus au rouge. Les gaz chauds étaient dirigés dans un four à moufle sur la sole duquel se trouvait un mélange de sel et de peroxyde de fe⁻ chauffé au rouge sombre. On obtenait de cette façon une transformation du sel marin en sulfate de soude qu'on séparait, comme dans le cas précédent, par lessivage.

Quoique, comme nous venons de le voir, un grand nombre de réactions soient susceptibles de produire le sulfate de soude, les procédés mis en œuvre industriellement ne sont pas nombreux. Cela tient à ce que le sulfate de soude étant un produit de peu de valeur, il faut éliminer les procédés qui exigent l'emploi de matière première d'une valeur relativement élevée, aussi bien que ceux qui nécessitent soit des manipulations coûteuses, soit l'emploi d'importantes quantités de combustible.

FABRICATION DU SULFATE DE SOUDE

I. — PAR L'ACIDE SULFURIQUE

Généralités.

Nous avons vu que ce mode de préparation est accompagné d'un dégagement de gaz acide chlorhydrique. A l'origine, toutes les vapeurs acides étaient lancées dans l'atmosphère. Plus tard, la fabrication du sulfate de soude ayant pris de l'extension, le préjudice porté aux récoltes et à la végétation, par suite du dégagement de ces vapeurs chlorhydriques, suscitèrent de vives réclamations. Des règlements administratifs ordonnèrent aux fabricants de sulfate d'établir des systèmes de condensation afin de diminuer la déperdition du gaz acide. Très primitifs au début, ces modes de condensation se perfectionnèrent assez rapidement grâce à l'emploi de l'acide chlorhydrique dans la préparation des chlorures décolorants que l'on ne fabriquait jusqu'alors que par l'action de l'acide sulfurique sur un mélange de sel marin et de bioxyde de manganèse.

Depuis cette époque, la préparation de l'acide chlorhydrique a acquis une importance qui s'est accrue par suite de la production industrielle de la soude à l'ammoniaque, production qui s'effectue sans dégagement d'acide chlorhydrique.

Le problème de la condensation de l'acide chlorhydrique se trouve donc économiquement et hygiéniquement lié à celui de la fabrication du sulfate de soude.

Ces conditions obligent l'industriel à étudier aussi soigneusement l'une que l'autre, les questions de rendement en sulfate et acide chlorhydrique; aussi devons-nous faire leur étude parallèlement.

Qualités des matières premières. — La structure physique du sel mis en œuvre, aussi bien que la nature et la proportion des impuretés qu'il renferme, doivent être étudiées soigneusement. Lorsque le sel est trop compact, trop dense, sa manipulation rend le travail difficultueux et long; quand il renferme une trop grande proportion d'impuretés, une partie de celles-ci (les chlorures de calcium et de magnésium par exemple) nécessitent, pour se transformer en sulfates, l'emploi d'une quantité équivalente d'acide sulfurique. Par suite de la réaction, il se produit des sulfates étrangers qui souillent le produit principal et de l'acide chlorhydrique que l'on recueille; mais comme l'acide chlorhydrique formé est loin d'avoir la même valeur que l'acide ulfurique qui a servi à le produire, il en résulte une première perte au point de vue économique. D'ailleurs le sulfate de soude obtenu a une valeur qui diminue d'autant qu'il renferme plus de sulfates étrangers. Lorsque le sulfate de soude est destiné à la fabrication de la soude Leblanc, il faut faire attention que la présence de certains corps capables de se combiner à la soude, correspond à une véritable perte en alcali.

A la rigueur, on peut employer des sels renfermant des quantités notables d'impuretés, à la condition que celles-ci soient composées de matières inertes ou entrant malaisément en réaction telles, par exemple, le sable et certaines substances argileuses, mais il est nécessaire que la matière soit poreuse et, par conséquent, d'un travail facile.

En général les sels gemmes sont trop impurs pour servir directement à la préparation du sulfate ; cependant quelques-uns, tels que ceux de Schwäbisch Hall, pourraient être utilisés.

Le sel de cristallisation est de beaucoup préféré au sel gemme. Ce dernier est peu apprécié dans les usines parceque ses particules, même broyées, présentent moins de surface, à l'action des acides, que les cristaux. De plus, étant très dense, il se dépose aisément au fond des cuvettes ; il est alors très difficile de le soulever et de le mélanger intimement à l'acide.

On peut employer, pour décomposer le sel marin, l'acide sulfurique tel qu'il sort des chambres de plomb, c'est-à-dire quand il marque 52 à 56° ; mais, le plus, souvent, on ne s'adresse qu'à l'acide marquant 58 à 60° et qui s'obtient par concentration du précédent dans des chaudières en plomb.

Les impuretés de l'acide sulfurique sont ou volatiles ou fixes. Les premières se retrouvent dans l'acide chlorhydrique concentré et n'altèrent en rien la qualité du sulfate (l'acide nitrique par exemple), les secondes, au contraire, se retrouvent dans le résidu solide et diminuent sa valeur. Parmi ces dernières, on rencontre notamment le fer et le plomb. La faible teneur de l'acide sulfurique en corps fixes fait que l'on n'a à s'en préoccuper que dans la fabrication du sulfate de soude réservé aux usages spéciaux, la cristallerie par exemple. On les néglige quand le terme final est la fabrication de la soude.

Fours à réaction.

FOURS A BRAS

Fours à flamme [1].

Primitivement la fabrication du sulfate s'effectuait d'un seul coup dans un four à réverbère. Un perfectionnement important fut la fabrication du sulfate en deux phases, la première se faisant à basse température, la seconde à une température plus élevée. Les figures 27 et 28 représentent un four à flamme directe ou bastringue. Il se compose d'un foyer F chauffé au coke, dont les flammes, après avoir passé par-dessus l'autel a, se rendent dans le four à réverbère A nommé calcine. La sole de ce four est formée de briques réfractaires serrées Un registre e, en fonte, permet de faire communiquer la calcine avec un second compartiment E dont la partie supérieure est voûtée. Ce compartiment renferme la cuvette; il est muni, suivant les installations, de un ou plusieurs tuyaux en grès T qui servent au dégagement des gaz et les amènent dans une série d'appareils B destinés à assurer la condensation du gaz chlorhydrique qui se dégage. L'étude de ces appareils fera l'objet du chapitre suivant. Lorsque, comme à l'origine, la cuvette est en plomb, on lui donne une forme rectangulaire et on la fait reposer sur une plaque de fonte; il est avantageux de ne pas lui donner une trop grande pro-

---

(1) On nomme four à flamme ou à réverbère, celui dans lequel la matière à décomposer se trouve en contact direct avec la flamme du foyer.

sondeur. Les gaz, après avoir parcouru toute la calcine A, s'engagent dans des carneaux C et passent dessous la cuvette qu'ils échauffent. Ils parcourent deux fois toute la longueur

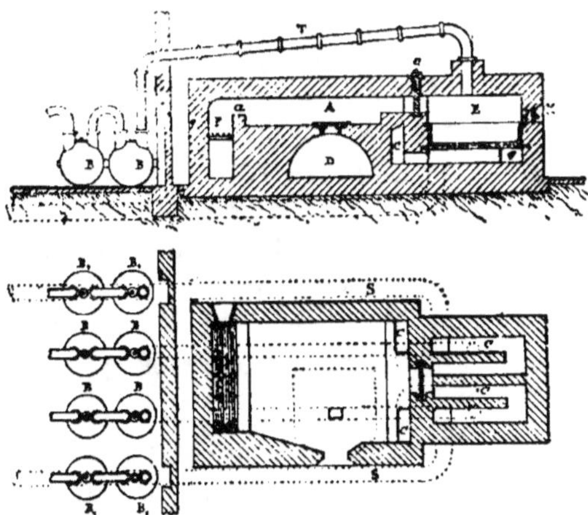

Fig. 27 et 28. — Four à réverbère.

de cette cuvette puis, revenant de chaque côté, ils s'engagent dans des conduits S qui se terminent par un système de condensation B_1, destiné à recueillir le gaz chlorhydrique

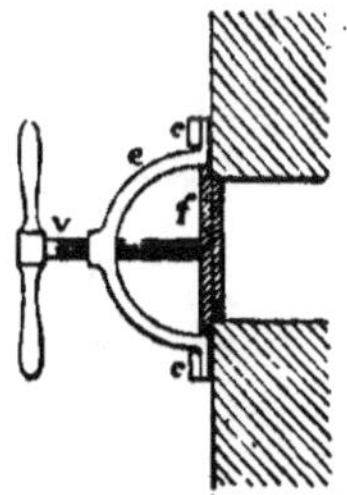

Fig. 29. — Fermeture d'ouvreau.

formé dans la calcine et entrainé avec les produits de la combustion. D est la cave dans laquelle on fait tomberle sulfate chaud.

L'ouverture K qui sert au chargement du sel peut être fermée par une plaque de fonte f qui se serre à volonté contre la maçonnerie par la manœuvre de la vis V que guide un étrier e maintenu a poste fixe par deux crochets c scellés dans la maçonnerie (fig. 29).

La sole de la calcine est formée de briques soigneusement choisies, posées de champ ou de pointe et maçonnées à l'argile réfractaire. La voûte de la calcine et celle de la cuvette sont en briques réfractaires. Quant à la cuvette, lorsqu'elle est en plomb, on la forme avec une lame de 5 millimètres d'épaisseur dont les bords sont redressés contre la maçonnerie. Elle repose sur une ou plusieurs dalles en fonte de 4 à 5 millimètres d'épaisseur.

Dimensions. — Les dimensions de l'appareil sont assez variables. MM. Stohmann et Kerl [1] indiquent pour un petit four les nombres suivants :

Foyer à six barreaux.

	m
Longueur	1,307
Largeur.	0,549

Autel.

	m
Longueur	1,307
Largeur.	0,209
Hauteur.	0,196

Calcine.

	m	
Longueur	2,50	
Largeur maxima	2,50	
Hauteur des parois latérales sur lesquelles repose la voûte . .	0,32	au-dessus de la sole.
Flèche de la voûte.	0,23	

(1) *Encyclopædisches Handbuch der technischen Chemie*, Braunschweig, Baud, v. p. 266.

Cuvette.

	m
Longueur.	2,00
Largeur	1,30
Hauteur	0,32

Epaisseur du plomb 0,032 au fond et 0,033 sur les bords.

tions des carneaux *c*, 0,932 millimètres de côté.

	m
Epaisseur de la murette entre la calcine et la cuvette, ou pont	0,262
Saillie du mur sur laquelle repose la dalle de la cuvette.	0,105
Epaisseur des dalles portant la cuvette.	0,033

Un tel four consomme en moyenne 550 kilogrammes de houille par jour ; il permet de transformer 1.000 kilogrammes de sel marin en sulfate pendant vingt-quatre heures, ce qui nécessite quatre opérations de 250 kilogrammes chaque.

Marche de l'opération. — On charge par l'ouvreau K 250 kilogrammes de sel aussi sec que possible ; puis, à l'aide d'un entonnoir à douille courbe, on introduit 300 kilogrammes d'acide sulfurique à 60°. Cette dose d'acide, un peu forte, est nécessaire parce que, vers la fin de l'opération, une partie du bisulfate se trouve décomposée, ce qui donne lieu à un départ d'acide sulfurique que remplace l'excès introduit au début de l'opération.

On ferme et on lute l'ouvreau ; la réaction ne tarde pas à se manifester et elle continue à s'effectuer régulièrement grâce à la chaleur fournie par les flammes du foyer qui circulent sous la cuvette. Lorsque la masse est devenue pâteuse et assez ferme, la première phase de la réaction est terminée ; pour effectuer la seconde, on soulève le registre *e* et, au moyen d'une pelle spéciale, on fait passer le sulfate dans l'autre compartiment ou *calcine*. On abaisse le registre et l'on recharge la cuvette comme nous venons de l'indiquer. Tandis que dans la cuvette la première partie de la décomposition s'effectue, la deuxième se réalise dans la calcine. Là, en effet, grâce à la chaleur fournie par l'action directe du foyer, le bisulfate de soude réagit sur le chlorure de sodium auquel il est mélangé (car on sait que, dans la première phase, il n'y a qu'une partie du sel décomposée et seulement formation de bisulfate). Il y a production d'acide chlorhydrique qui est entraîné par les gaz du foyer et condensé dans les bombonnes B_1. Pour faciliter la réaction et avoir une transformation aussi complète que possible du bisulfate en sulfate, l'ouvrier doit étaler la masse très régulièrement sur la sole ; il doit aussi écraser avec son « râble » les gros morceaux afin de granuler le mélange. Lorsque tout le sulfate est chauffé au rouge naissant, il prend, momentanément, un aspect jaune citron. La réaction terminée, on soulève une plaque qui se trouve au centre de la calcine et, avec un racloir, on fait tomber le sulfate dans un compartiment D, nommé *cave*, où il se refroidit. L'opération demande en moyenne quatre heures.

La facilité de condensation des gaz produits dans la calcine et dans la cuvette est très différente. Les premiers sont en effet très impurs par suite de leur mélange avec les produits de la combustion, et leur condensation est peu parfaite; au contraire, les gaz de la cuvette sont de l'acide chlorhydrique presque pur et ce fait rend leur condensation beaucoup plus aisée.

Pour utiliser la chaleur perdue, on a souvent placé un récipient spécial dans le bâti en maçonnerie qui surmonte la calcine. Dans ce récipient, l'acide sulfurique est amené à la concentration voulue. Ce dispositif a l'avantage de permettre d'introduire dans le four de l'acide sulfurique déjà chaud.

Certaines usines chauffent la cuvette et en même temps le réservoir de concentration de l'acide sulfurique, au moyen d'un foyer indépendant. Ce dispositif permet de donner à la calcine de plus grandes dimensions et d'envoyer directement les gaz qui s'y forment, dans les appareils de concentration, sans les faire passer sous la cuvette.

On peut aussi, au lieu de condenser séparément les gaz provenant de la cuvette et ceux qui viennent de la calcine, les réunir dans un même carneau de manière à produire un mélange gazeux uniformément chargé d'acide, dont la con-

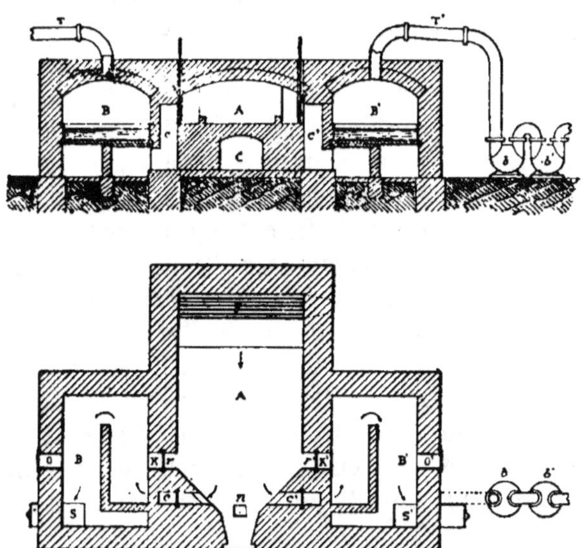

Fig. 30 et 31. — Four à sulfate à flamme, à une calcine et deux cuvettes en plomb.

densation est moins difficile que celle des gaz provenant de la calcine et moins aisée que celle des gaz de la cuvette.

Dans quelques usines on donne à la calcine de grandes dimensions et on la dessert par deux cuvettes en plomb.

Cette disposition est nécessitée par ce fait que le travail dans la calcine est moins long que dans la cuvette. Les figures 30 et 31 représentent un de ces fours. A droite et à gauche de la calcine A se trouvent les deux cuvettes B et B'. Les gaz, après avoir léché la matière étalée sur la calcine, passent par le carneau *c* sous la cuvette B ou par le carneau *c'* sous la cuvette B' ou par tous les deux à la fois, sous les cuvettes B et B' qu'ils échauffent. Cette manœuvre est facilement exécutée au moyen de registres.

L'acide chlorhydrique produit dans les cuvettes, se dégage par les tuyaux T et T' et se rend aux appareils de condensation *b* et *b'*. Après avoir circulé sous les cuvettes, les gaz du foyer F s'échappent par les carneaux S et S' pour se rendre aux appareils de condensation. Le chargement du sel et son travail dans les cuvettes s'effectue par les ouvreaux *o* et *o'*. La première phase de la réaction terminée, on fait passer la matière sur la calcine A par les ouvertures K ou K' qui sont munies de registres *r* et *r''*.

Pendant qu'on charge une cuvette, on évite de continuer à l'échauffer et on ne commence à le faire, en opérant progressivement, que quand la charge est entièrement terminée. Ces fours permettent de traiter près de 300 kilogrammes de sel par cuvette et par opération dont la durée est de six à huit heures. Comme la calcination de la même masse ne demande que trois à quatre heures, il en résulte que la production des cuvettes est précisément nécessaire et suffisante pour entretenir un travail régulier et continu sur la calcine.

L'opération terminée, on fait tomber le sulfate dans la cave C par l'ouverture *n* qu'on met à nu.

Avec un semblable appareil, on a l'habitude de condenser séparément l'acide des cuvettes et de la calcine.

Cuvettes en fonte. — L'emploi de la cuvette en plomb est très recommandable lorsque l'on a en vue la production de sulfate de soude destiné aux glaceries et dans lequel les proportions de fer doivent être presque nulles ; mais il nécessite une certaine surveillance, car un chauffage trop actif peut déterminer la fusion du plomb ; aussi, quand on se propose d'obtenir surtout une grande production de sulfate, on substitue aux cuvettes en plomb, des cuvettes en fonte (fig. 32 à 34) dont le diamètre varie de $2^m,5$ à 3 mètres pour une profondeur de 50 à 75 centimètres. L'épaisseur de

Fg. 32. — Cuvette en fonte à rebord simple.

Fig. 33. — Cuvette en fonte à rebord replié en anneau.

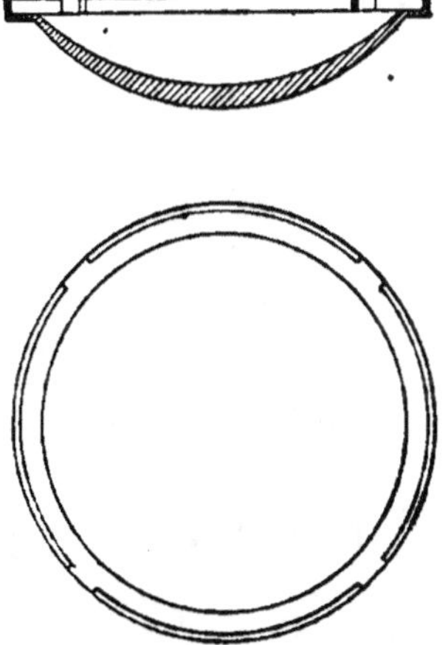

Fig. 34. — Cuvette en fonte à anneau et couronne extérieure.
Plan et coupe.

cette fonte est de $0^m,050$ à $0^m,075$; elle augmente progressivement à mesure qu'on approche du fond où elle atteint de $0^m,125$ à $0^m,175$. La forme le plus généralement adoptée est la forme ronde, cependant on utilise parfois des cuvettes rectangulaires ou octogonales.

Pour qu'un tel organe puisse résister aux variations brusques qu'il éprouve lorsque, étant chauffé au rouge naissant,

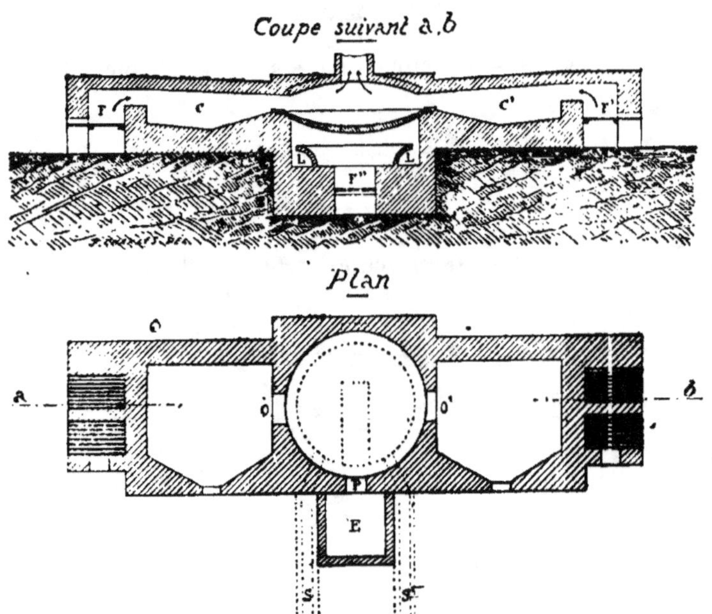

Fig. 35 et 36. — Four à flamme à cuvette en fonte et à deux calcines.

on y introduit l'acide qui n'est guère qu'à 100°, il faut qu'il soit préparé avec une fonte spéciale, compacte et tenace. La pièce métallique pèse de 4.500 à 6.500 kilogrammes et peut servir à décomposer de 1.500 à 2.000 tonnes de sel avant d'être détériorée.

La manière dont ces cuvettes sont disposées dans le four varie avec leur forme : lorsque le rebord est simple (fig. 32), on pose la cuvette sur la maçonnerie du four et l'on fait reposer la coupole qui la couvre, sur un mur circulaire embrassant la cuvette dont il est indépendant. Cette coupole peut d'ailleurs être en maçonnerie ou formée de plusieurs dalles de fonte. La difficulté qu'on éprouve à faire entre la maçonnerie et la cuvette un joint étanche résistant, aux phénomènes de dilatation, est le principal écueil de ce dispositif. Par contre, il permet de remplacer aisément une cuvette usée par une neuve. Il suffit à cet effet de démolir la moitié du mur de la coupole (¹) et la moitié du mur de support.

En adoptant, au contraire, les cuvettes représentées par les figures 33 et 34, on est amené à faire reposer le mur de la coupole sur l'anneau circulaire de la cuvette de telle façon que, si une fuite vient à se produire, l'acide chlorhydrique qui se dégage dans l'air signale l'accident auquel il est facile de remédier; mais avec cet appareil, le remplacement d'une cuvette exige beaucoup plus de main-d'œuvre que dans le cas précédent. Il faut en effet, pour accomplir cette opération, démolir complètement le mur qui supporte la coupole.

Quand on emploie les cuvettes en fonte, la première partie de la réaction est si rapide qu'on dessert souvent deux calcines par une seule cuvette. Les figures 35 et 36 réprésentent un de ces fours construit dans la fabrique de soude de MM. Hutchinson et Cie, à Widness (Angleterre). Dans ce four, les calcines C et C' sont symétriquement disposées à droite et à gauche de la cuvette. Elles sont chauffées par des foyers spéciaux F et F'. Le foyer F' est profondément enterré pour éviter le rayonnement direct qui surchaufferait le fond de la cuvette. Les produits de la combustion de ce foyer se rabattent latéralement dans les conduits LL et se rendent par les carneaux souterrains S' dans la cheminée. Quant aux produits de la combustion de F et de F', après avoir passé par-dessus les autels, ils viennent lécher la ma-

(1) Ceci n'est évidemment possible que si la construction est telle que la couverture de la cuvette puisse être supportée seulement par la moitié du mur restant.

tière étalée en C et en C' ; puis, grâce aux ouvertures *o* et
o', ils arrivent dans la partie centrale au-dessus de la cuvette
et s'échappent par un large tuyau en poterie qui les conduit
aux appareils de condensation. La cuvette est chargée par
la porte P ; E est une excavation pour le service du foyer de
la cuvette.

Ces fours permettent d'obtenir une grande production
en sulfate de soude, mais la dilution du gaz chlorhydrique mis en liberté, en rend la condensation difficile et
ne permet guère d'obtenir que de l'acide à bas degrés, aussi
on les a généralement abandonnés.

Dans un tel four, on peut adopter les proportions suivantes :

Grille.

	m
Longueur.	2,00
Largeur.	0,80
Distance au-dessous de la cuvette.	1,25 à 1,30

Cuvettes.

	m
Diamètre.	3,30
Profondeur.	0,50
Epaisseur des parois en fonte	0,115 à 0,12
Diamètre de la partie exposée au feu	2,50 à 2,65

Carneaux et voûte.

	m
Distance de la partie supérieure du carneau circulaire à la cuvette	0.24
Distance du même carneau au rebord de la cuvette	0,80
Distance de la partie supérieure de la voûte au niveau supérieur de la cuvette	0,60
Diamètre du canal d'évacuation de l'HCl	0,60 à 0,70

On a trouvé avantageux d'employer pour le chauffage des
cuvettes en fonte et celui de la calcine, des foyers dis-
tincts.

En ce qui concerne la cuvette, on la protège souvent contre l'action directe du feu, au moyen d'une voûte en maçonnerie percée de petites ouvertures par lesquelles passent les gaz chauds pour se répandre sous la cuvette d'où ils s'échappent par un canal à ce destiné. La communication entre la cuvette et la calcine peut être établie par une coulisse formée de deux dalles en fonte entre lesquelles on verse du sel.

Fours à moufle.

L'emploi des fours à flamme présente deux inconvénients :

En premier lieu il nécessite l'emploi du coke comme combustible, la houille ayant pour effet de provoquer des dépôts de suie qui bouchent les interstices des matériaux, existant dans les tours de condensation, et diminuent le tirage ; en second lieu, ou bien l'on est dans l'obligation de condenser séparément les gaz de la cuvette et ceux de la calcine et, dans le dernier cas, l'opération est très imparfaite, ou bien on réunit et on condense ensemble les gaz de la cuvette et ceux de la calcine ; on obtient alors une meilleure condensation mais l'acide produit est à bas titre. Pour remédier à cet état de choses, M. Thomas Bell eut l'idée d'introduire dans son four l'élément moufle et de séparer ainsi les gaz du foyer d'avec l'acide chlorhydrique produit. Successivement modifiée par M. J.-C. Gamble en 1839, puis par M. Lee, puis encore par M. Gamble, le fourneau à moufle, après avoir subi diverses modifications, a pris une place importante dans l'industrie, notamment dans les pays où des règlements spéciaux régissent sévèrement l'opération de la condensation des gaz acides. Les figures 37, 38 et 39 représentent trois coupes de l'un de ces fours.

Deux foyers F, F sont alimentés par de la houille ; les

flammes et les gaz circulent au-dessus du moufle M puis redescendent par des carneaux verticaux dans un espace vide situé sous le moufle et divisé en quatre carneaux ; là, la circulation a lieu d'abord simultanément dans les deux carneaux latéraux, en se dirigeant vers le foyer, puis les gaz reviennent en sens inverse dans les conduits du milieu ; enfin, circulant dans le sens des flèches, ils arrivent à la voûte à claire-voie V qui, suivant la position donnée au registre R, qui se manœuvre de l'extérieur, envoie tout ou portion de ces gaz sous la cuvette C, ou leur livre directement passage dans la cheminée.

Le sel est chargé dans la cuvette au moyen de la porte p, tandis que l'acide est amené par un tuyau qui traverse la voûte. Comme dans le four à réverbère, un registre mobile permet d'établir ou de supprimer à volonté la communication entre la cuvette et le moufle. u, u est le conduit qui sert à faire passer la charge sur la sole de la calcine ; là, trois ouvertures $p'p'p''$ permettent de travailler la masse ; c' est la cave où l'on abandonne le sulfate au refroidissement. Le gaz chlorhydrique produit s'échappe par les tuyaux de dégagement T,T. Le tout est maintenu par des armatures en fonte. La voûte est formée de plaques de poterie façonnées, régulièrement courbées, dont les parties saillantes s'engrènent dans les parties rentrantes. On obtient de cette façon une grande solidité avec une petite épaisseur de maçonnerie, ce qui permet à la chaleur de n'être pas obligée de traverser une maçonnerie trop épaisse. Dans le même but, la sole de la calcine est composée de grandes dalles bien dressées et ajustées, soutenues par des murettes qui sont les carneaux à travers lesquels circulent les flammes du foyer. Au lieu de faire partir les gaz chlorhydrique par l'ouverture T, on préfère souvent pratiquer plusieurs ouvertures disposées latéralement à une petite hauteur au-dessus de la sole et communiquant avec un seul canal horizontal qui aboutit à la conduite reliée aux appareils de condensation.

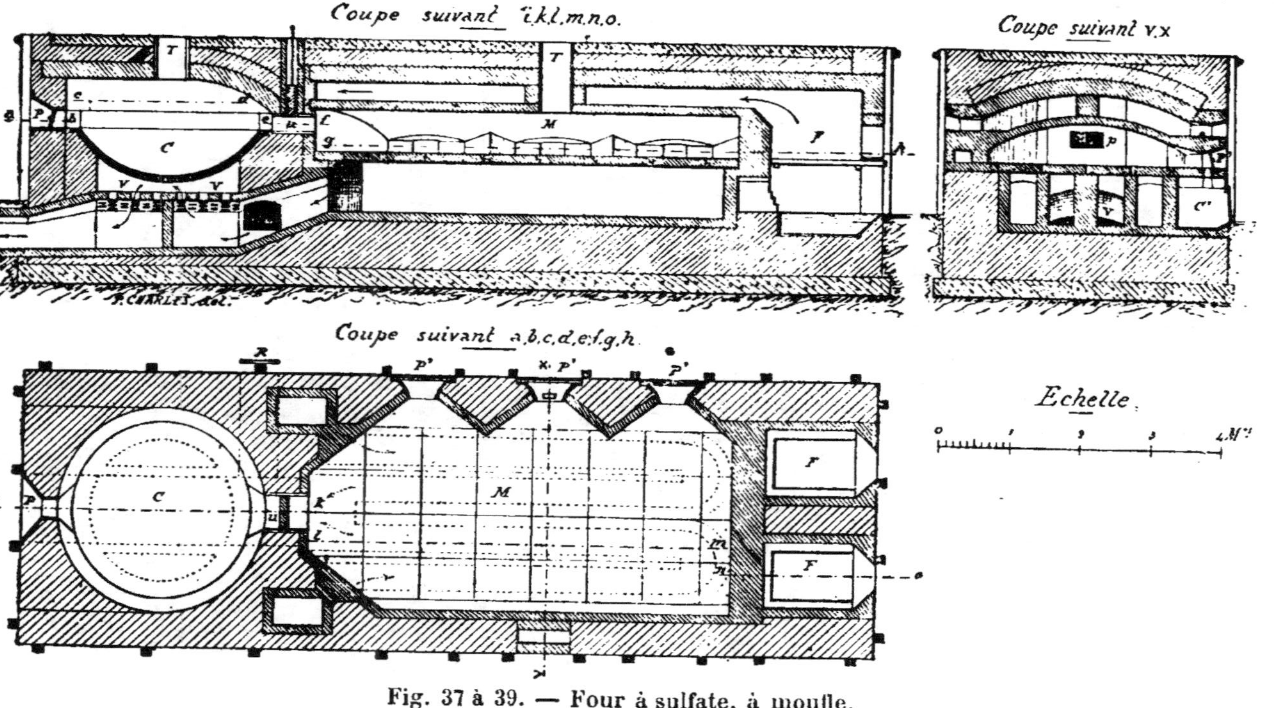

Fig. 37 à 39. — Four à sulfate, à moufle.

Dans cette même classe d'appareils, la cuvette est souvent chauffée par un foyer séparé F. Dans ce cas, on la protège contre le rayonnement direct au moyen d'une petite voûte V à clairevoie. Les figures 40 et 41 représentent un de ces dispositifs. A est l'ouvreau de travail. Les gaz chauds de F traversent les espaces o de la voûte V, reviennent dans le carneau circulaire $o'o$ pour s'échapper par le carneau K. Le pont est placé à angle droit avec l'ouvreau de travail, dispositif qui évite bien des fatigues à l'ouvrier. La cuvette est à rebord et à couronne. La coulisse, fermant le passage entre la cuvette et la calcine, est formée de deux dalles en fonte entre lesquelles on verse du sel, ce qui constitue une excellente fermeture sous le double rapport de l'étanchéité et de la solidité.

En raison de sa grande longueur, la calcine est munie de deux ouvreaux ; elle est chauffée par les deux foyers F″ et F″. La voûte v est formée de pièces réfractaires à emboîtement. Elle a l'épaisseur d'une brique pleine du côté du foyer ; elle est garnie de tuiles réfractaires ayant 30 à 35 millimètres sur le premier tiers. Son épaisseur est seulement d'une demi-brique sur le dernier tiers de sa longueur. La voûte v' du four est formée de deux garnitures de briques isolées par une couche d'air. Les gaz des foyers F′ F″ circulent au-dessus de la voûte v du moufle, redescendent par les carneaux k et k' et circulent sous la sole S où ils se répartissent dans les quatre conduits $llll$. Les gaz du moufle se rendent, par le conduit M, aux appareils de condensation. La voûte du four à moufle est enduite d'argile réfractaire, arrosée d'une solution de sel marin. On obtient ainsi une vitrification bien étanche. Les autres dispositifs sont analogues à ceux adoptés dans le cas précédent. Ce four est surtout employé en Angleterre, tandis que le précédent est en faveur sur le continent.

La Société des produits chimiques du Nord, à Lille, a monté un appareil formé de deux fours séparés, l'un servant à la calcination, l'autre comprenant trois cuvettes chauffées par les gaz du premier foyer. Cette disposition est basée sur la propriété qu'a la pâte des cuvettes de pouvoir être retirée et transportée à la calcine sans dégager de gaz

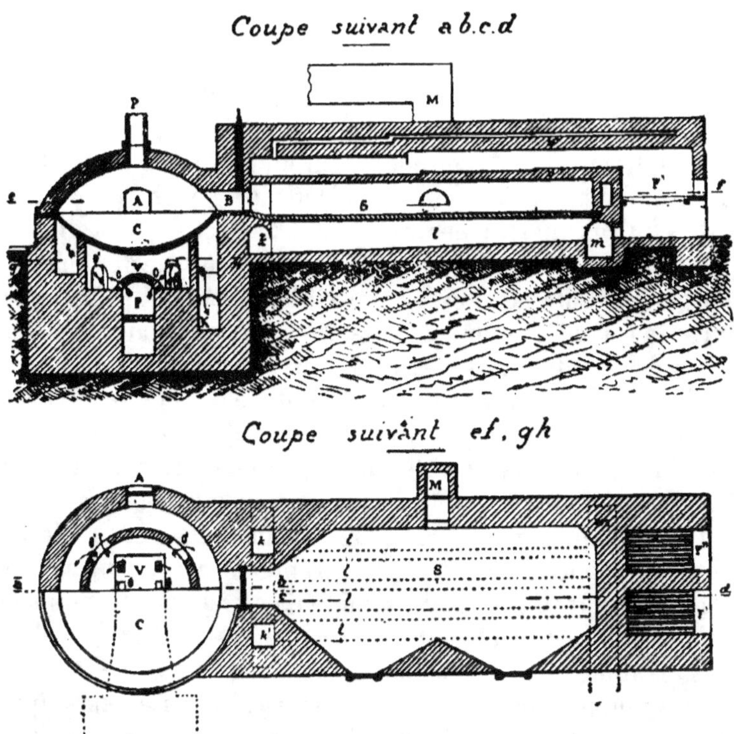

Fig. 40 et 41. — Four à sulfate, à moufle, à trois foyers.

chlorhydrique, lorsqu'elle a acquis un état particulier qui paraît correspondre précisément à un mélange en égales parties de chlorure de sodium et de bisulfate de soude.

Foyers. — Les foyers ont subi certains perfectionnements. L'introduction des foyers soufflés permet d'employer des combustibles d'une valeur peu élevée; de plus, grâce à la pression qui s'établit dans le four, on évite tout passage de l'acide chlorhydrique à travers les fissures de la voûte du moufle. L'emploi des gazogènes paraît également avoir donné de bons résultats aux usines anglaises.

1° *Travail dans la cuvette.*

Que la cuvette soit en plomb ou en fonte, les précautions à observer ne varient qu'en raison de la plus grande fusibilité du premier de ces métaux et par conséquent du soin plus particulier qu'il faut apporter au chauffage des cuvettes en plomb. Comme il est impossible de laisser refroidir la cuvette quand une opération est terminée, il faut se placer dans des conditions telles que l'introduction de l'acide sulfurique, qui se trouve à une température peu élevée (100° environ), ne provoque pas une destruction rapide du métal qui, lui, est chauffé à une température bien plus considérable. Sous ce rapport, les auteurs ne sont pas encore bien d'accord. Quelques-uns recommandent de laisser dans la cuvette une couche de sulfate adhérente de 1 à 2 centimètres, tandis que d'autres recommandent de la vider complètement. En réalité chacun de ces modes de faire présente des avantages et des inconvénients. En laissant contre les parois une couche de sel, on évite un refroidissement rapide du métal et on diminue d'autant son usure, mais il peut arriver qu'il se produise dans cette couche protectrice des fissures qui, permettant le contact entre la charge froide, et le métal très chaud, peuvent en provoquer la rupture; de plus, la transmission de la chaleur ne se fait que malaisément. Lorsque, au contraire, on a soin de nettoyer complètement la cuvette, il devient impossible (sauf dans quelques cas) d'y introduire la charge sans laisser le métal se refroidir. Ce refroidissement est surtout nécessaire quand

les cuvettes sont chauffées par des foyers spéciaux ; il peut
être partiellement ou totalement négligé dans les fours
chauffés au moyen de chaleurs perdues.

En présence de ces difficultés, certaines usines semblent
avoir adopté un procédé mixte qui consiste en l'emploi de cuvettes de grande capacité (pouvant contenir 900 kilogrammes
de sel). Toutes les heures on vide, la moitié du bisulfate
formé, dans la calcine où il se transforme en sulfate neutre,
tandis qu'en même temps, on recharge dans la cuvette des
quantités de sel et d'acide équivalentes à la quantité de
sulfate retiré. Cette méthode évite les refroidissements brusques de la cuvette.

Le chargement du sel dans la cuvette peut être fait à la
pelle ou au moyen de trémies. Dans le premier système, la
cuvette est soumise à un refroidissement moins prompt,
mais dans le second, on économise de la main-d'œuvre.

L'acide employé doit être préalablement chauffé. Certains
industriels emploient de l'acide à 50° C. tandis que d'autres
le portent à 100°. Cette dernière façon de faire donne des
résultats satisfaisants au point de vue de la durée des cuvettes ; mais, par contre, elle provoque un dégagement d'acide
chlorhydrique plus rapide et plus tumultueux que dans e
premier cas. Cet acide doit arriver en haut et au centre de
la cuvette. Il est amené par un tuyau en plomb qui se termine dans le four par un tuyau en fonte, muni d'une pomme
d'arrosoir dont le but est de diviser l'acide.

Quel que soit le procédé adopté, lorsque le sel et l'acide
ont été introduits, il faut brasser le mélange. On emploie à
cet effet un rateau dont le manche traverse une plaque qui
ferme l'ouvreau et empêche l'ouvrier d'être incommodé par
les vapeurs acides, car il se produit à ce moment une réaction très vive ; l'effervescence peut être diminuée par l'emploi d'une petite quantité de matière grasse (graisse ou huile).
Lorsque la masse ne renferme plus de corps durs, on ferme
les portes et, pour éviter les fuites, on tasse au-devant un

peu de sel. Il importe de brasser la masse tous les quarts d'heure, pendant toute la durée de la réaction, sans quoi il se produirait des croûtes adhérentes aux parois métalliques.

2° *Travail dans la calcine.*

Lorsque la masse ne se brasse plus que malaisément dans la cuvette, quand son travail devient pénible, on lève le registre du pont qui sépare la cuvette de la calcine et on fait passer la matière sur la sole de cette dernière.

On utilise à cet effet des rateaux dont le profil correspond à la courbure des cuvettes. La calcine doit être suffisamment chauffée pour que l'ouvrier voie ce qu'il fait, malgré le refroidissement que provoque l'introduction de la matière. Celle-ci doit être assez fluide afin de pouvoir être également étalée sur la sole. Il faut éviter la fusion plus ou moins complète de la masse parce qu'alors elle se prête mal à la fabrication de la soude. On pare à cet inconvénient en la remuant fréquemment et en ramenant vers le rampant le produit qui a séjourné près de l'autel. C'est là, en effet, que la température est le plus élevée et que les chances de fusion sont plus grandes. La masse doit être suffisamment brassée pour éviter la formation de morceaux agglomérés ou *grappes* qui retiennent toujours, à l'intérieur, du sel incomplètement décomposé, ce qui concourt à produire du sulfate à degré peu élevé.

Il faut éviter d'introduire dans la calcine le sel à l'état trop fluide; il en résulte une perte en acide sulfurique et une attaque exagérée de la sole.

Le travail peut être facilité dans les fours à réverbère par l'emploi de soles divisées en trois compartiments, chacune surélevée de 20 centimètres par rapport à la suivante.

La fusion du sel est moins à craindre dans le fours à

moufle bien chauffés que dans les fours à réverbère, mais l'opération est plus facile à diriger dans ces derniers, parce que l'introduction directe de la flamme contribue à éclairer l'appareil, ce qui permet à l'ouvrier de se rendre plus exactement compte de ce qu'il fait.

Lorsque la masse n'émet plus de vapeurs, le four doit avoir atteint la température du rouge vif. On peut alors opérer le défournement soit en faisant tomber le sulfate dans une cave à ce destiné, soit en le recevant dans des wagonnets en fer ; on emploie à cet effet des râteaux pleins.

Pour éviter le dégagement de vapeurs acides par les ouvreaux au moment du défournement, on ferme les portes du cendrier et du foyer. Grâce à l'aspiration produite devant l'ouvreau, la majeure partie des gaz acides se trouve aspirée.

L'emploi des caves est plus recommandable que celui des chariots, car il diminue de beaucoup l'émission des vapeurs acides.

Il est vrai que ce dispositif augmente un peu les frais de manipulation puisque ce sulfate devra être retiré de la cave pour être porté au four à soude, mais cette augmentation minime est largement compensée par l'avantage qu'en retirent les ouvriers, les habitations et la végétation du voisinage.

Production. — La production des fours à moufle est très variable. C'est en Angleterre qu'elle est le plus considérable. On traite au minimum 2.100 kilogrammes de sel par vingt-quatre heures par ouvrier et par appareil. Elle est double dans les usines où les cuvettes ont un grand diamètre. Il faut nécessairement employer, dans ce dernier cas, deux ou trois hommes par four. La production est en général un peu plus forte avec les fours à réverbère qu'avec les fours à moufle.

Parallèle entre les fours à réverbère et les fours à moufle.

Comme nous venons de le voir, les fours à moufle ont sur les autres un certain nombre d'avantag.s qui sont :

1º Condensation plus aisée et plus parfaite de l'acide chlorhydrique et production d'acide plus concentré, à degré marchand.

2º Emploi de combustibles d'une valeur moindre que ceux qui sont employés dans les autres fours [1].

3º Perte moins grande d'acide sulfurique par volatilisation et, par conséquent, suppression d'une partie de l'excès d'acide que l'on doit introduire quand on opère avec les fours à flamme directe.

4º Emploi d'appareils de condensation moins considérables.

A côté de ces avantages, les fours à moufle ont un certain nombre d'inconvénients :

En premier lieu, ces appareils nécessitent un entretien et une main-d'œuvre coûteux.

En second lieu, le sulfate produit est moins pur que celui qu'on retire des fours à réverbère parce que, dans ces derniers, la chaleur étant plus forte, la décomposition du bisulfate est plus complète; en outre, une partie du chlorure de sodium restant peut être volatilisée sous l'influence de la haute température qui règne.

FOURS MÉCANIQUES

Les divers fours à sulfate que nous venons d'examiner

[1] Avec des fours dont la cuvette est chauffée par les chaleurs perdues, on compte que, pour fabriquer 1.000 kilogrammes de sulfate, il faut employer ou 250 kilogrammes de coke ou 315 kilogrammes de houille moyenne.

exigent un travail manuel qui, déjà pénible par lui-même, l'est rendu davantage par les émanations acides auxquelles les ouvriers sont soumis. Dans le but de parer à ces inconvénients, aussi bien que pour réduire la main-d'œuvre et rendre l'opération indépendante de l'habileté de l'ouvrier, les industriels anglais ont cherché depuis long-temps à substituer au travail à la main un travail méca-nique.

Four de MM. Jones et Walsh.

Les premiers essais tentés dans cette voie paraissent dûs à M. Pattinson ; ils datent de cinquante ans. Des perfectionne-ments importants ont été apportés, à l'idée de M. Pattinson, par MM. Jones et Walsh. Leur four consiste en une cuvette en fonte recouverte par une voûte surbaissée que traverse un arbre vertical muni de pièces de fer disposées sur quatre bras et destinées à brasser la masse. Les figures 42 et 43 représentent un de ces appareils.

C'est un plateau à rebord en fonte ; il constitue la sole, qui repose sur un massif en maçonnerie et est recouverte d'une voûte surbaissée. F est le foyer, A l'autel, B le ram-pant et D le carneau de sortie. L'arbre P, mû mécaniquement, repose sur une crapaudine g établie au centre de la sole. Il porte quatre bras en fer h animés d'un mouvement circu-laire, sur lesquels sont disposés, à l'extrémité des tiges t, les racloirs r également en fer. Les ouvreaux O peuvent se fer-mer par des portes ; ils servent à introduire et à défourner la cuite.

Ce four est un retour au vieux système du fourneau à simple lit. Son caractère principal est la diminution du travail ma-nuel. Dans un tel appareil, l'installation de l'agitateur ne permet pas de surbaisser suffisamment la voûte pour obtenir la température de 450°, nécessaire à la réaction, sans employer une quantité exagérée de combustible.

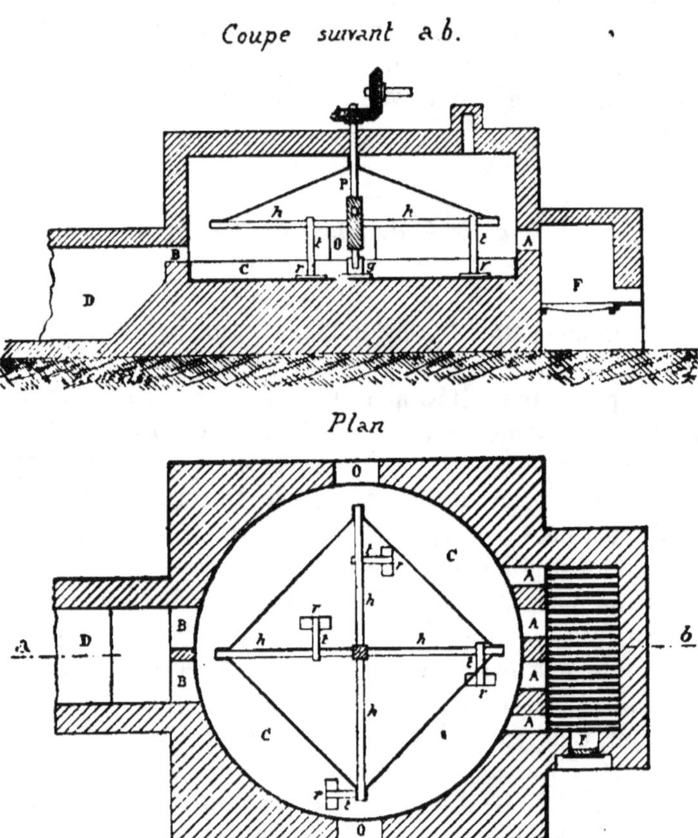

Fig. 42 et 43. — Four mécanique à sulfate (Jones et Walsh).

Four de M. Goodman.

C'est pour obtenir une meilleure utilisation du combus-

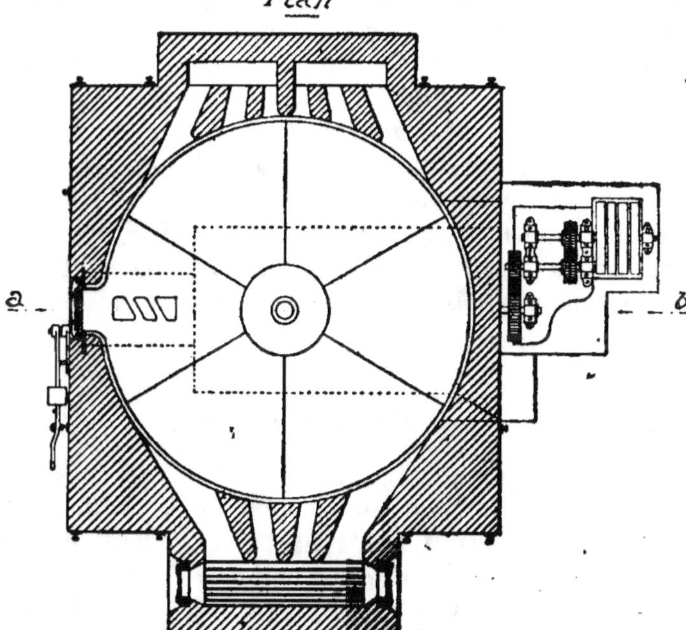

Fig. 44 et 45. — Four mécanique de M. Goodman.

tible que M. Goodman de Newcastle, a modifié le type précédent en lui donnant la forme que représentent les figures 44 et 45. Comme on le voit, le foyer est un peu écarté de la façade du four, ce qui permet de baisser la voûte. La cuvette, composée de six pièces boulonnées, a un diamètre de 4ᵐ,88 et repose sur une voûte. L'arbre de transmission pénètre par en bas et traverse la cuvette. Les agitateurs ont une disposition telle qu'ils brassent et refoulent la matière à la périphérie, la faisant sortir par l'ouvreau à ce destiné.

La charge, préparée dans un entonnoir en bois, peut tomber dans le four par la simple manœuvre du cône qui en obstrue la partie inférieure; elle est d'environ 5 tonnes. L'acide est introduit par des tuyaux en plomb qui pénètrent latéralement. Au début, on n'en introduit qu'un cinquième de la charge totale. La cuite dure de cinq à six heures. On économise en moyenne 5 0/0 d'acide sulfurique grâce à la régularité du brassage et à la température relativement basse à laquelle s'effectue l'opération. Le sulfate produit est de très bonne qualité. M. Lunge a trouvé qu'un de ces échantillons ne renfermait que 0,2 0/0 d'acide libre et seulement 0,12 de sel indécomposé.

On assure que le dégagement d'acide chlorhydrique est régulier, ce qui, joint à sa température relativement basse, rend sa condensation plus aisée, plus complète et moins coûteuse.

Four de MM. Black et Hill.

Ici, le sulfate est produit en deux phases. Un premier traitement dans la cuvette est fait avec l'intervention d'un brasseur mécanique. La seconde partie de l'opération s'exécute sur la sole d'un appareil identique à celui de MM. Jones et Walsh. La cuvette A (fig. 46) est chauffée par la chaleur perdue; *a* et *b* servent à l'introduction l'un du sel, l'autre de l'acide. *c* est l'orifice d'échappement du gaz acide chlorhydrique, B est un brassoir reposant sur deux paliers *p* placés à l'intérieur de l'appareil. On introduit d'abord l'acide puis 70 à 80 0/0 du sel, soit de 3 à 4 tonnes. On n'ajoute le reste du chlorure de sodium que plus tard. Quand la matière a été suffisamment travaillée, il suffit d'ouvrir le

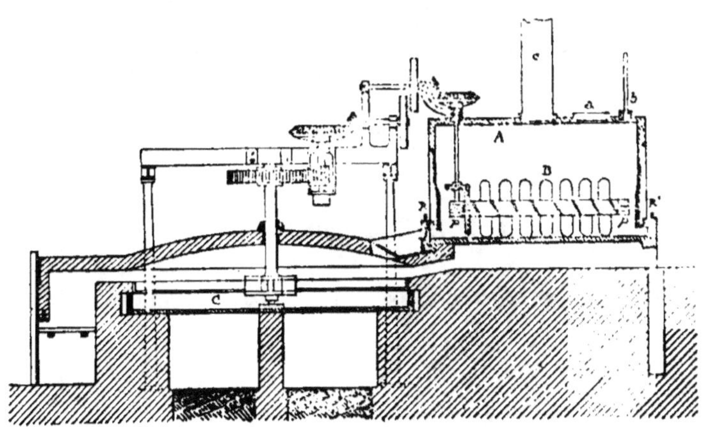

Fig. 46. — Four mécanique de MM. Black et Hill.

registre R pour faire arriver le mélange sur la sole de la calcine C, où il est traité comme dans l'appareil de MM. Jones et Walsh.

Nous ne pensons pas que les appareils précédents aient été montés en France. On leur reproche de ne pas permettre une bonne condensation de l'acide chlorhydrique, le dégagement, très rapide au début, étant presque nul à la fin de l'opération comme le montre le tableau suivant [1].

(1) Mactear, *Journal de la Société des Arts*, 4 février 1881. D'après *Moniteur Quesneville*, 1881, p. 499.

Tableau représentant la quantité de sel décomposé par heure dans un four Jones et Walsh.

Dès que le mélange est homogène, c'est-à-dire environ une demi-heure après. 72,70
   1 heure après. 75,35
   2 heures après. 85,13
   3 heures après. 90,60
   4 heures après. 95,92
   5 heures après. 96,32
   6 heures après. 97,57
   7 heures après. 98,80

Four de MM. Cammarck et Walter.

Le sel est introduit dans le four, par une hélice conte-

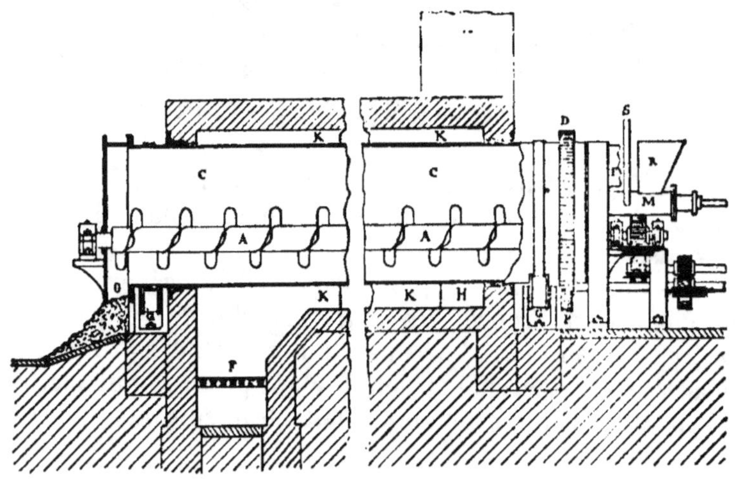

Fig. 47. — Four mécanique de MM. Cammarck et Walter.

nue dans le canal M (fig. 47), et passe régulièrement de l'entonnoir R dans le cylindre C. Il en est de même pour l'acide

sulfurique qui arrive par le conduit S. Le cylindre C est en
fonte ; il mesure 6^m,30 de longueur et repose sur quatre galets G. Il tourne par l'intermédiaire d'une couronne dentée
D actionnée par un pignon P. A l'intérieur du cylindre se
meut un arbre en fer fort A, armé de palettes placées en hélice.
Leur disposition est telle qu'elles envoient la matière du
côté du foyer et de l'orifice de sortie O. Ce cylindre est
chauffé sur la plus grande partie de sa longueur par les gaz
du foyer F qui, avant de s'échapper par la cheminée H, circulent dans le carneau en maçonnerie K.

L'acide chlorhydrique produit s'échappe par le tuyau T.
Le dégagement d'acide est très régulier dans ce four, si bien
que les gaz produits peuvent être directement employés à
la production du chlore si on les envoie dans le Deacon.
Dans cet appareil, l'arbre A ne tardait pas à s'affaisser ; le
brassage ne se faisant plus régulièrement, on a du renoncer
à l'employer.

Four de M. Mactear.

Dans ce four, (fig. 48) le sel marin et l'acide sulfurique sont
introduits régulièrement, le premier au moyen d'un entonnoir E muni d'un distributeur à débit variable, le second au
moyen du tube T. Le tout tombe dans une cuvette centrale
C où le mélange de sel et d'acide s'effectue d'une façon
continue, et produit une masse pâteuse qui, débordant, se
répand sur la sole en briques réfractaires du second compartiment où il rencontre des brassoirs b qui l'agitent à
chaque tour que cette cuvette fait mécaniquement. Le mélange, arrivé à la circonférence, s'écoule par A dans une rigole R. Quand l'opération est bien conduite, le sel défourné
n'émet pas de vapeurs acides.

La sole du four, légèrement conique, a une surface de
21^m,36 ; elle est en briques réfractaires bouillies dans le

goudron et montées dans une capsule de fonte, mobile sur le pivot B et les galets *g* par l'intermédiaire d'une couronne dentée et d'un pignon P.

Le foyer F chauffe le tout. Les produits de la combustion, après avoir échauffé la coupole, entraînent avec eux les vapeurs acides puis s'échappent par les conduites latérales H.

Cet appareil doit être chauffé au coke. Il produit de 45 à

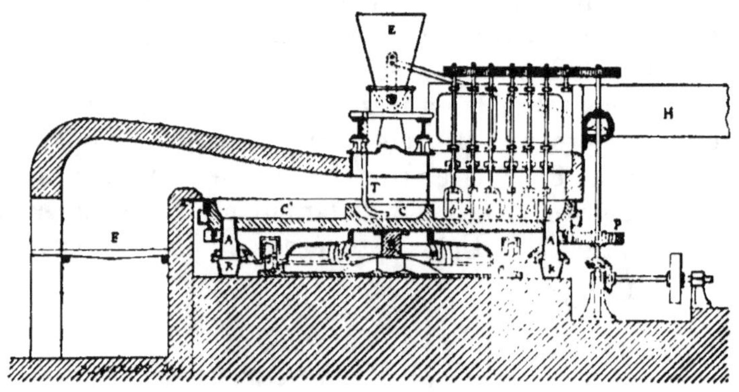

Fig. 48. — Four de M. Mactear.

50 kilogrammes de sulfate par mètre carré de calcine et par heure.

La conduite de l'opération est faite à la seule inspection du pain de sel obtenu. Ce dernier ne contient en moyenne que 1,15 d'acide et 0,565 de sel non décomposé; il est tout à fait convenable pour la fabrication de la soude. La consommation de combustible a été, d'après M. Mactear, de 203 ,248 de coke par tonne de sulfate obtenu.

Ce four, qui est le plus répandu des fours mécaniques a été d'abord installé en France à l'usine Tennant, de Saint-Rollox. En 1881, la Compagnie de Saint-Gobain l'a monté à Chauny. En 1887 la même Société le montait à Salindres.

Il est regrettable que le mélange de l'acide gazeux avec

les produits de la combustion en rend la condensation malaisée et nécessite un développement plus considérable de cette installation.

Le rapporteur de l'Exposition universelle de 1889 signale la prise d'un brevet, par M. Mactear, consistant en l'introduction de l'élément moufle dans son four mécanique. Nous manquons de données sur la valeur et la construction de cet appareil.

Composition des charges.

Il est assez malaisé de donner des chiffres exacts attendu que les divers sels mis en œuvre renferment des proportions variables d'humidité et d'impuretés.

En théorie, il faudrait employer pour 58,46 de $NaCl$, 49 de SO^4H^2, soit pour 100 kilogrammes de sel 83,82 de SO^4H^2 correspondant à 62,72 litres d'acide à 60° Baumé et à 15° centigrades.

Le sel de l'industrie renferme rarement plus de 95 0/0 de sel ; sa transformation complète exige un peu plus de la quantité théorique d'acide sulfurique parce que, surtout avec les fours à réverbère, une portion de celui-ci se volatilise assez aisément, de sorte qu'il en faut employer en excès pour éviter que le sulfate produit ne renferme trop de sel indécomposé.

Nous avons donné, page 159, les proportions employées par M. Payen dans les bastringues.

MM. Lunge et Naville[1] admettent que dans les fours à moufle, les proportions d'acide sont 79,63 à 80,8 d'acide SO^4H^2 0/0 de sel. Avec les fours à réverbère, il faut compter 2 1/2 0/0 d'acide à 60° Baumé en plus de ce nombre. Lorsque l'acide n'est pas à la température de 15°, on peut

(1) Lunge et Naville, *Traité de la fabrication de la soude*, p. 138.

connaître le poids d'acide à 60° Baumé correspondant aux diverses concentrations et températures par l'emploi du tableau suivant :

Température	100 litres d'acide sulfurique marquant les degrés Baumé ci-dessous contiennent en acide à 60° Baumé et en kilog. (1).						
	50	52	54	56	58	60	62
15	122,4	131,1	140,2	149,9	159,9	171,1	183,8
45	128 »	137,1	145,9	155,8	160,6	178 »	196,1
60	130,8	139,5	148,5	158,7	169,3	181,5	199 »
75	133,5	141,8	151,2	162,5	171,9	185,2	205 »
90	135,4	144,2	153,6	164,9	175,4	189,3	218 »
105	137,8	146,9	156,7	166,7	178,8	193,2	
120	140 »	150,7	160,3	169,9	182,8	200	

II. — PRODUCTION DU SULFATE DE SOUDE PAR DOUBLE DÉCOMPOSITION ENTRE UN SULFATE ET LE CHLORURE DE SODIUM

Sulfate de soude de Stassfurt

A Stassfurt, on retire, sous le nom d'Abraumsalz (sels de déblai), un produit renfermant divers minéraux dans des proportions voisines des suivantes (2) :

Carnallite ($KCl + MgCl^2 + 6 H^2O$) 58,5 0/0
Sel gemme ($NaCl$). 21,0
Kiesérite ($MgSO^4 + H^2O$) 15,0
Tachhydrite ($CaCl^2$, $2 MgCl^2 + 12H^2O$). 1,5
Bischoffite ($MgCl^2 + 6H^2O$). 1,5

(1) Fremy, *Encyclopédie chimique*, p. 470.
(2) Lunge et Naville, *Traité de la fabrication de la soude*, p. 78.

Anhydrite ($CaSO^4$) . . . .)
Boracite ($MgCl^2$, $2Mg^3B^{16}O^{30}$). . . . . ⟩ 2,5
Polyhalite ($2CaSO^4$, $MgSO^4$, $K^2SO^4 + 2H^2O$) . .)
•Silice, argile, etc. . . . .

Un tel mélange lavé à plusieurs reprises à l'eau, lui abandonne la presque totalité des sels de potasse qu'il renferme et fournit un résidu qui, après dessication à l'air, ne contient plus que 5 à 5,5 de chlorure de potassium; il est presque totalement formé de chlorure de sodium (47 0/0) et de sulfate de magnésie 29 à 30 0/0). Comme l'application d'une température suffisamment basse a pour effet de produire la double décomposition entre le sulfate de magnésie et le chlorure de sodium, il suffit, pour produire le sulfate de soude, de lessiver à l'eau chaude les résidus provenant de l'extraction des sels de potasse (objet d'une exploitation considérable), puis d'abandonner les liqueurs, convenablement saturées, à une température suffisamment basse, qu'il est peu économique de produire artificiellement par l'emploi de machines réfrigérantes. On profite généralement, pour effectuer cette décomposition, des froids de l'hiver.

Lorsque les résidus sont employés à l'état *frais*, il faut les soumettre à un lavage rapide à l'eau, dans le but d'en éliminer le chlorure de magnésium et le chlorure de potassium, dont la présence suffit, suivant leur proportion dans le mélange, pour empêcher totalement ou partiellement la cristallisation du sulfate de soude.

Le sel produit est impur; il ne renferme qu'environ 40 0/0 de sulfate de soude, 5 0/0 d'impuretés composées de chlorure de sodium, de kiesérite, de chlorure de magnésium et de substances insolubles. Le reste est de l'eau. On l'emploie en l'état, ou on le raffine en le faisant cristalliser à nouveau. Dans tous les cas on le dessèche pour le transformer en sulfate anhydre. Cette dessication peut s'effectuer en employant l'un des procédés dont nous parlons au sujet

de la dessication du sulfate de soude des salins de la mer.
Le sel sec a la composition suivante :

Sulfate de soude.	94	à 97 0/0
— chaux.	1,1	1,1
Chlorure de sodium	2,5	à 1,6
Matières insolubles.	2,2	à 0,3
Oxyde de fer.	0,07	à 0,04

Sulfate de soude des salines.

Nous avons vu (p. 32) que les eaux-mères qui s'écoulent des tables salantes produisent des dépôts successifs de sulfate de magnésie et de chlorure de sodium auxquels on a donné le nom de *sels mixtes*.

Les sels mixtes, convenablement dissous, réagissent entre eux, sous l'influence d'une température peu élevée, en produisant d'une part du chlorure de magnésium qui reste dissous et du sulfate de soude qui cristallise. Le liquide doit marquer 30° Baumé à 30° C. et porte le nom d'eau pur sang. On l'étend, pendant les nuits les plus froides, en couches de 10 à 15 centimètres d'épaisseur dans des cuves en bois ou en tôle ou même dans les tables salantes. Lorsque la température à laquelle ce liquide est soumis est égale à — 2°, la séparation du sulfate de soude est presque totale. Le sel produit renferme 56 0/0 de son poids d'eau de cristallisation.

Ces 10 équivalents d'eau de cristallisation en rendent le transport onéreux, aussi a-t-on cherché à l'obtenir économiquement à l'état anhydre.

Ce n'est guère que depuis une quinzaine d'années qu'une solution convenable a été proposée. Autrefois, on plaçait le sel cristallisé dans des caisses en fer portées sur des chariots également en fer, mobiles sur des rails. On les poussait au nombre de trois dans un carneau oblong traversé par les produits de la combustion d'un foyer. Le sel fondait et le sulfate, devenu partiellement anhydre, se déposait au fond de la caisse. Quant au reste du sulfate, on ne l'obtenait à l'état anhydre qu'après en avoir éliminé l'eau par évaporation.

Lorsque la masse ne renfermait plus que 7 à 8 0/0 d'eau, on faisait sortir du carneau la caisse la plus voisine du foyer. En même temps, on ajoutait une nouvelle caisse à l'extrémité opposée. On terminait la dessication du sulfate retiré, en le plaçant dans un four à réverbère.

Ce procédé dispendieux exigeait beaucoup de combustible; de plus les vases en fer s'altéraient rapidement.

Après plusieurs tentatives infructueuses, la deshydratation du sulfate de soude a pu être effectuée économiquement. On a en effet reconnu que le sulfate de soude, à 10 équivalents d'eau, fond dans son eau de cristallisation à une température un peu supérieure à 33°; par suite de cette fusion, il se sépare à l'état de sulfate anhydre 40 0/0 du poids du sulfate mis en expérience. On peut augmenter de beaucoup le rendement en sel anhydre par addition, au sulfate hydraté, de sel mixte (sulfate de magnésie et chlorure de sodium). Ce sel mixte entre en dissolution dans le liquide provenant de la fusion du sulfate hydraté et diminue de beaucoup la solubilité de ce sel qui, par suite, se précipite en presque totalité.

En pratique, on additionne le sulfate hydraté de 16 à 22 0/0 de sel et on chauffe le mélange à la vapeur en maintenant une température voisine de 40°-45°. On sépare de la sorte environ 90 0/0 de sulfate de soude anhydre que l'on soumet au turbinage à une température de 33°. Ce sel est généralement assez pur pour être employé à la fabrication du verre blanc.

Sulfate de soude des schlots.

L'écume qui se sépare pendant la concentration à chaud des solutions de sel gemme est, comme nous l'avons dit page 20, un sulfate double de chaux et de soude que l'on nomme *schlot*.

Pour en retirer le sulfate de soude qu'elle renferme, on la place dans quatre grands bacs lessiveurs ; on fait arriver de l'eau dans le premier et on l'y laisse séjourner vingt-quatre heures. Au bout de ce temps, on soutire la liqueur, on la fait passer dans le bac suivant et on l'y abandonne encore vingt-quatre heures. On continue de la même manière, de façon à obtenir un épuisement continu, de sorte que chaque charge est épuisée quatre fois, le dernier traitement s'effectuant avec de l'eau pure. Les eaux obtenues marquent de 25 à 26° Baumé. On peut les concentrer légèrement par la chaleur, les filtrer et les recueillir dans des baques doublés de plomb où on les laisse cristalliser à la température ordinaire, sous une épaisseur de 78 millimètres. Dès que la cristallisation commence, on agite légèrement le liquide ; en opérant dans ces conditions, on produit les cristaux dont la forme est le plus recherchée dans le commerce. Une agitation exagérée provoque une cristallisation confuse et la prise en magma. Au lieu de cela, on peut conserver les liqueurs de lessivage que l'on garde jusqu'en hiver. Alors, la température est assez basse pour provoquer la cristallisation.

Le sel ainsi préparé est généralement très pur et son emploi paraît limité aux usages pharmaceutiques.

III. — PRODUCTION DU SULFATE DE SOUDE PAR ACTION DE L'ACIDE SULFUREUX, DE L'AIR ET DE L'EAU SUR LE SEL

Généralités.

L'idée de fabriquer du sulfate de soude sans passer par l'acide sulfurique, en utilisant seulement les produits de la combustion des substances sulfurées naturelles, de peu de valeur, est déjà ancienne et a provoqué de nombreux efforts qui n'ont été couronnés de succès que depuis quelques années. En théorie, la réaction très simple, s'exprime au moyen de l'équation

$$M''S + 2NaCl + O^4 = SO^4Na^2 + M''Cl^2$$

Le corps qu'on emploie comme matière sulfurée est la pyrite ; elle donne lieu aux deux réactions représentées ci-dessous :

$$FeS^2 + 4NaCl + O^8 = 2SO^4Na^2 + 1/2(Fe^2Cl^6) + Cl$$

$$2FeS^2 + 8NaCl + O^{19} = 4SO^4Na^2 + Fe^2O^3 + Cl^8$$

La réaction peut être accomplie soit en mélangeant la pyrite avec le sel et calcinant, soit en grillant la pyrite séparément et faisant arriver le gaz sulfureux produit, convenablement mélangé à l'air, sur du sel marin porté à la température de réaction. En général, la réaction n'est pas complète et l'on trouve plus avantageux de faire intervenir, en même temps que l'acide sulfureux et l'air, la vapeur d'eau. Dans ce dernier cas, au lieu d'obtenir un dégagement de chlore on ne recueille que de l'acide chlorhydrique, comme le montre l'équation

$$SO^2 + O + H^2O + 2NaCl = SO^4Na^2 + 2HCl$$

On voit qu'ici encore le problème de la condensation de l'acide chlorhydrique est solidaire de la fabrication du sulfate.

La réalisation industrielle de cette réaction a présenté les plus grandes difficultés qui n'ont été vaincues que grâce à la persévérance et à l'ingéniosité de MM. Hargreaves et Robinson.

C'est qu'en effet, il faut, pour obtenir de bons résultats, effectuer l'opération dans des conditions bien précises avec des matières ayant une structure déterminée, préalablement portées à une température convenable qui ne doit osciller que dans d'étroites limites.

Procédé de M. Hargreaves.

Dans ce procédé, le gaz acide sulfureux, produit par la combustion des pyrites, arrive successivement dans une série de cylindres en fonte renfermant le sel, qu'on a préalablement amené à un état physique convenable par une opération spéciale.

Afin d'obtenir une plus grande régularité dans le travail, on détermine le passage des gaz non pas en profitant de leur force ascensionnelle, mais en les faisant circuler en sens contraire, grâce à une aspiration.

Les cylindres, en fonte, communiquent entre eux et sont disposés en batteries composées en moyenne de seize éléments, quoique quelques usines en emploient davantage (parfois vingt). Ils doivent être établis de façon à permettre une circulation méthodique du gaz sulfureux qui, au sortir de la chambre à pyrites, arrive dans celui des cylindres où la transformation du chlorure de sodium en sulfate de soude est le plus avancée et où, par conséquent, la réaction sera modérée. Au fur et à mesure que, par suite de leur circulation et des réactions qu'ils ont provoquées, les gaz se sont peu à peu épuisés en acide sulfureux et enrichis en acide chlorhydrique, ils rencontrent une matière plus riche en chlorure de sodium. En somme, on produit par là un véritable épuisement méthodique. Pour atteindre un tel résultat, il est nécessaire que chacun des cylindres puisse devenir à son tour ou le premier ou le dernier terme de la série; il faut également qu'il puisse occcuper toutes les positions intermédiaires entre le premier et le dernier des cylindres. La température doit être, dans chaque cylindre, très proche de 450°-550, nombres desquels on ne saurait s'écarter sans compromettre la réussite de l'opération. Enfin, la composition des gaz doit être sensiblement constante. Toutes ces conditions sont réalisées dans l'appareil de MM. Hargreaves et Robinson, de la façon suivante.

Préparation du sel marin.

L'état physique du sel à décomposer est un des points les plus importants dans la fabrication du sulfate. Il faut l'agglomérer en morceaux pas trop gros, durs (pour ne pas être écrasés par la charge elle-même) et poreux afin de permettre leur transformation complète. Les figures 49 et 50, copiées sur le brevet allemand, représentent cet appareil [1].

Il se compose :

1° D'une vis d'Archimède O qui amène le sel du magasin dans un entonnoir où des cylindres x l'égrugent et le font tomber dans le canal cylindrique b où il se trouve humecté

(1) Lunge et Naville, *Traité de la fabrication de la soude*, p. 166.

grâce à l'arrivée de vapeur qui se fait régulièrement par le tuyau *f*. Là, une seconde vis d'Archimède le transporte à l'extrémité du canal où il tombe par la cheminée *d* sur une chaîne sans fin qui circule dans le séchoir *q* chauffé par circulation de gaz chauds. Avant de passer dans le séchoir, ce sel doit être tassé sur la chaîne sans fin; il doit aussi être découpé en briquettes régulières. Le fait du tassement déterminerait une adhérence de la matière travaillée, d'une part avec la chaîne sur laquelle elle repose et, d'autre part, avec les maillets qui la tassent, si l'on n'avait soin de l'isoler de ces organes par une couche de sel fin déposée dessus et dessous. Ce sel fin se place mécaniquement grâce aux organes *g* et *j*. En effet, le sel placé en *j* est régulièrement distribué par deux petits cylindres cannelés; c'est seulement alors que la matière pour briquette est placée sur la chaîne, puis elle se trouve saupoudrée de sel fin à sa partie supérieure grâce à l'entonnoir *g*. Après quoi la matière est soumise à l'action des maillets *l*. Ces maillets sont en fonte, leur tête est carrée; ils sont suspendus à des leviers soulevés alternativement par des cames disposées sur l'arbre *m*; de plus, afin d'éviter que la couche de sel sec ne soit altérée, ils sont entraînés pendant un certain temps par le mouvement de la chaîne jusqu'à ce qu'ils soient soulevés par leurs leviers respectifs.

La matière, tassée par ces maillets, rencontre des couteaux circulaires verticaux, que ne représentent pas les figures 49 et 50, qui la découpent en bandes longitudinales de 9 centimètres de côté. Enfin, une guillotine la découpe transversalement et forme ainsi de petits carrés ayant 9 centimètres de côté que la chaîne transporte régulièrement d'une extrémité à l'autre du séchoir *q* qu'elle traverse lentement. Le séchoir est chauffé avec la chaleur perdue des fours, mais il est prudent de le munir d'un foyer spécial afin de le rendre indépendant.

La chaîne sans fin est inclinée de telle façon que le sel, chargé au niveau de l'usine, soit amené à un niveau plus élevé, qui correspond à la partie supérieure des cylindres

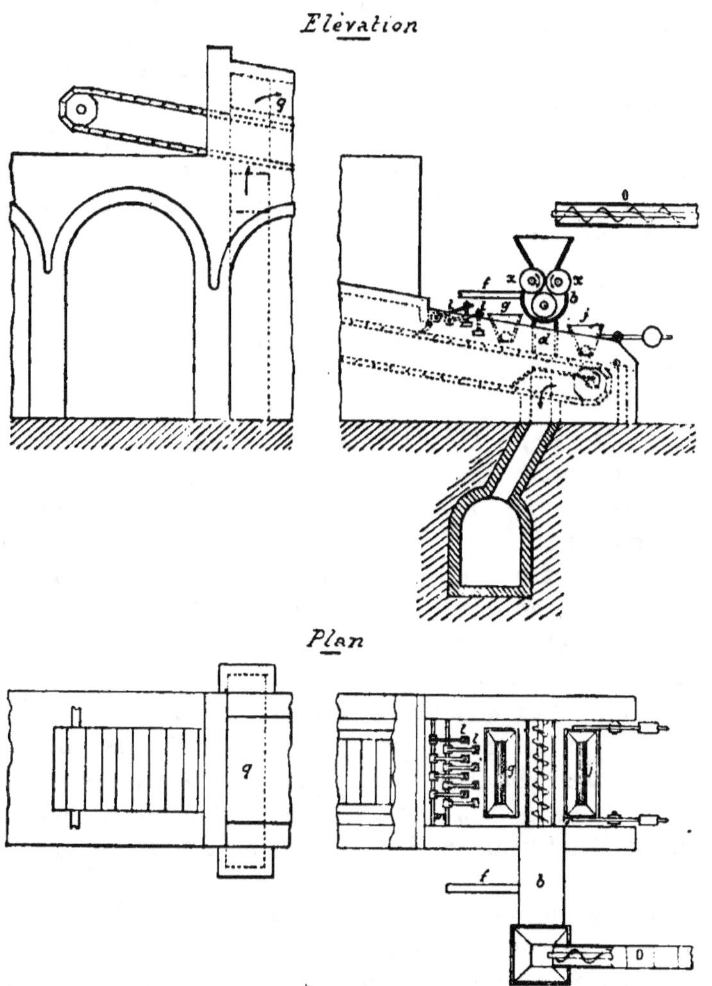

Fig. 49 et 50. — Séchoir pour le sel. (Procédé de M. Hargreaves.)

dans lesquels ce sel préparé sera introduit. Elle est formée d'une série de plaques en tôle, larges de 30 centimètres,

montées sur charnières et occupant toute la largeur. Pendant
la durée de la course ascendante, ces plaques s'appliquent
sur la chaîne et forment un plan continu incliné, tandis que,
lors du mouvement descendant, elles oscillent sur leur charnières, prennent la position verticale et laissent tomber l'ag-
gloméré de sel qu'elles transportaient. Ces agglomérés
tombent sur une plaque perforée ou sur une grille qui en
séparent les poussières. Il ne reste plus qu'à les charger
dans les cylindres.

Cylindres à réaction.

Ils sont en fonte. La partie cylindrique est constituée par
deux pièces simplement superposées. La partie inférieure
est formée d'une dalle de fonte; quatre dalles également
en fonte recouvrent la partie supérieure du cylindre où elles
sont maintenues par une croix de même métal reposant sur
des corniches faisant partie de l'intérieur de l'appareil. Les
figures 51, 52 et 53 montrent divers coupes et plans d'un
système de semblables chambres à réaction. On y voit les
orifices K ménagés sur les couvercles et qui servent à l'introduction du sel marin qu'il s'agit de transformer en sulfate. Chaque cylindre ou cuve porte également à sa partie
supérieure deux tubulures coudées : l'une B, communiquant avec le tuyau d'arrivée de l'acide sulfureux et par laquelle le gaz pénètre dans ce cylindre lorsqu'il est le
premier terme de la batterie, l'autre D établissant la
communication des cylindres entre eux. Cette communication est constante; on ne la supprime momentanément que
quand l'on se propose de vider un cylindre, opération qui
exige qu'on l'isole provisoirement des autres termes de
la batterie. La partie supérieure de chaque cylindre se
trouve, de cette façon, réunie à la partie inférieure de

l'autre. Les cuves portent à leur partie inférieure une ouverture L correspondant à une porte établie dans la maçon-

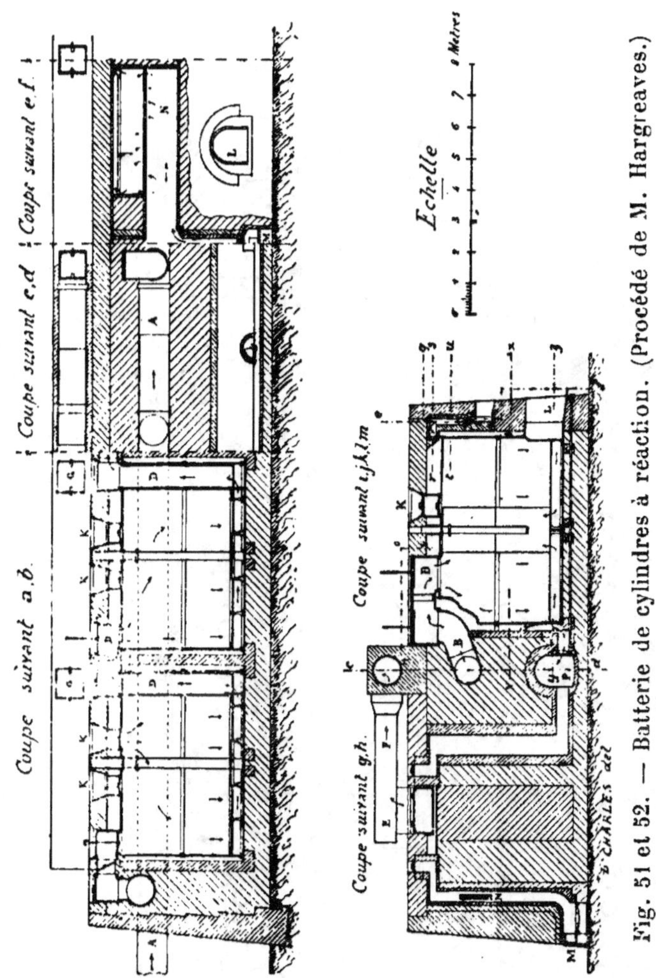

Fig. 51 et 52. — Batterie de cylindres à réaction. (Procédé de M. Hargreaves.)

nerie; elle sert au défournement du sulfate achevé. Chaque cylindre est encastré dans un bâti en maçonnerie

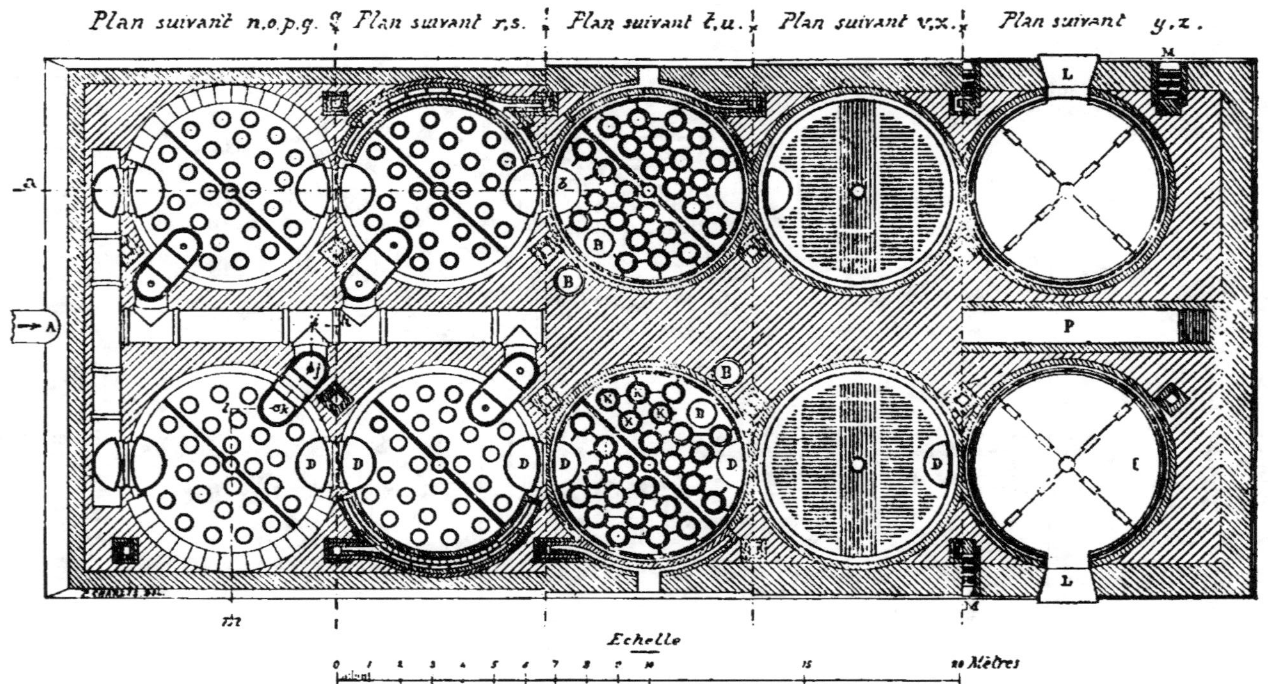

Fig. 53. — Batterie de cylindres à réaction. (Procédé de M. Hargreaves.)

pouvant être chauffé par un foyer spécial M. Les gaz de ce foyer circulent d'abord en N puis dans le canal circulaire o pour s'échapper par la cheminée trainante P dans la cheminée. Les gaz sulfureux, après avoir traversé la totalité des cylindres, sortent par E et sont conduits soit au moyen d'un syphon mobile F, soit par un système spécial de canalisation, dans l'appareil de condensation. Lorsque l'on remplit les cylindres, on ne dépose pas les briquettes de sel sur la dalle du fond ; on les place sur des grilles en fonte reposant sur

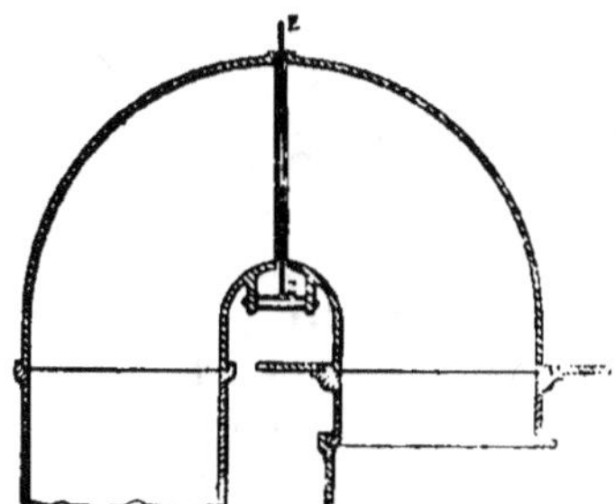

Fig. 54. — Communication entre les canaux de gaz
et les cylindres.

des chevalets ou sur des trépieds facilements mobiles, ce qui permet à la grille de culbuter sur le fond, rendant par là le défournement plus aisé. La marche des gaz est déterminée par la mise en communication de la batterie avec des aspirateurs rotatifs. Le système Root se prête particulièrement à ce genre de travail ; il est généralement adopté dans ce but. Les tubulures de chargement se ferment par un bouchon en fonte qu'on lute à l'argile. Elles sont toutes recouvertes par une grande dalle. La circulation des gaz dans les divers conduits est déterminée ou arrêtée par un système particulier, parce que la température relativement élevée des gaz, aussi bien que leur action corrosive, ne permet pas d'obtenir des vannes étanches. Ce dispositif est représenté figure 54.

E est un écran en fonte que l'on place entre les deux parties d'une même conduite. Il est maintenu à poste fixe par des oreilles et des boulons. Quand on emploie un écran plein, on ferme la conduite, mais si on lui substitue un écran perforé on permet la circulation des gaz. On a soin de luter le raccord avec de l'argile. Cette opération est peut-être un peu longue comme manipulation, mais elle présente cet avantage de fournir d'une façon certaine une fermeture étanche, car si cela n'est pas, les gaz se répandant dans l'air décèlent immédiatement la fuite.

Fours à pyrite.

L'acide sulfureux mis en œuvre provient de la combustion des pyrites. Pour éviter les pertes par rayonnement et employer le moins de combustible possible, M. Hargreaves a fait construire des fours spéciaux. Dans le système adopté, les fours sont toujours adossés deux à deux. Leurs parois de front sont composées : 1° d'une brique réfractaire placée à l'intérieur ; 2° d'une brique ordinaire qui est moins bonne conductrice de la chaleur que la brique réfractaire. Les portes sont encadrées de fonte, mais le métal ne pénètre pas jusqu'à l'intérieur du four. On pourrait d'ailleurs employer les fours à pyrites ordinaires si les premiers ne présentaient pas les garanties d'économie qui les ont fait adopter.

La vapeur d'eau nécessaire à la réaction est introduite dans le canal à acide sulfureux. Il en faut environ 200 kilogrammes par tonne de sulfate. On utilise comme vapeur celle qui s'échappe des moteurs, après l'avoir préalablement réchauffée en la faisant passer dans les condutes de fumée des foyers extérieurs destinés au chauffage des cylindres, où elle acquiert une température d'environ 300°. De cette façon son introduction n'abaisse pas la température des chambres à réaction.

Conduite des opérations.

Supposons que l'appareil ait déjà fonctionné, les cylindres dans lesquels l'acide sulfureux arrive en premier sont évidemment ceux qui sont le moins riche en sel marin et les plus riches en sulfate puisque, toutes choses égales d'ailleurs, l'action décomposante est d'autant plus énergique que le sel et l'acide sulfureux sont plus purs. La décomposition s'effectuant dans le premier cylindre, les gaz qui en sortent pour pénétrer dans le second renferment déjà une certaine quantité d'acide chlorhydrique dont la proportion dans le mélange va en augmentant avec le nombre de cylindres traversés et la quantité de sel marin décomposé, de sorte que le premier de ces cylindres sera riche en sulfate et pauvre en chlorure, tandis qu'au contraire le dernier sera riche en chlorure et pauvre en sulfate. Afin de régulariser la réaction, on fait arriver l'acide sulfureux le plus riche sur la matière la plus pauvre en chlorure, si bien que le gaz le moins riche se trouve en contact avec le sel le plus pur. Supposons, par exemple, que dans une batterie de seize cylindres, le cylindre 5 soit le plus riche en sulfate, alors les cylindres 6, 7, 8, 9, 10, 11, 12, 13, 14, 15, 16, 1, 2, 3 et 4 ont une teneur en sulfate de soude qui diminue avec le rang dans lequel nous les avons énoncés. On met le cylindre 5 en communication avec l'arrivée de gaz sulfureux, en ouvrant la conduite B_5 et l'on tient fermées toutes les autres conduites B_6, B_7..... B_{16}, B_1, B_2, B_3, B_4.

Les gaz circulent régulièrement de haut en bas de chaque cylindre en passant par les tuyaux de communication D_5, D_6, D_7..... D_{16}, D_1, D_2, D_3 et s'échappent par le bas du cylindre 4.

Lorsque la transformation du chlorure en sulfate est complète en 5, il faut retirer la matière. A cet effet, on ferme le conduit B_8 et on ouvre le conduit B_6, puis on ferme D_4 et l'on met le bas du cylindre 4 en communication avec l'aspirateur. Les gaz sont alors refoulés dans les appareils de condensation. Par suite de cette manœuvre, le cylindre 5 se trouve en dehors de la batterie. Comme il est rempli de gaz acides, on les élimine en reliant par exemple la tubulure supérieure de chargement avec les carneaux de chauffage extérieur des cylindres ou en ouvrant légèrement le couvercle du cylindre 5 qu'on relie pendant deux heures à l'aspirateur. Après quoi, on peut opérer le défournement. On voit, par conséquent que, dans une batterie de N cylindres, il arrive qu'il n'y en a parfois que N-1 entre lesquels la communication soit établie, le manquant étant en déchargement. Ce cylindre 5 est rechargé avec du sel pur et rentre en service ; il constitue alors le dernier terme de la série dont le premier est le cylindre 6. Il importe d'accélérer autant que possible l'opération du déchargement afin que le cylindre perde le moins de chaleur avant de rentrer en service.

D'après les calculs de M. Hargreaves, la chaleur apportée par les gaz des fours à pyrite, jointe à celle que dégage la réaction, devrait être suffisante pour achever la décomposition du sel, puisque la combustion de la pyrite nécessaire pour produire 1 kilogramme de sulfate de soude dégage 966 calories et que la réaction dégage, pour la même quantité de produit, 589 calories, soit en réalité un total de $966 + 589 = 1.555$ calories desquelles il faut retrancher environ 227 calories emportées par les gaz sortant de l'appareil et 214 calories que retient le sulfate défourné, soit en calories disponibles $1.555 - (214 + 227) = 1.114$. Cette quantité est insuffisante à compenser les pertes par rayonnement et il faut, pour maintenir la température constante, brûler environ 150 kilogrammes de houille par tonne de sulfate produit.

Cette chaleur est fournie par les foyers M (fig. 52). Le plus souvent, il n'est pas nécessaire d'allumer tous les foyers de chauffage des cylindres; il suffit généralement de n'en faire fonctionner que quelques-uns, en nombre variable suivant la marche de l'opération.

On trouve avantageux, en Angleterre tout au moins, de produire l'acide sulfureux par la combustion de pyrites riches, en roche, contenant plus de 50 0/0 de soufre, parce que ces produits donnent des gaz très chauds et qu'ils ne fournissent que peu de poussières ferrugineuses capables d'aller souiller la pureté du sel des cylindres, mais sur le continent, on emploie aussi les pyrites fines et parfois la blende.

Les Anglais évitent de brûler des pyrites à résidu fusible. Ces résidus renferment en général 2 0/0 de soufre ce qui les rend impropres au travail des hauts fourneaux. Il y a donc, sous ce rapport, de nouveaux progrès à réaliser.

La température des gaz, à leur entrée dans les cylindres, ne doit pas être inférieure à 538° ni supérieure à 650°. On doit chercher à obtenir une température moyenne de 600°. Cette condition conduit M. Hargreaves à éviter autant que possible l'emploi des pyrites fines ou des blendes qui ne donnent que difficilement des gaz ayant cette température.

A leur entrée dans les chambres de réaction, ces gaz doivent renfermer en moyenne 8 0/0 en volume d'acide sulfureux.

La réaction développée dans les quatre ou cinq premiers cylindres donne un assez grand dégagement de chaleur pour que ces organes soient portés au rouge, mais la température décroît dans les chambres suivantes si bien que les gaz qui sortent de la dernière n'ont plus que de 120 à 150°. Ces gaz à leur sortie sont très pauvres en acide sulfureux et très riches en muriatique.

L'extracteur Root fait un vide d'environ 25 millimètres d'eau à l'extracteur; ce vide se trouve être à peu près nul aux fours à pyrite.

La nature du sel mis en œuvre influe considérablement sur la marche de l'opération ; aussi les usines anglaises cherchent-elles à utiliser constamment un produit de composition identique. Celui qui se travaille le plus aisément est un mélange de sel gemme et de sel de cristallisation. Pour obtenir des matières homogènes, à composition sensiblement identiques, ce qui permet de ne pas changer souvent la marche de la fabrication, on a recours à l'artifice suivant :

Les wagons qui amènent le sel sont déchargés en couches horizontales très allongées, que l'on supperpose. Lorsque les tas ainsi formés ont atteint une hauteur telle qu'une surélévation en rendrait le déchargement trop difficile, on en établit d'autres à côté. Pour l'employer, on découpe dans ce sel des tranches verticales ce qui permet d'obtenir des compositions assez stables pour des temps assez longs.

Cette question du sel est très importante. On prétend que les sels français sont beaucoup plus difficiles à travailler que les produits anglais.

Pour charger les cylindres, on évite d'introduire trop de poussières provenant des briquettes ; c'est pourquoi celles-ci sont souvent enlevées avec des pelles à claires-voies pour être placées dans des brouettes qui les transportent aux cylindres où elles sont versées sans précaution. Le chargement se paye, en Angleterre, à raison de 176 francs les 1C.000 kilogrammes.

L'entretien des foyers extérieurs, destinés à réchauffer les cylindres, peut être effectué par un seul ouvrier.

Il est indispensable d'éviter que la température ne s'abaisse dans les cylindres, parce qu'alors il peut s'y condenser de l'eau. La condensation d'eau a deux effets également nuisibles : en premier lieu, cette eau peut dissoudre le sel à la surface des morceaux qui se recouvrent alors d'une croûte compacte imperméable et empêche la décomposition de s'effectuer dans toute leur épaisseur ; en second lieu, la condensation du liquide aqueux sur les parois métalliques des cylindres favorise l'attaque de la fonte par les gaz acides, compromet la durée des cylindres et produit une solution ferrugineuse qui souille le sel des portions voisines. Si au contraire, on laisse la température s'élever par trop, alors la masse s'échauffe au point de provoquer la fusion de certaines parties. Dans ce cas, il faut arrêter immédiatement l'introduction de l'acide sulfureux et vider le cylindre après qu'on l'a isolé de la batterie.

En aucun cas, la température des cylindres ne doit être inférieure à 450°, limite minima nécessaire à l'accomplissement des réactions.

La durée des cylindres est, à ce qu'il paraît, fort longue, parce qu'il s'y forme, à l'intérieur, des incrustations de sulfate de soude qui les protègent contre l'attaque des acides. Alors même qu'ils sont fendus, ces organes peuvent encore être utilisés, mais il faut reconnaître que si, par suite d'une conduite défectueuse, l'eau vient à s'y condenser, il en peut résulter des pertes très sérieuses.

Un cylindre est bon à vider lorsque l'analyse du gaz sulfureux à son entrée et à sa sortie n'accuse qu'une absorption de 3 0/0 dans cet organe. La transformation est alors totale.

Le temps nécessaire à la décomposition totale du contenu d'un cylindre varie nécessairement avec la nature du sel et la capacité des appareils employés. Il oscille généralement entre quatorze et vingt et un jours.

Des cylindres ayant 5m,50 de diamètre et 3m,60 de hauteur peuvent contenir chacun de 55 à 60 tonnes de sulfate.

On a essayé de régler la conduite de l'opération au moyen d'indications pyrométriques, mais on a abandonné ce procédé. On le remplace par des dosages fréquents d'acides sulfureux et chlorhydrique dans les gaz d'entrée et de sortie.

Pour une batterie de seize cylindres de 6m,10 de diamètre et 3m,80 de haut, on doit employer quatre-vingts fours à grille pour le grillage de la pyrite. La charge, de 300 kilogrammes par jour et par four, peut être effectuée par quatre ouvriers. Suivant M. Hargreaves, 1 tonne de sulfate à 97 0/0 exigerait une dépense de 488 kilogrammes de pyrite à 44-46 0/0.

Ce procédé n'a pas eu la généralisation que ses débuts avaient fait prévoir, à cause de la délicatesse de la conduite de l'opération et aussi en raison de l'immense capital que nécessite son installation.

Le sulfate obtenu est de très belle qualité. Il est plus riche que celui fabriqué avec les fours ordinaires.

L'acide chlorhydrique condensé en Angleterre avec les gaz du procédé Hargreaves, ne titre guère que 16 à 17° Baumé.

Ce procédé a été monté en France à la Compagnie de Rio-Tinto (Marseille). Ribemont et Hautmont l'ont également employé. La seconde de ces usines a disparu, mais les deux autres paraissent être en bonne voie.

La dernière est arrivée à produire de l'acide chlorhydrique à 20-21° Baumé en modifiant la condensation par l'adjonction d'un nombre considérable de bonbonnes [1].

Prix de revient.

Suivant M. Fr. de Walque [2], l'application du procédé Hargreaves donnerait comme prix de revient de 100 tonnes de sulfate de soude et de la quantité correspondante d'acide chlorhydrique, un total de 48.800 francs se décomposant en

90 tonnes de sel à 21 francs.	1.890 francs
53 — pyrites à 21 francs	1.113 —
44 — houille à 7 francs.	308 —
Main-d'œuvre.	600 —
Entretien et divers.	210 —
Frais généraux	315 —
Amortissement et intérêt du capital 10 0/0 .	443 —
Total. . . .	4.879 francs

(1) Rapports officiels de l'Exposition universelle de 1889.
(2) Rapport sur le procédé Hargreaves (1893).

Installation.

Voici d'autre part, suivant un devis dressé en 1893 par M. Hargreaves, les sommes à dépenser pour installer une usine produisant par jour 50.000 kilogrammes de sulfate.

Fers et fonte (16 cylindres).

Fonte. 1291 tonnes de 125 à 137fr,50 la tonne.	177.375 francs
Fer, 82 tonnes à 200 francs	16.400 —
2 fours spéciaux estimés 30.000 francs. .	60.000 —
80 fours à pyrite, 140 tonnes de 125 à 137fr,50	19.250 —
4 aspirateurs Root à 3.000 francs . . .	12.000 —
4 machiues à vapeur, 2.000 francs. . .	8.000 —
4 chaudières à vapeur de 10.000 francs .	40.000 —
1 appareil à chauffer l'eau.	2.500 —

Maçonneries (16 cylindres).

Briques ordinaires, 5.000 yards cubes 1.600 mille à 31fr,25 (1).		50.000 —
Briques, 2e qualité, 280 mille à 62fr,50 . .		17.500 —
— 1re — 42 — 72fr,50 . .		3.150 —
520 dalles à 2fr,50		1.300 —
80 fours à pyrite	Briques ordinaires, 69.000 à 31fr,25 .	2.150 —
	Briques, 2e qualité, 12.000 à 62fr,50 .	7.625 —
2 fours spéciaux	Briques ordinaires, 160.000 à 31fr,25 .	5.000 —
	Briques, 1re qualité, 48.000 à 72fr,50 .	3.600 —
Béton ordinaire 1.600 yards³ à 5 francs .		8.000 —
Mortier pour 5.716 yards³ de 1,65 à 3.30 par yards³		19.000 —
Argile, 70 tonues à 15 francs la tonne . .		1.050 —

(1) Le yard représente 0m,914.

Main-d'œuvre.

Montage des parties métalliques à12fr,50 la tonne	17.500	—
Maçonnerie (contrat remis).	58.\25	—
Pour 80 fours à pyrite	11.000	—
Pour 2 fours spéciaux.	7.500	—
Condenseurs, réservoirs pour acides . .	125.000	—

Construction.

Toiture, 4.000 yards² à 25 francs	100.000	francs
Hangars	25.000	—
Bureaux, laboratoire, concierge	12.500	—
Chemin de fer intérieur.	18.750	—
Locomotive	20.000	—
Cheminée	20.000	—
Bascules 1 grande, ...	2.500	—
5 petites, 500	5.000	—
Outils, excavations, remblais, fondations, gaz, eau et imprévus	225.725	—
Total. . .	1.100.000	francs

ACIDE CHLORHYDRIQUE

GÉNERALITÉS

La décomposition du chlorure de sodium par l'acide sulfurique ou par l'acide sulfureux donne lieu, comme nous
l'avons vu précédemment, à un dégagement de gaz acide
chlorhydrique mélangé à des quantités variables d'air, de
gaz inertes et de vapeur d'eau. Ce sont ces vapeurs qui, convenablement condensées, donnent l'acide chlorhydrique que
consomment les arts.

Cette condensation est une opération délicate, et sa théorie, aussi bien que sa pratique, ont donné naissance à beaucoup de controverses. Ainsi, suivant M. Smith, le refroidissement des gaz chargés d'acide chlorhydrique doit être
soigneusement effectué avant leur entrée dans le système de
condensation, tandis qu'au contraire M. Schlœsing [1] estime
qu'on se place dans de meilleures conditions lorsqu'on a soin
de maintenir la température du gaz au moins à 100° C.

En réalité, le mécanisme de la condensation est complexe,
et il semble que les moyens pratiques recommanda bles doivent varier avec la nature du mélange gazeux et les proportions relatives des corps qui entrent dans sa composition.

[1] Brevet n° 122. 260, 18 janvier 1878.

ÉTUDE THÉORIQUE DE LA CONDENSATION

Il convient de remarquer que, comme l'a montré M. Berthelot, la dissolution de l'acide chlorhydrique dans l'eau, dégage une notable quantité de chaleur.

Ce savant a, en effet, établi que la dissolution d'une molécule d'acide chlorhydrique dans 200 molécules d'eau, dégageait 17.430 unités de chaleur. Cette quantité de chaleur produite est moindre quand la proportion d'eau employée est plus petite que 200; la formule suivante :

$$[\text{I}] \quad \text{Chaleur dégagée} = \frac{11.620}{n}$$

représente la chaleur dégagée lorsqu'un acide contenant n molécules d'eau est étendu jusqu'à ce qu'il renferme 200 molécules d'eau pour une d'acide chlorhydrique.

D'autre part, M. Hurter a établi que la chaleur dégagée par la dissolution de x grammes de gaz chlorhydrique dans 1 gramme d'eau pouvait être représentée par la formule :

$$[\text{II}] \quad \text{Chaleur dégagée} = 477,5 \times x - 157\, x^2.$$

La combinaison de ces deux formules en donne une troisième qui permet de calculer l'élévation de température correspondant à l'absorption de x grammes d'acide chlorhydrique par 1 gramme d'eau. Cette dernière formule est la suivante :

$$[\text{III}] \quad \text{Élévation de température} = 513\, x - 169\, x^2.$$

Elle a permis à l'auteur précité de calculer la table suivante :

HCl	Grammes HCl pour 1 gramme H2O	Unités de chaleur poduites par gramme H2O	Élévation de température
0/0			
5	0,053	24,8	26,6
6	0,064	29,9	32,1
7	0,075	34,9	37,5
8	0,087	40,4	43,4
9	0,099	45,7	49,1
10	0,111	51 »	54,8
11	0,124	56,8	61 »
12	0,136	62 »	66,6
13	0,149	67,7	72,8
14	0,163	73,7	79,2
15	0,176	79,2	85,1
16	0,190	85 »	91,4
17	0,205	91,3	98,1
18	0,219	97 »	104,3
19	0,234	103,1	110,8
20	0,250	109,6	117,7
21	0,266	115,9	»
22	0,282	122,2	»
23	0,299	128,7	»
24	0,318	136 »	»
25	0,333	141,6	»
26	0,351	148,3	»
27	0,370	155,4	»
28	0,388	161,6	. »
29	0,408	168,7	»
30	0,428	175,6	»
31	0,449	182,8	»
32	0.470	189,8	»
33	0,493	197,2	»
34	0,515	204,3	»
35	0,538	211,5	»
36	0,562	218,8	»

Comme le montre le tableau précédent, à partir d'une concentration correspondant à 20 0/0 d'HCl, l'élévation de température ne croît plus ; la chaleur dégagée par la condensation est alors uniquement employée à déterminer l'évaporation d'une certaine quantité d'eau.

En somme, l'on voit que le simple mélange d'eau et de gaz chlorhydrique effectué à la température de 15° dégage une quantité de chaleur telle, que le liquide acquière la température de l'ébullition, lorsque sa richesse en acide chlorhydrique correspond à une teneur de 20 0/0.

Cette quantité de chaleur est, pour ainsi dire, la seule dont on ait à tenir compte en pratique. En effet, supposons qu'au lieu de chercher à condenser du gaz dont la température est de 15°, on se propose de faire une solution aqueuse d'un gaz chlorhydrique porté à 300°, dans de l'eau à 15°, la quantité de chaleur apportée par x grammes d'acide chlorhydrique serait de :

$$x \times 0{,}18 \times 300 = 54\,x \text{ unités.}$$

0,18 étant la chaleur spécifique de l'acide chlorhydrique gazeux. D'autre part, la chaleur dégagée par la condensation serait, d'après la formule précédente [II] :

$$x\,477{,}5 - 157\,x^2$$

Si bien que la quantité totale de chaleur dégagée serait :

$$x \times 477{,}5 - 157\,x^2 + 54\,x$$

Soit au total :

$$531\,x - 157\,x^2$$

La chaleur dégagée dans les mêmes conditions par x grammes de gaz à 15° serait d'après [II] :

$$477{,}5\,x - 157\,x^2$$

La différence est donc seulement de :

$$(531 - 477{,}5)\,x - (157\,x^2 - 157\,x^2) = 54{,}5 \text{ unités.}$$

Ainsi, tandis qu'un gramme d'acide chlorhydrique froid dégage, en s'unissant à l'eau, 477 unités de chaleur, le même gaz, porté à 300°, dégage 531,5 unités.

Par conséquent, l'on devra avoir une ample surface de refroidissement dans la partie de l'appareil où les gaz arrivent au contact de l'eau, puisque c'est cet acte d'absorption qui produit la plus grande quantité de chaleur.

Pour se rendre un compte exact de l'influence de cette quantité de chaleur sur le liquide au sein duquel l'acide se condense, il est nécessaire de se rappeler que, comme l'a montré M. Hammerl, les solutions aqueuses d'acide chlorhydrique ont une chaleur spécifique inférieure à celle de l'eau (0,93 environ). Par conséquent, l'application d'une même quantité de chaleur élèvera la température d'un poids donné d'acide chlorhydrique d'une quantité plus forte que celle que déterminerait son application à un poids équivalent d'eau.

D'autre part, MM. Roscoë et Dittmar ont montré que l'eau absorbait des quantités d'acide chlorhydrique variables avec la température du liquide ainsi que le montre le tableau suivant.

VARIATION DE LA SOLUBILITÉ DE L'ACIDE CHLORHYDRIQUE AVEC LA
TEMPÉRATURE

1 gramme d'eau absorbe :

	gr
à 0° C	0,825 HCl
4	0,804
8	0,783
12	0,762
16	0,742
20	0,721
24	0,700
28	0,682
32	0,665
36	0,649
40	0,633
44	0,618
48	0,603
52	0,589
56	0,575
60	0,561

Leurs recherches montrèrent aussi l'influence des variations de pression; d'après leurs données, M. Hurter a dressé le tableau suivant qui montre qu'un gaz saturé de vapeur aqueuse et contenant de l'acide chlorhydrique gazeux, dont la tension partielle est représentée par l'un des nombres ci-dessous, ne peut contenir une quantité de vapeur supérieure à celle qui est représentée par le nombre correspondant dans la colonne « tension maxima de la vapeur aqueuse ».

Tension maxima de la vapeur d'eau en présence de l'acide chlorhydrique.

Degré	Tension maxima de la vapeur aqueuse	Tension minima de HCl	Degré	Tension maxima de la vapeur aqueuse	Tension minima de HCl
0	3,2	0,52	60	79,0	11,8
5	5 »	0,81	65	103,0	15,0
10	7,2	1,16	70	130,0	18,6
15	9,8	1,65	75	164,0	23,0
20	12,8	2 »	80	205,0	28,4
25	16,6	2,60	85	254,0	34,6
30	21 »	3,30	90	313,0	42,0
35	26,5	4,10	95	386,0	50,7
40	32,8	5 »	100	472,0	60,8
45	40 »	6 »	105	574,0	72,5
50	50 »	7,50	110	676,0	84,0
55	63 »	9,30	»	»	»

On voit par là que le gaz chlorhydrique ne peut contenir autant de vapeur d'eau que les autres gaz, puisque la tension de la vapeur d'eau est de 760 à 100°, tandis que dans le tableau précédent elle n'est que de 472 millimètres. Cette re-

(1) *Moniteur scientifique Quesneville*, 1890, p. 45.

marque explique comment il se fait que l'introduction d'acide chlorhydrique, dans de l'air humide, détermine la précipitation partielle de son humidité sous forme de brume.

Dans la pratique, on observe, comme l'a montré M. Hurter [1] que la tension de la vapeur d'eau dans des mélanges d'air et d'acide chlorhydrique est moins grande que celle que donne le tableau dressé par cet auteur. Malgré cela, on peut, par la combinaison de ce tableau avec celui qui donne l'évaluation des actions thermiques (voyez page 211), calculer très approximativement et résoudre les divers problèmes se rattachant à la condensation de l'acide chlorhydrique, en opérant comme nous allons le montrer.

CALCUL DE LA VALEUR DE LA CONDENSATION DANS LES TUBES ET DANS LES COLONNES

On peut aisément calculer les condensations relatives du système de tuyauterie et de l'appareil condensateur proprement dit, lorsque l'on connait la composition des gaz.

On sait, en effet, que le refroidissement d'un volume V_0 d'un mélange gazeux d'acide chlorhydrique, d'air et d'eau en vapeur, renfermant x_0 volumes de cette dernière, amène une condensation d'eau et d'acide chlorhydrique dans un rapport voisin de 1 volume d'acide pour 6 volumes d'eau. Le volume restant V_1 est saturé d'humidité et contient x_1 volumes d'eau si bien que, en représentant par t la tension de vapeur indiquée dans le tableau de la page précédente, on a :

$$\frac{x_1}{V_1} = \frac{t}{760}$$

La quantité de vapeur condensée est $V_0\, x_0 - V_1\, x_1$

et l'acide chlorhydrique condensé est $\dfrac{V_0\, x_0 - V_1\, x_1}{6}$

La diminution totale du volume V_0 est donc :

$$V_0 x_0 - V_1 x_1 + \left(\frac{V_0 x_0 - V_1 x_1}{6} \right)$$

soit

$$\frac{7}{6}\left(V_0 x_0 - V_1 x_1\right) = V_0 - V_1.$$

d'où

$$V_1 = V_0 \left(\frac{6 - 7x_0}{6 - 7x_1} \right)$$

d'où :

$$[\text{IV}] \qquad \frac{V_1}{V_0} = \frac{6 - 7x_0}{6 - 7x_1}$$

La vapeur non condensée est représentée par rapport au volume total par

$$\frac{V_1 x_1}{V_0 x_0} \text{ ou d'après } [\text{IV}] \text{ par } \frac{x_1}{x_0} \times \left(\frac{6 - 7x_0}{6 - 7x_1} \right)$$

La vapeur condensée est

$$[\text{V}] \qquad \frac{x_0 - x_1}{(1 - 1.166\,x_1)\,x_0}$$

où x est toujours $\dfrac{t}{760}$.

L'exemple suivant montre de quelle façon on fait l'application des formules précédentes :

Supposons que l'opération d'une cuvette dégage 500 parties d'eau et 700 parties d'acide chlorhydrique et que les gaz se trouvent refroidis, en l'absence d'air, à 50° centigrades avant leur entrée dans le condensateur.

Il est d'abord facile de calculer les volumes respectifs d'eau et d'acide chlorhydrique renfermés dans le mélange gazeux, les volumes de poids égaux d'acide chlorhydrique et de vapeur d'eau étant entre eux : $\dfrac{1}{36,5} : \dfrac{1}{18}$, c'est-à-dire sensiblement comme $1 : 2$. Si bien que, dans un tel gaz, il y aurait en réalité 700 volumes d'acide chlorhydrique et $2 \times 500 = 1\,000$ volumes de vapeur d'eau. Soit un volume total de $1.000 + 700 = 1.700$.

Le volume x_0 de vapeur d'eau contenue dans l'unité du mélange est donc

$$x_0 = \frac{1000}{1700} = 0,588$$

En nous reportant au tableau de la page 214, nous voyons que la tension de vapeur à 50° centigrades (température de notre refroidissement) est de 50 millimètres. Par conséquent, le volume x_1, de vapeur d'eau restant après la condensation, a comme valeur :

$$x_1 = \frac{50}{760} = 0,066$$

D'où l'on tire d'après [V] que la quantité d'eau condensée est égale à $\dfrac{0,588 - 0,066}{(1 - 1.166 \times 0,066)\,0,588} = 0,961$. La condensation a donc été de 96,1 0/0 par le seul fait du refroidissement à 50° centigrades.

Ce nombre est manifestement exagéré parce qu'au lieu de raisonner sur un mélange de vapeur d'eau, d'air et de chlore, nous avons considéré simplement un mélange d'eau et d'acide chlorhydrique. Or, la présence de l'air dans le mélange rend la condensation moins aisée, comme il est facile de s'en rendre compte par l'exemple suivant :

Supposons que le même gaz soit mélangé à l'air en proportions telles qu'il y en ait 5 volumes pour 1 volume d'HCl, alors ces gaz auraient la composition volumétrique suivante :

Acide chlorhydrique. 14,1
Eau. 15,1
Air 70,8

Le volume x_0 de vapeur contenu dans l'unité du mélange serait évidemment

$$x_0 = \frac{15,1}{100} = 0,151$$

D'autre part, la tension maxima de la vapeur d'eau à 50° est, d'après le tableau de la page 214, 50 millimètres, d'où le volume de vapeur d'eau restant après refroidissement à 50°. est :

$$x = \frac{50}{760} = 0,066.$$

Par conséquent, la quantité d'eau condensée par le seul fait du refroidissement est d'après [V] :

$$\frac{0,151 - 0,066}{(1 - 1.166 \times 0.066) \times 0.151} = 0,61$$

soit 61 0/0.

Ainsi donc, la présence de l'air diminue la condensation par refroidissement.

Comme conclusion, on peut dire que, pour un mélange gazeux renfermant beaucoup de vapeur d'eau et peu d'air, le refroidissement préalable est la clé d'une bonne condensation, mais lorsque les gaz à condenser ne contiennent que peu ou point de vapeur, le refroidissement préalable n'a plus qu'un rôle secondaire.

CALCUL DE LA CONCENTRATION MAXIMA

Il est intéressant pour l'industriel de savoir quelle concentration maxima pourra avoir le muriatique préparé avec un gaz de composition connue.

M. Hurter [1] a montré que les résultats de MM. Roscoë et Dittmar, relatifs à l'absorption de l'acide chlorhydrique par l'eau dans des conditions diverses de température et de pression, pouvaient être approximativement représentés par la formule empyrique

$$C = (0{,}3040 - 0{,}0016\, t)\, P^{0,15}$$

dans laquelle C représente le nombre de grammes d'acide chlorhydrique dissous par 1 gramme d'eau quand le solvant se trouve à la température t en présence de gaz chlorhydrique dont la tension partielle P est exprimée en millimètres de mercure.

Pour simplifier les calculs, deux tables ont été dressées : l'une représente les valeurs de $(0{,}3040 - 0{,}0016\, t) = c$; l'autre les valeurs de $P^{0,15}$ pour une pression de 760 millimètres et des teneurs différentes en acide chlorhydrique. Nous rapportons ces deux tables ci-dessous :

(1) *Moniteur scientifique Quesneville*, 1890, p. 49.

$$\textit{Valeurs de } (0{,}3040 - 0{,}0016\, t) = c.$$

t	c	t	c	t	c	t	c
0	0,304	30	0,256	60	0,208	90	0,160
5	0,296	35	0,248	65	0,200	95	0,152
10	0,288	40	0.240	70	0,192	100	0,144
15	0,280	45	0,232	75	0.184	105	0,136
20	0,272	50	0,224	80	0,176	110	0,128
25	0,264	55	,0,216	85	0,168	»	»

Valeurs de $P^{0\,150}$ *pour une pression de* 760 *millimètres et lorsque les gaz contiennent différentes quantités d'acide chlorhydrique.*

HCl	$P^{o},150$	HCl	$P^{o},150$	HCl	$P^{o},150$	HCl	$P^{o},150$
0/0		0/0		0/0		0/0	
5	1,726	30	2.257	55	2,473	80	2,603
10	1,915	35	2,311	60	2,505	85	2,639
15	2,035	40	2,357	65	2,535	90	2,662
20	2,124	45	2,400	70	2,564	95	2,684
25	2,197	50	2,438	75	2,590	100	2,705

Les trois exemples suivants font voir comment on peut appliquer ces données pour calculer :

1° L'absorption de gaz chlorhydrique à une température donnée, ce gaz étant pris à l'état de pureté ;

2° La force finale d'une liqueur chlorhydrique qui se trouve en contact avec du gaz chlorhydrique à une température donnée;

3° La force d'un acide se déposant d'un gaz dont la composition est connue.

1er exemple. — Combien l'eau absorbera-t-elle d'acide chlorhydrique à la température de 0 sous une pression de 760 millimètres ?

Le premier tableau donne pour la valeur de c à 0°, 0,304. Le second tableau donne comme valeur P°,^{15} d'un gaz à 100 0/0 la valeur 2,705.

L'acide chlorhydrique absorbé par litre d'eau dans les conditions de l'expérience sera :

$$C = 0,304 \times 2,705 = 0,822$$

2e exemple. — Quelle sera la richesse acidimétrique d'une solution chlorhydrique dont la température initiale de 50° ne s'élève pas par le contact qu'elle subit avec un mélange gazeux renfermant 25 0/0 d'acide chlorhydrique, à la pression ordinaire ?

Le premier tableau donne comme valeur de c correspondante à une température de 50° $c = 0,224$.

Le deuxième tableau montre que la valeur P°,^{150} pour un acide à 25 0/0 est de 2,197. On en conclut que la quantité d'acide chlorhydrique absorbé par 1 gramme d'eau est 0,224 $\times$ 2,197, soit 0,492. En se reportant au tableau de la page 186, qui indique les rapports de la richesse en acide chlorhydrique et de la quantité d'acide dissous pour 1 gramme d'eau, on trouve que la dissolution de 0,492 d'HCl fournit un acide renfermant sensiblement 33 0/0 d'HCl.

Pour plus de précision, il est bon, pour les nombres intermédiaires, d'employer les formules elles-mêmes à cause de l'intervalle qui existe entre les nombres inscrits dans les tableaux précédents, nombres qui ont été calculés par ces mêmes formules.

3e exemple. — Quelle sera la richesse de l'acide qui se dépose d'un gaz dont la composition serait par exemple

Acide chlorhydrique.	43,3 0/0
Eau	5,0 —
Air.	51,7 —
Température	43° centigrades
Pression	735 millimètres

La tension partielle de l'acide chlorhydrique est, en millimètres de mercure

$$\frac{735 \times 43,3}{100} = 318,25$$

Ce nombre, élevé à la puissance 0,15, correspond à $318,25^{0,15}$.

L'expression de sa valeur est : $[\log. 318,25] \times 0,15 = 2,50270 \times 0,15 = 0,37540$ auquel correspond le nombre 2,373, donc $P^{0,15} = 2,373$ d'autre part nous avons pour la valeur de c, d'après la formule donnée précédemment,

$c = 0,3040 - 0,0016 \times 43°$, soit $0,3040 - 0,0688$ ou $0,2352$.

Dès lors la quantité d'acide chlorhydrique qui sera condensée par unité pondérale sera :

$$0,2352 \times 2,373 = 0,558$$

Il ressort des calculs effectués par M. Hurter [1] que, dans un condensateur dont la température est la même que celle du liquide absorbant, les murs du condensateur dissipent 3,80 unités environ de chaleur par degré, par heure et par mètre carré, lorsque la température extérieure est de 15°. Cette donnée jointe aux précédentes nous permet de calcu-

---

[1] *Moniteur scientifique Quesneville, loc. cit.*

ler la quantité d'eau à employer pour obtenir dans un condenseur un acide de force voulue par l'emploi de gaz dont la température doit être déterminée.

Pour préciser, supposons qu'on veuille produire un acide à 30 0/0 d'HCl avec des gaz renfermant 20 0/0 d'acide chlorhydrique.

Le tableau de la page 211 montre qu'un gramme d'eau doit absorber 0,428 d'acide chlorhydrique. Le coefficient de tension de l'acide chlorhydrique dans un mélange gazeux à 20 0/0 est, d'après le second tableau de la page 220, 2,124. Le rapport $\dfrac{0,428}{2.124}$ de la quantité d'acide absorbé à la tension de l'acide chlorhydrique dans le mélange gazeux, fournit le nombre 0,201 auquel correspond, dans le premier tableau de la page 220, une température de 65⁰ centigrades.

Ainsi donc, par l'emploi d'un mélange gazeux, renfermant 20 0/0 d'acide, on ne pourra obtenir de muriatique à 30 0/0 d'HCl qu'à la condition que la température du condenseur et du liquide condensant ne soit pas supérieure à 65°.

QUANTITÉ D'EAU A EMPLOYER

Si l'on ne tient pas compte de la faible quantité de chaleur due aux variations de température des gaz en expérience, on peut dire que la chaleur dispersée par le condensateur, augmentée de celle qu'emporte l'acide liquide doit être égale à la chaleur développée par la condensation.

Or le tableau de la page 211 nous montre que la formation d'un acide à 30 0/0 produit 175,6 unités de chaleur. La chaleur spécifique de l'acide chlorhydrique aqueux étant 0,93, sa température initiale étant 15 et sa température finale 65, il en résulte que ce liquide emporte une quantité de chaleur représentée par :

$$(65 - 15) \times 0,93 = 46,5$$

Donc le condensateur a dû dissiper $175,6 - 46,5 = 130,0$ unités de chaleur par unité d'eau. En admettant avec M. Hurter que la chaleur dissipée soit de 3,80 unités par degré, par heure et par mètre carré, la différence de température étant $65, -15 = 40$, si l'opération dure deux heures, le condensateur ayant par exemple 390 mètres carrés de surface verticale, on devra employer :

$$\frac{390 \times 3,80 \times 40 \times 2}{130} = \frac{118.560}{130} = 912 \text{ parties d'eau.}$$

Ces 912 parties d'eau renfermeraient finalement, d'après le tableau de la page 211, $0,912 \times 0,428 = 390$ parties d'acide chlorhydrique. Or, si l'on suppose que le débit gazeux affluant dans ce condensateur renferme par heure 420 parties d'acide chlorhydrique, il en résulte qu'il restera $420 \times 2 - 390 = 450$ parties d'acide chlorhydrique qui s'échapperont. Pour les condenser, il faudra employer une autre colonne.

Perte de gaz chlorhydrique par passsage d'un gaz inerte.

Enfin, la quantité maxima de gaz chlorhydrique que peut soustraire à une solution aqueuse d'acide chlorhydrique de teneur donnée, le passage d'un gaz inerte peut encore être calculée par la formule

$$C = (0,3040 - 0,016\, t)\, P^{0,15}$$

On tire en effet de cette formule

$$P = \sqrt[0,15]{\frac{C}{0,3040 - 0,016\, t}}$$

P exprimant la tension partielle du gaz chlorhydrique dans le gaz inerte, $\dfrac{P}{760}$ représente le volume en centièmes de gaz chlorhydrique entrainé par le gaz inerte.

PROCÉDÉ DE M. SCHLŒSING POUR LA CONDENSATION DES GAZ

Comme on peut le voir par l'inspection des nombres du tableau de la page 211, le refroidissement des gaz a pour effet de diminuer la tension du gaz chlorhydrique dans le mélange. M. Schlœsing estime que cette opération a pour effet de ne laisser à ces gaz, pour arriver au contact des surfaces absorbantes, que le contact qui se produit mécaniquement par la course prolongée à laquelle on les soumet, tandis que, grâce à la tension gazeuse, l'absorption elle-même provoque un mouvement continuel, du corps volatilisé vers la surface absorbante, sans nécessiter la même multiplication de contact ; c'est pourquoi il propose de maintenir l'intérieur des tours de condensation à 100° au moins, ce qui, suivant ce savant, permettrait d'employer des appareils beaucoup moins volumineux que ceux qu'on utilise à cet effet. L'acide obtenu aurait une teneur maxima réelle de 20 0/0. L'application de cette idée a permis à des industriels anglais de réduire d'une façon très notable l'étendue des appareils de condensation.

ÉTUDE PRATIQUE DE LA CONDENSATION DU GAZ CHLORHYDRIQUE

Les considérations précédentes nous ont montré :

13.

1° Que la grande quantité de chaleur qui doit être éliminée est surtout celle qui prend naissance lorsque le gaz chlorhydrique arrive au contact de l'eau ;

2° Que le refroidissement des gaz à condenser est surtout important quand le mélange gazeux renferme beaucoup de vapeur et d'air, mais qui l'est bien moins dans le cas contraire ;

3° Qu'une ample surface de refroidissement dans la partie de l'appareil où le gaz arrive au contact du liquide condenseur est la clé d'une bonne condensation.

Si l'on tient compte d'autre part de la nécessité qu'il y a d'établir entre le gaz et l'eau un contact aussi intime que possible et de l'avantage qu'on retire d'une circulation en sens inverse des gaz et du liquide absorbant, on aura rassemblé les conditions générales de condensation.

REFROIDISSEMENT DES GAZ

Les gaz sont refroidis par leur circulation dans une canalisation formée de tuyaux en terre cuite, en fonte, en pierre ou en verre.

Pour les gaz des cuvettes, on emploie le plus généralement des conduites en terre. Elles peuvent être revêtues extérieurement d'une glaçure, ou simplement imprégnées de goudron, par immersion pendant quelques heures et à plusieurs reprises dans du brai de goudron en fusion. L'assemblage se fait par un manchon (fig. 55) dans lequel on applique à chaud un mélange homogène de goudron et d'argile fine. Ces tuyaux ont un diamètre de 30 à 35 centimètres[1]. Pour les gaz de la calcine, on emploie surtout

---

[1] Pour des cuites de 700 kilogrammes de sel. Si les gaz sont mélangés à ceux de calcine, il faudra donner aux conduites un diamètre de 0^m,50.

les tuyaux en fonte. En hiver il peut arriver que le refroidissement soit tel qu'il y ait condensation d'acide à l'extrémité de la tuyauterie de fonte et, par conséquent, détérioration de cette portion de l'installation. Cet inconvénient est facilement écarté quand on prend la précaution de revêtir de fumier ou de marcs de soude la partie de la canalisation où cet accident tend à se produire (M. Lunge).

Comme les poteries peuvent se fendre sous l'influence des variations brusques de température, quelques usines ont substitué aux tuyaux en terre, des conduites taillées dans des blocs de pierre. De semblables canaux ne sont guère utilisés que dans la partie la plus voisine du four,

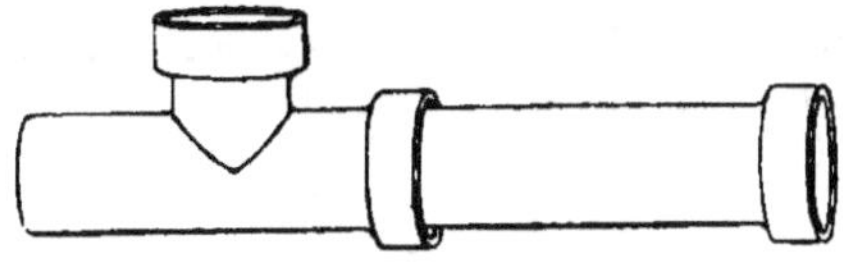

Fig. 55. — Tuyaux en poterie.

c'est-à-dire précisément à l'endroit où les variations de température sont le plus notables [1].

Les conduites en verre sont presque partout abandonnées. Pour nettoyer les tuyaux et en retirer les dépôts salins qui s'y forment, on a coutume de ménager de distance en distance des regards ; cette précaution est particulièrement utile quand la conduite sert au transport des gaz de la calcine des fours à réverbère.

Le système de tuyauterie aurait un effet presque nul s'il était disposé dans le sol. On l'établit toujours en l'air ; quand la distance du four au système de condensation est trop courte, on emploie des tuyaux disposés verticalement.

(1) Les dimensions à donner aux tuyaux réservés aux gaz de la calcine sont : 0,70 pour les calcines des fours à reverbère, 0,50 pour celle des fours à moufles et pour des cuites de 700 kilogrammes

Il est très important de laisser à l'air toute facilité pour refroidir ces tuyaux par circulation. Le développement que l'on donne à ce genre d'installation est très variable. Il est plus important pour les gaz de la calcine qui ont environ 300° que pour ceux de la cuvette qui n'ont guère que 180°.

A l'usine Gaskell, Deacon et C°, les gaz provenant d'une charge de 800 kilogrammes de sel renfermant environ 10 0/0 d'eau sortaient à une température de 50°, après avoir traversé 110 mètres de tuyaux en argile.

Le refroidissement du gaz se fait d'ailleurs très lentement. Le tableau suivant, emprunté au rapport de M. Augus Schmith, en donne une idée.

gaz dans le pot		324° Fahrenheit	
à 8 pieds du pot	—	295	—
16	—	288	—
24	—	230	—
32	—	188	—
40	—	187	—
48	—	185	—
56	—	182	
64	—	176	—
72	—	172	—
80	—	171	—
88	—	169	—
96	—	168	—

Il montre quel développement nécessite cette canalisation.

Souvent on emploie, pour rafraîchir les gaz sortant des fours à décomposition, aussi bien que pour leur enlever l'acide sulfurique qu'ils peuvent contenir et augmenter leur teneur en vapeur d'eau, de petites tours, nommées *douches* ou *shower bath*, à garniture peu serrée. La figure 56 représente un de ces appareils. L'eau n'y circule pas continuellement ; on se borne à la faire arriver en quantité suffisante pour refroidir et humecter la garniture. De cette façon,

on ne condense qu'une très faible quantité d'acide chlorhydrique tout en retenant la presque totalité de l'acide
sulfurique. La faible teneur en HCl des eaux qui s'en
écoulent par le robinet inférieur fait qu'on ne les utilise pas.

Il y a quelques années la Société Salzbergwerk Neus-
tassfurt a breveté un procédé de refroidissement des gaz re-

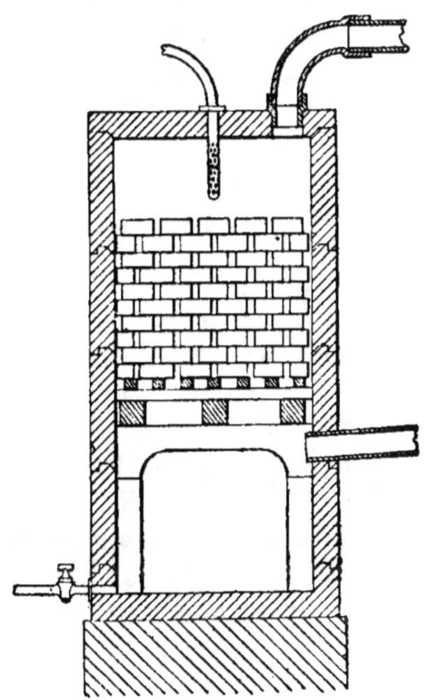

Fig. 56. — Douche.

posant sur l'absorption de leur chaleur par la fusion
aqueuse d'un sel dont la chaleur latente est assez élevée [1].

Le sel utilisé est le chlorure de calcium, renfermant environ 1,5 partie d'eau pour 1 partie de sel anhydre. Le
liquide résultant de la fusion de ce composé se réunit dans

(1) Brevet S. n° 5.244, exposé le 19 juin 1890.

une partie déclive munie d'une ouverture qui permet de le retirer sans perte de gaz chlorhydrique. Le plus simple est d'employer un tube en U plongé dans l'eau chaude afin d'éviter la cristallisation du sel fondu avant sa sortie de l'appareil.

Quand on fait évacuer le chlorure de calcium fondu, il ne tarde pas à repasser à l'état solide ; il est alors apte à être utilisé dans le même but. Cette substance peut donc servir indéfiniment au même usage.

Presque toujours on a deux canalisations : l'une pour les gaz de la cuvette, l'autre pour ceux de la calcine.

CONDENSATION DES GAZ

Le système le plus ancien et qui est abandonné aujourd'hui, consistait à faire passer les gaz dans des réservoirs d'une énorme capacité (jusqu'à 400 m³). Ces réservoirs peu profonds, remplis à moitié d'eau, présentaient une surface de contact considérable que l'on augmentait en disposant des cloisons qui, partant de la partie supérieure, descendaient dans l'eau sans toutefois atteindre le fond du vase. De cette façon, les gaz étaient obligés de traverser tous les compartiments, tandis que l'eau communiquait dans toutes les cases.

Bonbonnes.

Un autre système de condensation consiste en l'emploi de bonbonnes. Ce sont des vases en terre (fig. 57) portant à leur partie supérieure deux grosses tubulures OO' et une petite *a*. Latéralement sont placées deux tubulures *tt'*. Un trou de vidange V est disposé à la partie inférieure. Pour condenser l'acide chlorhydrique, on dispose un grand nombre de ces bonbonnes à la suite les unes des autres. On les relie ensemble par des tuyaux, en poterie, coudés, que l'on dispose sur les tubulures OO′ et auxquels il importe de donner un développement aussi grand que possible afin de favoriser le refroidissement des gaz. L'ajustage se fait au moyen d'un joint sec ou par l'intermédiaire d'une fermeture hydraulique. Dans le premier cas, on emploie soit un mélange de goudron et d'argile que l'on coule, soit un mastic au caoutchouc. Ce dernier a l'avantage, étant plus souple,

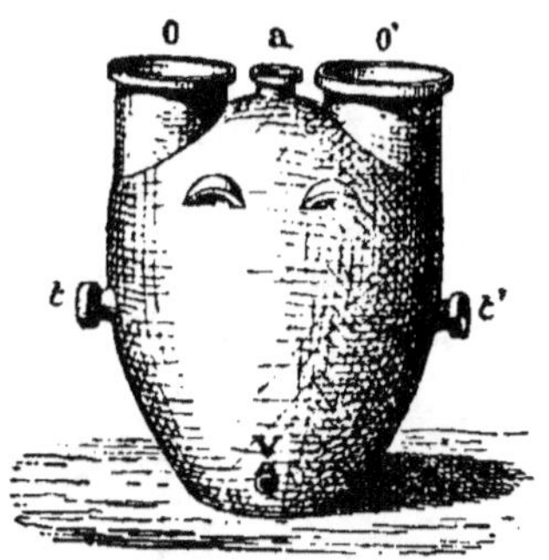

Fig. 57. — Bonbonne.

de laisser plus de jeu entre les diverses pièces et d'éviter les ruptures qui peuvent résulter des variations de température ; par contre, il est plus onéreux que le précédent. On peut également employer des joints garnis en caoutchouc, mais il faut alors que les tubulures soient munies de bagues entre lesquelles on place la rondelle de caoutchouc que l'on sert par des pinces à vis.

Lorsque pour faire les joints hydrauliques, on emploie l'eau, il en résulte des émanations abondantes d'acide chlorhydrique qui peuvent être évitées par la substitution d'une solution de chlorure de calcium à l'eau.

Dans ces bonbonnes, les gaz et l'eau circulent en sens opposés. L'acide chlorhydrique gazeux arrive et passe successivement dans les diverses bonbonnes par les tubulures supérieures OO'. Les tubulures *tt'* sont destinées à permettre la circulation de l'eau dans les divers éléments de la série de la condensation. Quant à l'ouverture V, elle sert à retirer l'acide quand il a atteint un degré de concentration suffisant.

La figure 58 montre le mode d'assemblage de ces appareils.

Plus le nombre de bonbonnes employé est grand, meil-

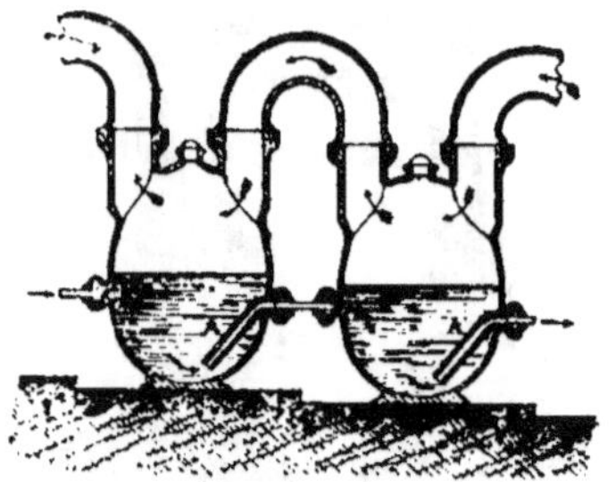

Fig. 58. — Système de bonbonnes.

leure est la condensation. Les batteries renferment rarement moins de 60 à 70 bonbonnes.

On les dispose généralement en gradins avec une dénivellation d'environ 2 centimètres ; cette disposition n'est pas nécessaire. Dans ces appareils l'eau s'écoule par la partie supérieure, tandis que l'acide plus dense se rassemble à la partie inférieure. On préfère aujourd'hui employer des bombonnes comme celles que représente la figure 58. Grâce au tube A, l'écoulement du liquide se fait avec celui qui est au fond, c'est-à-dire avec le plus dense. Les tubulures latérales servant à la circulation de l'eau sont réunies entre elles par des tuyaux de caoutchouc. Le liquide s'écoule méthodique-

ment sans entraîner de manipulations et parcourt toute la
série en sens inverse de la marche des gaz.

On ne les emploie guère que pour la condensation des
gaz riches des cuvettes ou des moufles, parce que le résultat
est médiocre avec des gaz étendus. Même avec ceux-là, leur
emploi se fait rarement seul, mais le plus souvent on combine
leur action à celle des tours.

Auges.

Les auges sont aussi des appareils de condensation
assez imparfaits et ne sont employées qu'avec les tours. On
choisit, pour les construire, des pierres inattaquables aux
acides telles que les pierres siliceuses, les grès des Vosges,
les laves de Volvic, etc. Ce sont des réservoirs rectangulaires,
dont les parois verticales se rejoignent par le simple contact
de leurs bords taillés en biseau. Une rainure est ménagée
dans le biseau et sert à recevoir une garniture de caoutchouc ; le bord supérieur est entaillé pour recevoir la couverture. Celle-ci est formée d'une dalle, qui peut être d'une
ou de plusieurs pièces. Les pierres étant convenablement taillées, on les dessèche soigneusement, surtout les biseaux,
avec des cendres chaudes. On place horizontalement la dalle
inférieure et l'on pose dans sa rainure un rond de caoutchouc de 25 millimètres d'épaisseur qu'on maintient par
un clou que l'on enfonce dans chacun des coins, puis on place
les parois verticales et leurs joints de caoutchouc et l'on
maintient le tout par une armature formée d'équerres en
fonte et de tirants en fer après quoi, on garnit les joints avec
un mortier au goudron et on serre les joints horizontaux
au moyen de quatre tiges en fer qui s'accrochent sous la
dalle du fond et sont assujetties à des traverses posées sur
le couvercle.

On peut aussi, au lieu de cela, faire pénétrer deux des parois verticales dans les deux autres et rendre le tout étanche avec des joints au goudron. Le soufre fondu est également employé dans le même but et donne de bons résultats.

En général il est avantageux d'enduire de goudron les pierres qui entrent dans la construction des auges. La lave de Volvic peut être employée sans avoir subi cette opération, mais il est indispensable de goudronner tous les autres matériaux employés tels que : fer, bois, etc.

Pour goudronner les pierres, il suffit de les suspendre au

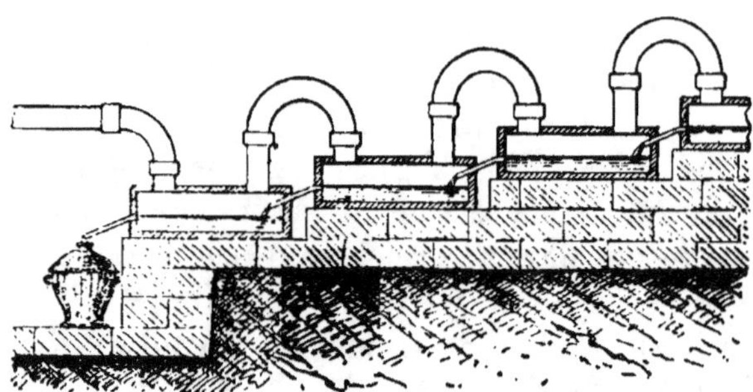

Fig. 59. — Condensation de l'acide chlorhydrique dans des auges en pierre.

sein d'une chaudière remplie de goudron porté à l'ébullition. On obtient d'excellents résultats en prolongeant la cuisson pendant neuf jours. Cette opération ne s'effectue que quand les pierres sont taillées.

Comme les bonbonnes, les auges communiquent entre elles, soit par suite de leur disposition en gradins, comme le montre la figure 59, soit simplement par le soin qu'on a pris de placer la tubulure de sortie du liquide aqueux à 12 ou 15 centimètres en contre-bas du tube d'arrivée de l'eau. Ces appareils ne peuvent servir que pour les gaz des cuvettes ou des moufles. On les combine presque toujours avec les tours.

EMPLOI DE L'EAU PULVÉRISÉE

Pour rendre plus complet le travail de ces appareils, MM. Newall et Bowman ont préconisé l'emploi d'eau pulvérisée qu'on fait arriver, par une forte pression, dans un petit ajutage de platine ayant une ouverture de 1 à 1/2 millimètre carré, d'où elle jaillit en se pulvérisant contre un bouton en platine. On obtient par là une dissolution rapide du gaz qui provoque une grande élévation de température et nécessite un refroidissement assez complet. Chaque auge doit être reliée à la suivante par des tuyaux en poterie s'étendant sur un assez grand parcours vertical ou horizontal.

La mise en œuvre de ce procédé nécessite l'utilisation d'eau filtrée. Encore, dans ce cas, n'évite-t-on pas toujours l'obstruction de l'ajutage en platine et, par conséquent, l'arrêt subit de cette partie du condensateur. Ces considérations ont fait rejeter l'emploi d'un procédé qui, théoriquement, paraissait appelé à fournir de bons résultats.

Tours de condensation.

On doit à M. Gossage un grand perfectionnement dans la condensation du gaz chlorhydrique, grâce à l'emploi de colonnes de condensation dont le but est de produire un contact intime entre les gaz très divisés, se mouvant ascensionnellement, et de l'eau s'écoulant de haut en bas de l'appareil sur des matériaux solides poreux qui retardent sa marche et l'éparpillent en gouttelettes et minces filets.

Les tours de condensation sont en principe composées d'une colonne cylindrique ou prismatique en maçonnerie, dont l'intérieur est rempli de matières poreuses telles que poteries, coke, etc. Les gaz y arrivent à la partie inférieure et s'élèvent à travers les matériaux et les interstices où ils se trouvent en contact intime avec l'eau qui s'écoule d'un réservoir placé à la partie supérieure de la colonne. Ces colonnes ont, comme nous le verrons, des dimensions très variables suivant qu'elles doivent servir à la condensation des gaz de la cuvette ou de la calcine ; si la condensation doit être effectuée par leur seule intervention, il faut nécessairement leur donner des dimensions plus considérables que si elles doivent fonctionner en même temps que les condensateurs à bonbonnes ou à auges ; cependant, comme dans tous les cas, les tours sont des appareils puissants, d'un grand poids, il est nécessaire de les établir sur un terrain solide et de les faire reposer sur des fondations donnant toute sécurité de stabilité à l'édifice. Afin de prévenir les infiltrations d'acide chlorhydrique, on recouvre le sol des fondations d'une couche d'asphalte naturel ou artificiel (mélange de brais de goudron, de sable et de gravier). Les fondations proprement dites sont en maçonnerie pleine ou, plus économiquement, en maçonnerie creuse se composant de quatre piles établies à une hauteur convenable pour que l'acide condensé puisse se rendre directement dans les réservoirs qu'on lui destine. Ces fondations doivent être en pierres siliceuses absolument dépourvues de calcaire, jointes entre elles avec un mastic de goudron ou mieux, avec du soufre fondu. Comme la couche d'asphalte qui recouvre le sol ne présente pas, en tous ses points, une résistance égale, on place dessus une dalle de pierre siliceuse sur laquelle on fait reposer les piles de fondation. A leur sortie du sol, ces piles sont recouvertes d'une couche d'asphalte disposée de telle sorte qu'elle présente de toutes parts une pente à partir du centre de l'appareil, lesquelles pentes aboutissent à un fossé circulaire qui recueille les eaux écoulées. Grâce à ce dispositif, on évite toute infiltration dans les fondations.

Les piliers sont couronnés de grandes dalles sur lesquelles on pose une dalle en pierre, taillée en écuelle qui constitue le fond de la tour ; dans sa partie creuse, on place les pièces verticales de la première assise. De cette façon,

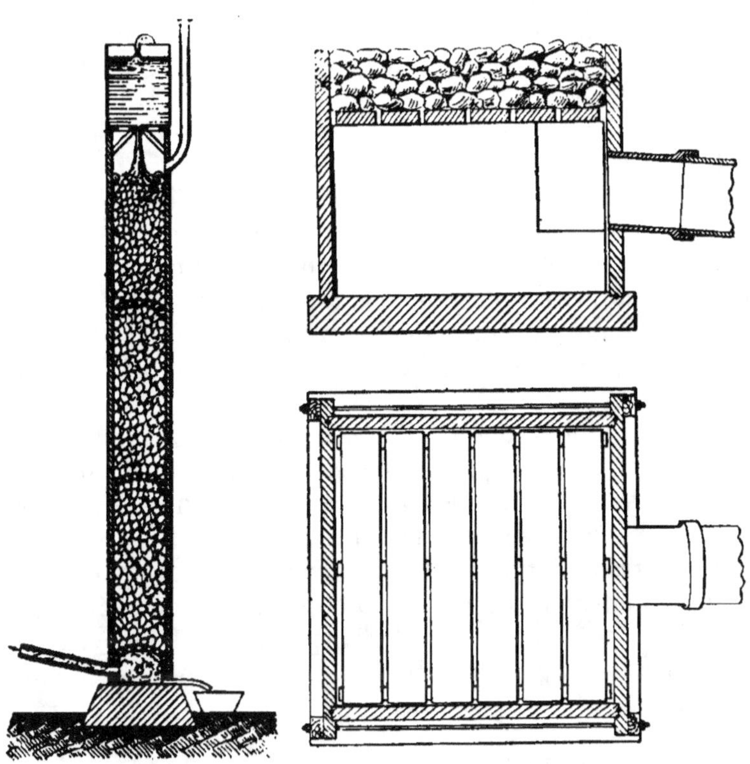

Fig. 60. — Tour de condensation.

Fig. 61. — Grille supportant les garnitures de la tour.

les suintements, s'il se produisent, ne peuvent atteindre les fondations. C'est dans cette partie C de l'appareil (fig. 60) qu'arrive le mélange d'air et d'acide chlorhydrique à condenser. C'est là aussi que se réunissent les eaux chargées d'acide chlorhydrique qu'un tuyau en poterie évacue à l'extérieur. On a donné à la partie C le nom de chambre à gaz. La partie supérieure de cette chambre à gaz sert de support aux substances poreuses qui constituent la garniture de la tour. Elle est établie à clairevoie afin de permettre au gaz de passer dans la tour proprement dite. A cet effet, on peut la former soit d'une voûte percée de larges ouvertures, soit d'une grille en pierre (fig. 61). Ce dernier système exige, dans le cas d'une tour large, l'emploi de piliers en grès ou en granit pour soutenir les prismes de pierre constituant le grillage.

Les grilles en voûte peuvent être composées d'une série d'arceaux ayant la forme d'une demi-circonférence, large d'une demi-brique et distants entre eux d'une égale quantité (112 millimètres). Les clés de voûte, communes à deux arches, sont posées de centre à centre. Leur longueur est donc de $0^m,225$ excepté les deux extérieurs qui ont $0^m,300$. Leur épaisseur est de $0^m,090$ à l'extérieur et $0^m,042$ à l'intérieur.

Les parois de la tour doivent être construites avec des matériaux inattaquables par les acides. La meilleure matière à employer est la pierre siliceuse. Les joints entre les pierres se font de deux façons différentes suivant qu'il s'agit de joints verticaux ou de joints verticaux.

Les premiers peuvent être faits au moyen de bandes de caoutchouc ou de morceaux de flanelle qu'on a laissé macérer pendant vingt-quatre heures dans un mélange composé de :

Vernis à l'huile	1 partie
Minium	2 —
Sulfate de baryte.	3 —

Le soufre fondu donne un joint très recommandable.

Les joints verticaux sont faits à tenon et mortaise présentant une surface inclinée de l'extérieur à l'intérieur comme le montre la figure 62. Ce dispositif évite les inconvénients qui pourraient résulter du séjour de l'acide condensé en cette partie, puisqu'elle permet au liquide de s'écouler de lui-même. On a soin de faire alterner les quatre joints horizontaux d'une assise, deux à deux à des niveaux différents et équidistants (fig. 62).

On consolide les assises par des tirants qui resserrent les joints. Les dalles traversées par les tirants dépassent la façade du mur de 20 à 25 centimètres. Les boulons des tirants portent sur des planches qui s'élèvent de haut en bas de la colonne. L'épaisseur des dalles varie nécessairement avec la hauteur de la tour et la qualité des matériaux mis en

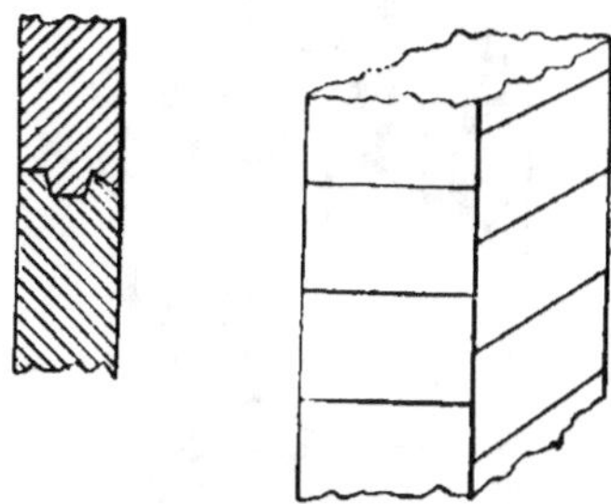

Fig. 62. — Joints entre les dalles verticales d'une tour.

œuvre. Quand ceux-ci sont d'excellente qualité, on leur donne 15 à 18 centimètres dans le bas et 10 à 12 dans le haut.

Tous les matériaux (bois ou fer) employés dans la construction d'une colonne de condensation, doivent être soigneusement goudronnés. Malgré cela, il arrive parfois que des tirants rongés par l'acide se brisent.

La figure 63 représente un dispositif très recommandable quand les pierres sont suffisamment résistantes aux angles.

Pour diminuer la pression exercée par la colonne de coke sur les matériaux qui en constituent la partie inférieure, on établit, suivant la hauteur de la tour, deux ou trois arceaux, qui servent de support aux colonnes partielles de la garniture.

La partie supérieure de la tour est fermée par de grandes dalles munies d'ouvertures donnant accès à l'eau qui doit s'écouler. Cette eau provient d'un réservoir en bois goudronné, placé en haut de la colonne et dans lequel le niveau de l'eau est maintenu constant par le jeu d'une pompe d'alimentation qui apporte un excès d'eau, et d'un trop-plein qui élimine tout le liquide qui se trouve au-dessus du niveau moyen dans la cuve.

On peut employer, comme matières poreuses destinées à

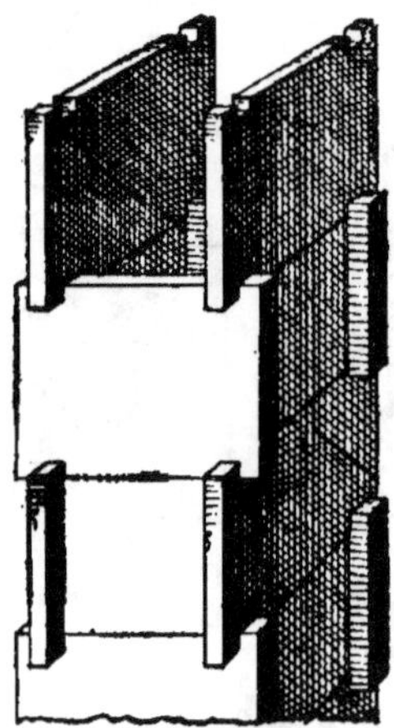

Fig. 63. — Construction des tours de condensation.

garnir l'intérieur de la colonne, diverses matières et on a proposé dans cet but des pièces de poterie de formes diverses. Les unes sont des briques spéciales percées d'ouvertures circulaires; on les pose de telle sorte que les ouvertures ne se correspondent point mais soient disposées de façon à former des canaux obliques en zigzag. Les autres, dont la construction est très rationnelle, ressemblent à des pots de fleurs percés latéralement de petites ouvertures. Le fond est également perforé. Placées en quinconce, ces pièces des poterie

donnent une excellente condensation. On leur reproche
d'être d'un prix élevé.

Le coke est la matière qui rend les plus grands services
et dont l'usage est le plus général. Il doit être poreux, dur
et peu sujet à l'écrasement. On ne doit pas le choisir en
blocs trop volumineux, qui se rompent aisément, non plus
qu'en morceaux trop petits qui gênent le mouvement des
gaz et diminuent le tirage. Dans tous les cas, les morceaux
les plus gros sont réservés pour le bas de la tour.

Fréquemment, on emploie un système mixte qui consiste
à placer, à la partie inférieure de la colonne, des pièces de
terre sur lesquelles on vient disposer le coke. Comme ce coke
est combustible et peut prendre feu, il faut avoir soin de ne
faire arriver les gaz dans la tour que quand ils ont été convenablement refroidis.

Les tours, construites avec des dimensions telles que celles
dont nous parlons plus loin, déterminent un tirage suffisant
pour la condensation des gaz des cuvettes ou des fours à
moufle ; on peut d'ailleurs l'augmenter en plaçant sur la tour
une petite cheminée en poterie. De cette façon, le dégagement gazeux s'effectue dans l'atmosphère, ce qui est précieux
pour permettre de juger la marche de la condensation.
Lorsque celle-ci est complète, la tour ne doit émettre qu'un
léger nuage de vapeur se dissipant aisément tandis qu'il
persiste quand il renferme de l'acide chlorhydrique.

Avec les gaz des fours à réverbère, on ne peut pas se contenter du seul tirage de la tour, à cause de l'allure des
foyers; dans ce cas, on établit généralement une communication de la tour avec la cheminée de l'usine. Il faut alors
faire attention et chercher autant que possible à obtenir un
tirage convenable en donnant des sections suffisantes aux
conduits et aux tours, parce que si le tirage est surtout déterminé par l'appel de la cheminée, il en résulte une marche rapide des gaz à travers la colonne, et comme la conden-
ation demande un certain temps, il s'en suit qu'on éprouve

de ce chef des pertes en acide non condensé. Lorsque l'on opère sur des gaz provenant de la calcine, on doit leur faire parcourir un carneau suffisamment long et large pour que, circulant sans frottement, leur température puisse s'abaisser. Il est bon de ne pas refroidir la première bonbonne et de ne pas la comprendre dans la circulation de l'acide chlorhydrique liquide, parce qu'elle retient l'acide sulfurique entraîné et que son rôle principal est de charger d'humidité les gaz secs qui la traversent. On facilite par là le travail de condensation.

Il est de toute nécessité de donner à la tour des dimensions suffisantes pour que les points de contact soient assez nombreux et aussi pour que la marche des gaz se fasse avec assez de lenteur.

Le plus souvent on condense séparément les gaz de la cuvette et ceux de la calcine. Ce travail rationnel permet d'obtenir avec les gaz de la cuvette un acide plus pur et de ne faire porter les difficultés de la condensation que sur les gaz de la calcine.

Lorsque la condensation doit s'effectuer par le seul emploi des tours, on a coutume d'accoupler deux de ces appareils en reliant la partie supérieure du premier à la partie inférieure du second, au moyen de tuyaux de poterie. On recueille alors dans la première colonne de l'acide concentré et dans la seconde de l'acide dilué. L'acide obtenu est d'autant plus riche en acide chlorhydrique que la hauteur de la tour est plus considérable.

Il n'y a pas intérêt à employer l'eau acide qui s'écoule de la seconde tour, pour condenser les gaz de la première, parce que le bénéfice qu'on retire de la récupération d'une faible quantité d'acide se trouve largement compensé par les frais que nécessite l'élévation de ce liquide.

La tendance actuelle est d'employer des systèmes de condensation mixtes, composés de bonbonnes ou d'auges et de tours de condensation. L'acide qui s'écoule de la tour sert directement ou après refroidissement à alimenter les bonbonnes. Là, il se concentre et donne aisément un acide au titre demandé par le commerce (19 à 21° Baumé). L'exemple suivant donne une idée de ce genre d'installation [1].

Un four à moufle fait en vingt-quatre heures huit cuites de 500 kilogrammes de sel. Le canal réfrigérant est en pierre et sa section intérieure est de 70×70 centimètres, sa longueur 30 mètres. La batterie de bonbonnes se compose de soixante-douze pièces de 300 litres chaque, divisées en trois séries. La tour, garnie de coke, a 25 mètres de haut; sa base carrée mesure à l'intérieur 1^m,6 de côté. L'acide qui s'écoule de la tour marque de 15 à 17° en hiver et de 13 à 15 en été. On le refroidit en le faisant passer dans des tubes en U plongés dans de l'eau froide. Il sert à alimenter les bonbonnes. L'acide qui sort des bonbonnes, et qu'on tire près du four, marque 20° à froid. La circulation du liquide est automatique et l'acide commercial est emmagasiné dans de grandes citernes en pierre.

Quand on travaille séparément les gaz de la calcine et ceux de la cuvette, on envoie directement les premiers dans la tour à coke tandis que l'on fait passer les seconds d'abord dans les bonbonnes puis dans la tour à coke. De cette façon on obtient facilement de l'acide à haut titre.

Il ne semble pas qu'il y ait inconvénient à donner aux appareils de condensation un trop grand volume; la dépense seule doit limiter l'industriel, la condensation étant d'autant plus complète que la capacité est plus considérable.

Une disposition adoptée par l'usine du Petit-Quevilly permet, paraît-il, d'obtenir une condensation plus complète d'acide, en injectant, au sommet de la tour, de l'eau pulvérisée qui assure un meilleur contact.

(1) Lunge et Naville, *Traité de la fabrication de la soude*, p. 245.

DIMENSIONS DES TOURS

En général, on peut admettre que pour 100 kilogrammes de sel décomposé en vingt-quatre heures, il faut donner aux conduits de refroidissement une capacité de $0^m,60$ et aux tours un volume variant de $1^m,37$ à 4 mètres comme par exemple en Belgique ou seulement de $0^m,98$ à $2^m,10$ comme en Angleterre.

Avec des tours offrant seulement une capacité de $0^m,98$, il reste environ 5 à 6 0/0 d'acide chlorhydrique non condensé qui se répand dans l'atmosphère ; cette proportion tombe à 0,10 par l'emploi de tours dont la capacité relative est de $2^m,10$.

La condensation des gaz de la cuvette demande, dans les tours, un volume relatif de $0^m,6$ à 1 mètre, tandis que le travail des gaz de la calcine exige de 3 à 4 mètres cubes.

La condensation des mélanges de gaz de la calcine (à moufle) et de gaz de la cuvette nécessite l'emploi d'une tour dont la capacité relative est de $1^m,4$ à $1^m,7$.

Pour obtenir un bon travail dans les condensateurs, il faut s'efforcer de régler soigneusement les registres de tirage, de façon à obtenir des gaz aussi riches que possible, ce qui est à peu près impossible quand on travaille avec des fours à réverbère. L'alimentation d'eau doit aussi être surveillée attentivement de façon à être modifiée suivant les besoins du travail.

Voici un exemple de dimensions adoptées pour une de ces tours [1].

---

1. *Dictionnaire de chimie* de Würtz, p. 1575.

Hauteur totale, 38^m,1.

Base carrée de 1^m,53 de côté.

m

Maçonnerie au-dessus du sol.	1,65
Chambre à gaz C (fig. 60)	1,07
Colonne de coke divisée en trois parties égales. .	29,83
Réservoirs d'eau et chambre d'eau	4,60
Hauteur du tuyau d'échappement des gaz au-dessus du réservoir d'eau	0,95
TOTAL. . .	38,10

Comparaison des systèmes de condensation.

Les résultats que donne la mise en œuvre des divers systèmes de condensation sont très différents. L'emploi des bonbonnes ou des auges permet d'obtenir un acide à haut degré, l'installation peu coûteuse ne demande que peu d'entretien et de main-d'œuvre, mais outre que l'on ne peut que malaisément y condenser des gaz peu riches, on a toujours, avec ce système, une perte en acide chlorhydrique, perte que les divers auteurs évaluent à 10 ou 15 0/0.

Avec les tours de condensation, au contraire, l'absorption du gaz chlorhydrique par l'eau peut être considérée comme complète ; de plus, les gaz pauvres y peuvent être condensés (ils exigent, bien entendu, des volumes relatifs plus considérables que les gaz riches). L'acide qui s'écoule des tours a, par contre, un degré moins élevé que celui des bonbonnes. Les colonnes sont des appareils coûteux qui demandent un certain entretien.

L'emploi d'un système mixte de bonbonnes et de tours est usité en France où il donne de bons résultats au point de vue de la condensation et du degré de l'acide obtenu.

Les figures 64 et 65, empruntées au traité de MM. Lunge et Naville, donnent une idée exacte d'une semblable installation.

Rendements.

Théoriquement, 100 kilogrammes de sel marin produisent

$62^{kg},36$ d'acide chlorhydrique gazeux ; mais comme le sel employé dans l'industrie ne renferme jamais plus que 93 0/0 de sel (en moyenne) que, d'autre part, le sulfate produit contient encore 1,5 0/0 de sel indécomposé, il en résulte que le rendement maximum ne peut être que de 57 à 58. M. Clapham admet que les 57,7 parties d'acide que devraient fournir 100 kilogrammes de sel marin, se décomposent de la façon suivante :

Acide condensé	55,8
— resté dans le sulfate	1,52
Pertes.	0,38

L'évaluation des pertes est différente suivant les auteurs. M. Allhusen résume la marche de son usine de la façon suivante :

Gaz de la cuvette	68,6 0/0 de la quantité théorique	
Gaz de la calcine à réverbère .	29,4 —	—
Pertes	2,0	—

Dans son rapport sur l'Exposition de 1867, M. Balard signale qu'à Chauny on obtient un rendement de 95 0/0 en acide à 21º Baumé, tandis que M. E. Lequin [1] évalue en moyenne de 8 à 12 0/0 la perte en muriatique résultant, aussi bien d'une condensation imparfaite, que des pertes par les gaz qui s'échappent des portes de travail, et qui incommodent fort les ouvriers.

Quant aux gaz acides qui proviennent de la décomposition du sel par l'acide sulfureux, suivant le procédé indiqué par M. Hargreaves, on arrive aussi à les condenser presque complètement puisque ce procédé fonctionne en Angleterre où les prescriptions de l'*Alkali Act* exigent qu'il n'y ait pas plus de 0,20 grains d'acide non condensé par pied cube de gaz. On assure même que la perte n'est guère que de 0,03 à 0,03 grains et en moyenne de 0,04.

(1) Lequin, *Rapports du jury de l'Exposition universelle* de 1889.

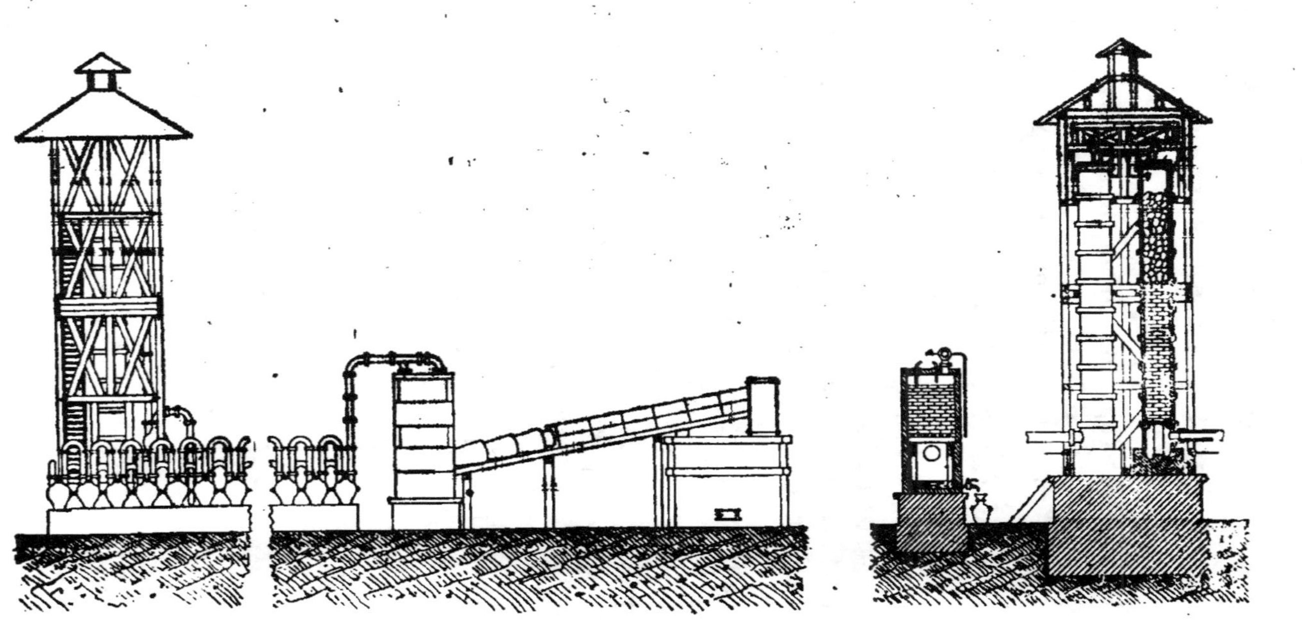

Fig. 64 et 65. — Installation pour la condensation de l'acide chlorhydrique. (Usine d'Aussing)

FABRICATION DE LA SOUDE
PAR LE PROCÉDÉ LEBLANC

GÉNÉRALITÉS

Dans ce procédé, le sulfate de soude est transformé en soude brute par la triple influence du charbon, du calcaire et de la chaleur. La réaction, simple dans ses grands traits, n'en est pas moins compliquée et son processus n'a été définitivement établi que depuis quelques années, grâce aux observations de MM. Dubrunfault, Gossage, Kolb, Scheurer-Kestner et Unger.

Tout d'abord, le carbone réagit sur le sulfate de soude en produisant, d'une part, du sulfure de sodium et, d'autre part, du gaz acide carbonique. Cette première phase de la réaction prend naissance à une température peu élevée, suivant l'équation :

$$SO^4Na^2 + 2C = Na^2S + 2CO^2$$

Le sulfure de sodium formé réagit sur le calcaire et se transforme en carbonate de soude avec production de sulfure de calcium insoluble (par suite de sa formation par voie sèche).

$$CO^3Ca + Na^2S = CaS + CO^3Na^2$$

Quand la température est devenue intense, le calcaire en

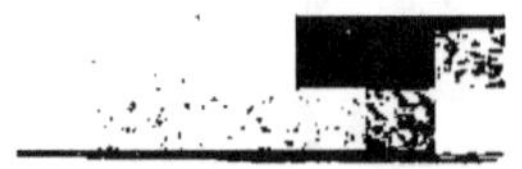

excès se décompose, surtout en présence d'un excès de charbon. Il se produit de la chaux vive et un dégagement d'oxyde de carbone qui donne de la porosité à la masse et facilite son lessivage.

$$CO^3Ca + C = CaO + 2CO$$

MATIÈRES PREMIÈRES

Sulfate de soude.

On cherche à l'avoir aussi poreux et aussi léger que possible, c'est pourquoi l'on a coutume de n'employer le sulfate de fabrication récente qu'après l'avoir laissé exposé pendant quelque temps en tas, parce qu'alors il subit une sorte de délitement très favorable à la production de la soude.

La présence d'une petite quantité d'acide sulfurique libre permet d'obtenir une masse poreuse peu sulfurée. Cette proportion ne doit en aucun cas dépasser 1 à 1,5 0/0.

Calcaire.

On emploie soit la craie, soit le calcaire. Ce dernier doit être aussi pur que possible. Il doit notamment être dépourvu de silice, d'alumine et de fer, ainsi que de magnésie. On l'emploie, suivant la marche des opérations, en morceaux plus ou moins gros, parfois même en poudre. On l'amène à l'un de ces états par l'emploi de broyeurs ordinaires. Quand la cuite doit durer plus d'une heure, il faut prendre le calcaire sous la première forme.

Avant de l'employer, il est nécessaire de déterminer exactement sa teneur en eau, parce que celle-ci, qui peut se trouver dans la proportion de 20 0/0, rendrait le dosage inexact en modifiant les quantités de chaux mises en réaction.

Charbon.

La seule qualité qu'on puisse exiger d'un charbon ou d'une houille est qu'ils abandonnent seulement une petite quantité de cendres et de soufre. Il ne semble pas plus avantageux d'employer les charbons gras que les charbons maigres. Les expériences de M. Kolb montrent que la nature de l'agent réducteur ne présente aucune importance, pourvu qu'on en prenne une quantité équivalente à 44 de carbone. Pour l'emploi, on le concasse en menus morceaux de volume inférieur à celui des morceaux de sulfate ou de calcaire, en évitant toutefois de le réduire en poudre.

Un bon charbon pour mélange ne doit pas renfermer plus de 12 à 13 0/0 de cendres, 0,5 à 0,75 d'azote, 0,5 à 2,0 de soufre.

FOURS A RÉACTION

Tous les fours employés sont des fours à flamme. Le mélange qu'on y traite devant être rendu soigneusement homogène pendant toute la durée de la période de réaction, on est obligé d'ouvrir fréquemment les portes de travail, ce qui provoque des pertes de chaleur aussi bien qu'un travail manuel pénible; pour remédier à ces inconvénients, on a proposé l'emploi de fours mécaniques dans lesquels le brassage s'effectue sans le secours de l'ouvrier et sans nécessiter l'ouverture des portes de travail. Nous distinguerons donc les fours à bras et les fours mécaniques.

FOURS A BRAS

Leurs formes et leurs dimensions sont très variables.

A l'origine on employait des fours à réverbère ordinaires à soles rectangulaires. Dans de semblables appareils, la répartition de la chaleur n'était pas égale, le centre étant plus chauffé que les coins.

A ce four, M. Payen substitua le four à réverbère à sole elliptique, qui fut perfectionné par M. d'Arcet et par les fabricants marseillais.

L'emploi de fours à grandes dimensions, construits dans le but de diminuer la quantité de combustible nécessitée, donne bien, il est vrai, une meilleure utilisation de la chaleur, mais ces avantages sont compensés par la difficulté qu'on éprouve à brasser la masse pour la conserver homogène.

La soude, fabriquée dans ces grands appareils, a d'ailleurs, suivant M. Lunge, un titre moins élevé que celle que l'on fabrique dans des appareils de moindres dimensions, ce qui paraît en contradiction avec les nombres du tableau suivant, qui résume les variations de production et de qualité des produits fournis par des fours ayant des surfaces de soles déterminées [1].

(1) Payen, *Précis de Chimie Industrielle*, t. I, p. 451.

Nature du four	Longueur de la sole	Largeur de la sole	Surface de la sole	CHARGE		Nombre d'opérations en 24 heures	Produit en un jour	Titre alcalimétrique	
				pour 1 mètre	Totale				
	m.	m.	m.	kil.	kil.				
Four rectangulaire de Le-blanc et Dizé....	2,00	1,40	2,80	40	112	6	672	26 à 30	
Four elliptique de Payen.	3,00	2,00	5,00	125	725	6	4340	32 à 35	
— Darcet.	3,25	2,66	7,00	65	455	12	5244	33 à 36	
— Clémen	6,00	2,00	11,00	136	1496	6	8976	35 à 40	
	9,00	3,00	24,00	136	3264	6	19584		

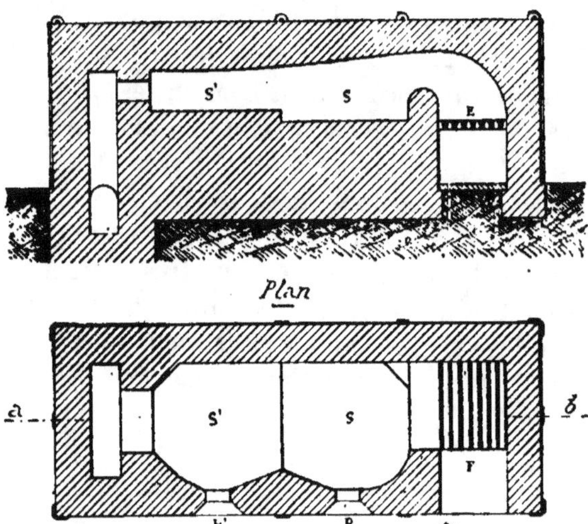

Fig. 66 et 67. — Four à soude à deux soles.

En Angleterre, on emploie un modèle de fours représenté figures 66 et 67. Il est composé de deux soles, dont la plus éloignée du foyer, S′ est élevée au-dessus de l'autre de $0^m,10$.

Construites en briques réfractaires unies à l'argile, ces deux soles sont supportées par une masse de béton. Leur forme est elliptique à angles arrondis. Elles sont recouvertes d'une voûte formant le plafond du four. Placé à $0^m,40$ au-dessus de la première sole, ce plafond va en s'abaissant du côté de la seconde. Les deux portes de travail P et P′ servent à l'introduction des ringards, que manœuvrent les ouvriers pour brasser le mélange. Devant chacune d'elles, est solidement établi un rouleau, sur lequel on appuie le râble pour en faciliter la manœuvre. On doit choisir, pour la confection de ces fours, des briques réfractaires plutôt alumineuses que siliceuses, denses, dures et sonores, bien cuites. Pour augmenter la résistance de la sole à l'usure, on place généralement les briques de champ. Le four est maintenu par des armatures de fer à T reliées par des tirants. On les enfonce en terre de 35 à 40 centimètres et on les consolide par de petites murettes. Les tirants relient les fers à T en passant sur la surface horizontale supérieure du four. On traite habituellement 500 kilogrammes de matière sur chaque sole. La durée de l'opération est d'environ une heure.

La charge, composée de 225 kilogrammes de sulfate de soude, de 240 de carbonate de chaux et de 120 de houille bien mélangés, est jetée à la pelle sur la sole supérieure par la porte P′. On l'égalise et on referme la porte. On la laisse en cet état pendant une heure en brassant le mélange par trois fois. Au bout de ce temps, la sole inférieure étant nettoyée, on y fait passer la masse placée sur la sole supérieure, et l'on a soin de bien brasser afin d'empêcher les parties voisines de l'autel d'être brûlées, alors que celles qui en sont le plus éloignées n'ont pas encore atteint une température suffisante. Là, une réaction énergique se traduit par l'apparition de flammèches d'oxyde de carbone ; la réaction se poursuivant, la masse devient successivement pâteuse, puis demi-fluide, et il commence à apparaître des flammèches jaune vif, nommées chandelles, qui produisent des petites explosions. A ce moment, le brassage doit être continu jusqu'à ce que la masse commence à se raffermir. On la ramène alors vers la porte P, d'où on la fait tomber dans des chariots en tôle dans lesquels elle se solidifie en dégageant de l'ammoniaque. L'obtention d'un pain noir prouve que le produit est sulfuré; s'il est gris blanchâtre, il y a beaucoup de chances pour qu'une partie du sulfate employé n'ait pas été décomposé. Un pain marbré rouge indique un manque d'homogénéité de la masse, tandis qu'une marche normale produit un pain gris rosé. Aussitôt la masse introduite sur la sole S, on place un nouveau mélange sur S' où il s'échauffe pendant que la soude se forme en S.

Un perfectionnement, apporté par M. Louis Faucheux [1], consiste à ajouter à ce four une troisième sole, sur laquelle on étale le calcaire devant servir pour toute une opération ; celui-ci emmagasine la chaleur et se trouve porté au rouge. Lorsque la seconde sole est libre, on l'y fait passer et on y incorpore alors les quantités requises de charbon et de sulfate nécessaires au mélange. La suite de l'opération s'effectue comme d'habitude. De cette façon, on évite la dépense inutile du charbon qui brûle sans réagir sur la masse pendant tout le temps que celle-ci met à s'échauffer jusqu'à la température de réaction, mais en revanche il paraît exiger un surcroît de main-d'œuvre.

En France et en Belgique on employait encore, dans ces derniers temps, des fours pouvant recevoir des charges variant de 1.800 kilogrammes à 3.000 kilogrammes pour chaque opération. De tels fours ne possèdent qu'une sole de forme elliptique, ayant cinq à six portes de travail dont l'une percée à l'opposé du foyer.

On a à peu près renoncé à employer les fours à plusieurs compartiments pour préparer simultanément la soude brute et le sulfate de soude. Dans ces appareils, les flammes, après

---

[1] Faucheux, *Moniteur scientifique Quesneville*, 1881, p. 1161.

avoir servi à faire la soude, passaient dans le second compartiment qui, suivant le cas, servait de calcine et de cuvette ou seulement de calcine. Avec ce dernier dispositif, elles se rendaient ensuite dans un troisième compartiment qui constituait la cuvette. Le manque d'indépendance du chauffage des compartiments, aussi bien que la difficulté que présente la condensation du gaz chlorhydrique, sont les principaux inconvénients de ce dispositif.

Les proportions du mélange varient un peu avec les usines. On emploie par exemple :

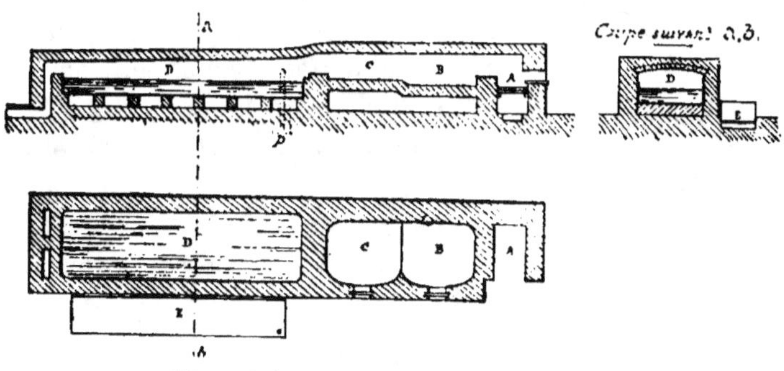

Fig. 68 à 70. — Four du Lancastre.

	A Chauny	En Angleterre	A Javel (1)	A Rouen
Sulfate de soude.	100	100	100	100
Craie	100	110	105	124
Charbon. . . .	35,4	75	35	35

La température de réaction et la durée de l'opération ont une grande importance. MM. Unger et Kolb ont montré que la température le plus favorable à la réaction, était comprise entre 900 et 1.000°.

En arrêtant trop tôt l'opération, on laisse dans la masse du sulfate indécomposé. En la prolongeant trop longtemps, on risque de brûler la cuite. Une cuite normale donne un

(1) Il y a quelques années.

gâteau présentant au centre un noyau brillant plus clair que les bords ; quand la cassure est rouge brun, c'est que la cuite est brûlée ; au contraire, quand la température n'a pas été assez élevée ou que la durée de réaction a été trop courte, la cassure est blanche.

Dans la plupart des soudières, on utilise la chaleur perdue à produire l'évaporation des lessives de soude. Les figures 68 à 70 représentent un four du Lancastre en coupe verticale et plan, qui montre le dispositif adopté. Dans cet appareil, A est le foyer, B la sole de fusion, C la sole de chauffe, D la chaudière à évaporer, p un tuyau de pompe pour remonter le liquide égoutté dans la chaudière D, E est un égouttoir à faux fond. Les gaz de la combustion s'échappent par deux carneaux placés à l'autre extrémité du four.

Voici un exemple de dimensions adoptées pour l'un de ces fours :

Foyers.

Longueur	0,762
Largeur	2,135

Fosse du foyer.

Longueur	1,37
Largeur	1,22

Autel.

Hauteur	0,305
Longueur	0,851
Largeur	2,694

Voûte.

Epaisseur	0,225
Hauteur au-dessus de la première sole . .	0,761
— deuxième sole . .	0,749
— poêle	0,230

Autel séparant les soles de la poêle.

Hauteur	0,228
Longueur	0,685
Largeur	1,095

Poêle.

Longueur. 5,490
Largeur 2,743
Hauteur 0,610
Epaisseur de la tôle 0,010

Filtre.

Longueur. 5,260
Largeur 1,219
Diamètre des trous du faux fond . 0,003 à 0,006

Les façades de ce four sont recouvertes d'une armature composée de dalles en fonte de 30 à 35 millimètres d'épaisseur, qui sont maintenues par des rails et des tirants en fer.

La sole est inclinée d'environ $0^m,05$ du côté des ouvreaux pour faciliter le travail.

La charge est introduite par une trémie placée à la partie supérieure du four.

L'autel est traversé d'une pièce de fonte à travers laquelle circule l'air.

Entre la maçonnerie et la poêle on ménage souvent un petit canal par lequel circule l'air. Celle-ci est munie de deux portes de travail. Les joints entre les portes et les ouvreaux sont faits avec un mélange de goudron et de chaux. Toutes les tôles de la poêle doivent être rivées dans la direction des ouvreaux afin que le rebord n'arrête pas le ringard.

Dans un tel four, on cuit 150 kilogrammes de sulfate qu'on retire d'un seul coup en cinquante minutes environ. La production journalière est donc vingt-quatre à vingt-sept pains, d'environ 230 kilogrammes chaque.

FOURS MÉCANIQUES

Les figures 71 à 74 donnent une idée de la construction

d'un de ces appareils, désigné aussi sous le nom de four revolver.

Il se compose de foyers indépendants AA, dont les flammes
arrivent, par une bague suspendue A′, dans le cylindre tournant B, où s'effectuent les réactions. Ce cylindre est en tôle de
12 à 15 millimètres d'épaisseur, doublé intérieurement d'une
maçonnerie B′B′ en briques réfractaires, présentant sept sail-
lies longitudinales en briques, qui brassent la masse. Cette
maçonnerie est souvent plus épaisse aux extrémités qu'au
centre. Le cylindre est mobile autour de son axe horizontal
par l'intermédiaire de deux paires de galets, sur lesquels
roulent les couronnes en fonte F, et d'une roue dentée G
actionnée par un pignon. L'emplacement de la machinerie
est représenté en K. Après avoir traversé le cylindre, la
flamme se rend dans la chambre à poussière C, où se déposent
les matières entraînées par la violence du tirage, puis elle
va chauffer les chaudières D dans lesquelles se produit
l'évaporation des lessives.

Le service des foyers se fait par un terre plein E, C′ est
un regard. La chaudière D est alimentée par le réservoir R,
R″ est un égouttoir pour les sels pêchés. Les liquides provenant de l'égouttage sont recueillis en R′ et de là remontés
en R. H est un carneau conduisant à la cheminée. La charge
renferme un peu moins de calcaire que celle qu'on emploie
dans les fours à bras. A l'usine de South-Shields, on prend
pour 100 parties de sulfate, 90 parties de calcaire et 60 de
charbon.

Pour éviter d'obtenir une soude compacte se lessivant
malaisément, MM. Stevenson et Williamson ont imaginé
d'introduire d'abord dans le cylindre la totalité du calcaire
et les deux tiers du charbon nécessaires à la réaction. Les
blocs de calcaire, saisis par la chaleur, éclatent et se réduisent
en menus morceaux. On met alors le cylindre en marche
jusqu'à ce que le carbonate de chaux commence à se disso-
cier, ce qui se reconnaît à l'apparition de flammes bleues

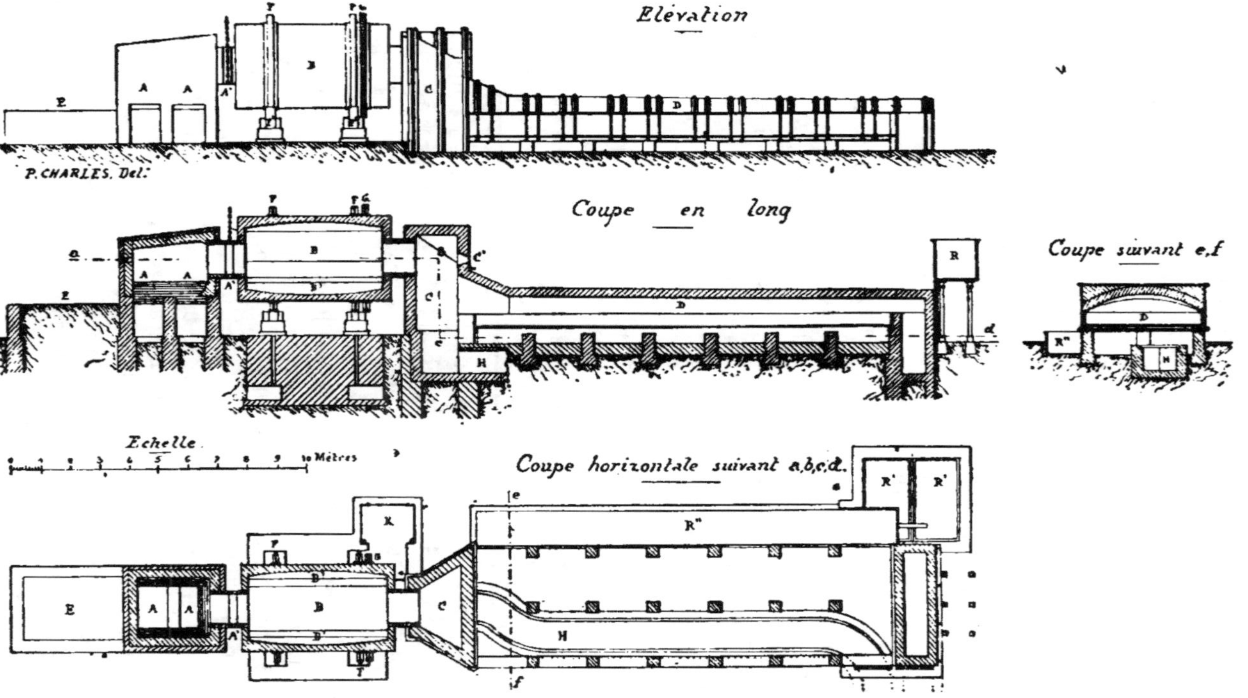

Fig. 71 à 74. — Four tournant (Revolver).

d'oxyde de carbone. Il est important de bien saisir ce moment, car, en poursuivant l'opération, on formerait une trop forte quantité d chaux caustique qui nuirait à la qualité de la lessive. On ramène alors l'ouverture du four en haut, et, au moyen d'une trémie, on y jette le reste du charbon et le sulfate pulvérisé. Pendant le chargement, on diminue le tirage autant que possible pour éviter les entraînements, et on remet le four en marche. Une demi-heure après, le sulfate commençant à fondre, on ouvre le registre et on continue l'opération jusqu'à l'apparition des flammèches jaunes. La conduite se fait comme dans les fours à bras. La réaction terminée, on arrête le four de façon que son ouverture, actuellement fermée par une plaque de tôle à clavettes, se trouve en bas, et on enlève la plaque de tôle; la matière en fusion coule dans des wagonnets où elle se refroidit.

M. Mactear a breveté une autre façon d'opérer, d'après laquelle on introduit dans le four et en même temps, les quantités requises de sulfate, de calcaire et de charbon (en moyenne 100 de sulfate, 78,66 de calcaire et 42 de charbon); puis, à l'apparition des flammèches jaunes, on projette dans la masse un mélange de 14 parties de cendres et machefer des foyers et 6 parties de chaux, ce qui donne à la masse la porosité nécessaire pour le lessivage, après quoi l'on fait tourner rapidement le cylindre pendant cinq minutes avant de le vider. On peut reprocher à ces procédés de produire des soudes brutes trop riches en sulfure de sodium. C'est pour parer à cet inconvénient que M. Weldon a proposé d'ajouter à la fin de l'opération de la craie en poudre, qui réagit plus facilement que le calcaire. Comme d'un autre côté il se forme, pendant la marche du four, du cyanure de sodium (aux dépens de l'azote et du charbon), lequel, lessivé avec le sulfure de fer, donne du ferrocyanure soluble qui se décompose à la calcination et colore les produits, M. Péchiney a proposé d'éviter cet inconvénient par l'addition d'une petite quantité de sulfate de soude vers la fin de l'opération.

$$SO^4 Na^2 + 2CAzNa = Na^2S + CO^3Na^2 + 2Az + CO$$

En somme, la mise en pratique simultanément des procédés Weldon, Péchiney et Mactear, fournit d'excellents résultats particulièrement appréciés en Angleterre.

On est arrivé en Angleterre à produire 50 tonnes de soude par four et par vingt-quatre heures.

Les rendements peuvent être évalués d'après les nombres suivants déterminés par M. Stohmann.

FOUR FIXE	FOUR TOURNANT
Charge	Charge
Sulfate........ 100	Sulfate........ 100
Craie sèche.... 97,5	Craie.......... 97,5
Charbon...... 59,1	Charbon.. ... 55
Produit	Produit
Soude brute . 156,8 156,4 156,4	Soude brute . 157.6 163,6 164,3
Perte en poids 101,8 100,2 100,2	Perte en poids 95,0 89,1 88,3

LESSIVAGE DES PAINS DE SOUDE BRUTE

Les difficultés que présente cette opération, résultent de l'état physique et de la composition chimique du produit soumis au lessivage. En admettant qu'on le prépare avec des proportions invariables de matières premières ayant toujours la même composition, l'on ne peut être assuré de l'obtenir toujours dans le même état, parce que la tempéra-

15.

ture et la durée de la réaction jouent un rôle considérable. L'on doit éviter l'emploi d'une température trop élevée ou d'une durée de traitement trop longue parce que les pains obtenus se lessivent mal, d'un autre côté l'application d'une température insuffisante ou une durée trop minime ne permettent pas d'obtenir la décomposition complète du sulfate et diminuent les rendements.

Une bonne opération doit donner une soude poreuse, percée çà et là de trous, suffisamment résistante pour ne pas céder sous la charge qu'elle supporte pendant le lessivage. Quant à sa composition, elle est très variable. Les deux analyses suivantes en donnent une idée :

	Amiens M. Kolb	Ringhuhl M. Unger
Carbonate de soude . .	44,79	23,57
Sulfate.	0,92	1,99
Silicate.	1,52	—
Aluminate.	1,44	—
Hydrate.	—	11,12
Sulfure de sodium. . .	—	—
Chlorure	1,85	2,54
Chaux caustique. . . .	9,68	7,16
Sulfure de calcium. . .	29,96	27,6
Carbonate de chaux . .	5,92	12,9
Silicate de magnésie . .	—	4,74
Phosphates terreux. . .	—	—
Oxyde de fer.	1,21	—
Alumine	—	traces
Sulfure de fer	—	2,45
Sable.	—	2,02
Charbon.	1,20	1,59
Eau	—	2,10

La soude brute, bien cuite, se fendille à l'air ; sous son influence prolongée elle se modifie peu à peu au détriment de sa qualité. Quand on la traite par l'eau, les différents produits qui la constituent réagissent les uns sur les autres. Parmi les actions qui en résultent, les plus importantes pour le fabricant, sont :

1° Action de la chaux caustique sur le carbonate de soude avec production d'acali libre et de carbonate de chaux .

2° Action du sulfure de calcium sur le carbonate de soude avec production de sulfure de sodium et de carbonate de chaux.

3° Pertes d'alcali d'autant plus considérables que le calcaire entrait en plus fortes proportions dans le mélange. Cette perte résulte, suivant les observations de M. Scheurer-Kestner, de la formation, pendant le lessivage, d'un sel double de calcium et de sodium qui reste dans les marcs sous forme de gay-lussite (carbonate double de soude), répondant à la composition :

Carbonate de soude	35,8
— chaux	33,8
Eau	30,4

La liqueur résultant du lessivage est colorée en vert par suite de la présence d'un sulfure double de fer et de sodium soluble; par exposition à l'air, elle abandonne, sous forme de dépôt, du sulfure noir de fer, qui retient du sulfure de sodium. La théorie [1] et la pratique ont appris depuis nombre d'années que, pour bien travailler, le fabricant doit s'attacher à lessiver rapidement la soude, afin de produire moins de sulfure de sodium et plus de carbonate de soude; or, pour extraire tout le carbonate de soude, il est nécessaire de lessiver complètement la masse. Dans ces conditions, l'épuisement complet et rapide ne peut être effectué que par l'emploi de l'eau chaude et l'on obtiendrait par là de bons résultats si l'accroissement de température n'avait pour effet d'accroître la proportion de soude caustique. On se trouve donc limité par ces conditions : lessiver complètement avec le moins de temps et la moins grande élé-

---

(1) Voir à ce sujet le travail de M. Kolb (*Annales de Physique et de Chimie*, 1866 [4], VIII, p. 135).

vation de température possible. En pratique, l'on a adopté un terme moyen ; on abandonne quelquefois la masse pendant trois à cinq jours à l'air pour permettre à la chaux de s'hydrater partiellement, ce qui facilite le travail, puis on effectue le lessivage méthodiquement avec de l'eau à 35-40° centigrades. L'opération se faisait autrefois dans une série de cuves disposées en gradins. La plus élevée renfermait une soude ayant été lessivée un certain nombre de fois, et presque épuisée, tandis que la dernière était chargée avec la soude brute telle qu'elle. L'eau pure arrivait dans la cuve supérieure et s'écoulait naturellement dans les cuves inférieures. Le dispositif était tel qu'au fur et à mesure de leur saturation progressive, les liquides rencontraient une substance toujours plus riche en soude, ce qui permettait d'obtenir régulièrement des lessives concentrées, qu'on recueillait en bas de la cuve inférieure.

APPAREIL DE M. DESORMES

Avec une semblable installation, il fallait remonter la soude brute incomplètement épuisée, des cuves inférieures dans les supérieures et il en résultait un tassement de la masse qui rendait difficile l'opération du lessivage. C'est pour parer à cet inconvénient que M. Clément Desormes a proposé d'introduire la soude dans des paniers percés qu'on immergeait dans un système de cuves semblable à celui que nous venons de décrire.

Le transport de la soude d'une cuve inférieure dans la supérieure s'obtenait aisément par le transport du panier qui la renfermait. On peut reprocher au système de M. Desormes deux inconvénients : en premier lieu il ne résout que très incomplètement les difficultés qu'il avait pour but de faire disparaître, parce que, chaque fois qu'on soulève les paniers hors des cuves, la soude brute, n'étant plus en équilibre hydraustatique, se tasse de plus en plus. En second lieu, le transport des paniers exige beaucoup de main-d'œuvre. Tandis que dans l'ancien système, on s'appliquait à n'introduire dans les cuves que de la soude bien pulvérisée, dans l'appareil de M. Desormes, au contraire, on l'employait en blocs.

APPAREIL DE M. SHANKS

Les appareils précédents sont aujourd'hui abandonnés et remplacés par un système attribué à M. Shanks, bien qu'il semble avoir été conçu par le professeur Buff[1]. Il est basé sur ce principe de physique, que les hauteurs des liquides dans deux vases communiquants, sont inversement proportionnelles à leur densité; il permet de supprimer la disposition en gradins pour la remplacer par un système de cuves placées horizontalement et dans lesquelles les niveaux sont différents, parce que au fur et à mesure de son passage à travers la soude brute, l'eau se saturant de soude accroît sa densité. Comme cet appareil est à circulation continue, le niveau de la dernière cuve est constamment inférieur à celui de la première, bien que ces récipients soient horizontaux. La différence de niveau est d'autant plus grande que la quantité de soude dissoute est plus considérable; chaque cuve peut occuper un rang quelconque de la série, grâce à un système de communication sur lequel nous allons revenir. On obtient finalement la suppression de la main-d'œuvre nécessitée par le transport des éléments solides d'une cuve

[1] *Bulletin de la Société industrielle de Mulhouse*, 28 février 1868.

dans l'autre et, comme la soude brute ne doit plus être transportée, elle ne perd pas de sa porosité et se laisse facilement lessiver.

Dans le dispositif de M. Shanks, on emploie généralement de grandes cuves en tôle de fer auxquelles on donne une épaisseur de 10 à 15 millimètres pour une hauteur de 2 mètres et un côté carré de $2^m,5$. Le cubage peut d'ailleurs varier suivant les besoins ; l'on doit s'arranger pour disposer de 5 mètres cubes pour lessiver 1 tonne de soude brute par jour. On renforce les bords supérieurs des cuves par des cornières et souvent on en consolide les parois verticales au moyen de fers plats ou de rails. On les dispose le plus généralement sur le sol même de l'usine, plus rarement sur des piliers, dispositif qui permet d'apercevoir les fuites quand elles se produisent. A 20 ou 25 centimètres au-dessus du fond de la cuve se trouve, en F (fig. 75), un faux fond rapporté, percé de trous (diamètre $0^m,006$, écartement des centres 0,075 à $0^m,10$) sur lequel on place d'abord un lit de mâchefer, en morceaux de la grosseur du poing, qu'on recouvre lui-même de morceaux plus petits de manière à constituer une sorte de filtre de 70 à 80 millimètres d'épaisseur, sur lequel on vient placer les morceaux de soude jusqu'à l'orifice d'écoulement. Une série se compose généralement de quatre à six de ces cuves que l'on peut disposer en carré ou aligner en une seule série. Ce dernier dispositif paraît nécessiter moins d'emplacement pour le travail qui, d'ailleurs, est le même quel que soit le cas. La figure 75 représente un système de quatre cuves ABCD disposées en carré. Au commencement d'une opération, D est par exemple rempli de soude fraîche et A renferme de la soude épuisée, B et C contiennent des soudes ayant des richesses intermédiaires. La lessive rassemblée dans l'espace réservé entre le fond et le faux fond de chaque cuve, peut passer dans la cuve voisine par le tube T ou au dehors par l'embranchement horizontal dd, qui doit être placé à 50 centimètres plus bas que le niveau supérieur du liquide dans les cuves, pour qu'il puisse fonctionner même avec des variations de niveau, ce qui est indispensable pour obtenir une circulation (la différence entre le niveau supérieur et le niveau inférieur des liquides dans les quatre cuves ne varie guère plus que de 0,4 à 0,45). L'eau tiède (35 à 40°) arrive par le robinet *r* en A et déplace constamment, pour les renvoyer dans la cuve voisine, les portions les plus denses de lessives, si bien que le lessivage s'effectue d'une façon parfaite. On règle le robinet *r* de façon que les lessives qui s'é-

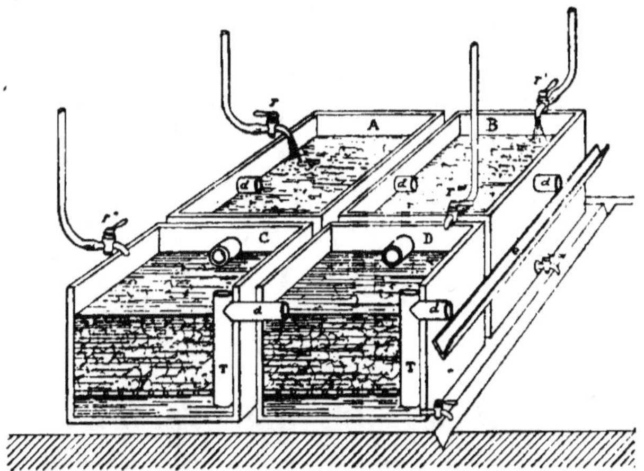

Fig. 75. — Appareil à lixiviation méthodique de M. Shanks.

coulent aient 1,20 à 1,26 de densité. Lorsque celle-ci diminue, on arrête l'arrivée d'eau en *r* et comme la soude de A est complètement épuisée (à peu de chose près) on vide, le liquide qu'elle contient, par le robinet du bas, et on l'envoie en B qui devient dès lors le premier terme de la série. On vide A et on charge avec de la soude fraîche; cette cuve devient, par ce fait, le dernier terme de la série. Les lessives concentrées s'échappent de la dernière cuve dans la conduite *e* qui les mène à des réservoirs spéciaux.

Les résidus solides qui restent au fond des bacs de lessivage constituent les marcs ou charrées de soude. On en tire parti de la façon que nous indiquons plus loin (Voyez page 321).Les liquides produits dans cette opération ont une densité de 24 à 30° Baumé ; ils tiennent en suspension des particules solides qu'on en sépare en clarifiant par repos dans les bacs de décantation. Ces bacs doivent être établis dans un local chaud (40°) afin que la lessive ne cristallise pas. La température nécessaire est toujours empruntée aux chaleurs perdues, soit qu'on établisse les réservoirs au-dessus du magasin où refroidissent les pains de soude, soit que l'on emploie à les échauffer, les gaz qui s'échappent des poêles d'évaporation. Les liqueurs s'éclaircissent en abandonnant une boue, qui, suivant M. Davis, est composée de :

Silice	23,6
Alumine	18,44
Oxyde de sodium	13,12
Sulfure de fer	5,84
Sulfure de calcium	38,00

PURIFICATION DES LESSIVES

Les lessives, privées de leur dépôt, renferment un certain nombre d'impuretés dont deux sont particulièrement nuisibles à la qualité des produits fabriqués. Ce sont les sulfures et les ferrocyanures, surtout ces derniers qui, à la calcination, colorent les sels de soude en jaune. Leur élimination peut être effectuée de diverses façons :

DESTRUCTION DES FERROCYANURES

On obtient de bons résultats en employant le procédé de
M. Williamson modifié par MM. Carey, Gaskell et Hurter [1]
(brevet anglais 5.310 du 5 décembre 1881) et qui consiste à
faire passer les lessives dans des serpentins chauffés à 195°
en les soumettant à une pression suffisante pour éviter l'ébullition. Comme le carbonate de soude est moins soluble à 195°
qu'à 105°, il faut avoir soin de ne pas opérer sur des liqueurs
trop concentrées. La destruction des ferrocyanures, produit
un précipité très fin de sulfure ou d'oxyde de fer, qui se sépare malaisément du liquide. Pour parer à cet inconvénient,
MM. Deacon et Gaskell, dans leur brevet [2] du 5 décembre,
proposent de carbonater d'abord les lessives pour en séparer
la silice et l'alumine, puis de les caustifier légèrement (par
addition de soude caustique ou d'hydrate de chaux), afin de
faciliter le dépôt du sel de fer. Quand on emploie l'hydrate
de chaux, on doit filtrer avant de surchauffer, puis refroidir
rapidement par un courant d'air. De cette façon le précipité
d'oxyde et de sulfure de fer se sépare aisément.

DÉSULFURATION DES LESSIVES

On a utilisé, pour la désulfuration des lessives, la propriété qu'ont les divers sels de soude, tels que le chlorure
et le sulfate, de diminuer la solubilité du sulfure double de
fer et de soude. Depuis, on a proposé d'oxyder le soufre ou

(1) *Moniteur scientifique Quesneville*, 1883, p. 564.
(2) *Moniteur scientifique Quesneville*, 1883, p. 565.

de le faire passer à l'état insoluble en le combinant avec les oxydes métalliques. Dans ce dernier ordre d'idées, on a employé notamment l'oxyde de zinc (Scheurer-Kestner), mais il semble aujourd'hui qu'on préfère généralement les procédés d'oxydation. C'est M. Hargreaves qui, le premier, a appelé l'attention sur l'oxydation des lessives au moyen d'une trompe à vapeur. M. Pauli a perfectionné ce mode de faire et a proposé un procédé auquel M. Scheurer-Kestner a donné la sanction de la pratique. Il consiste à faire agir la vapeur en présence d'une petite quantité d'oxyde supérieur de manganèse récemment précipité. La présence de cet oxyde hâte considérablement les phénomènes d'oxydation et diminue, dans de larges proportions, la quantité de vapeur nécessaire. L'oxyde utilisé peut être produit en précipitant un sel de manganèse par la chaux à la faveur d'une insufflation d'air. Avec ce procédé, il est rare qu'on parvienne.à transformer totalement les sulfures en sulfates. Quand ce résultat doit être atteint, il faut faire la purification par voie électrolytique [1] (brevet de M. Merle, 1875); cependant, M. Hurter dit avoir essayé d'employer ce dernier procédé industriellement sans obtenir les résultats qu'avaient fait espérer les essais de laboratoire.

La purification des lessives sulfurées peut également être obtenue par simple carbonatation (Beringer). L'avantage de ce procédé est de précipiter la silice et l'alumine à l'état de silicate d'alumine [2] et de transformer la soude caustique en carbonate de soude. Le gaz carbonique employé provient de la calcination du calcaire ou de la combustion du coke. Il peut être mêlé à un excès d'air. Le contact entre le liquide et les gaz doit être intime. Parmi les ingénieuses combinaisons proposées, citons celles de M. Ungerer [3]. Elle consiste en un cylindre clos, rempli de cordes tendues verticale-

(1) Scheurer-Kestner, *Moniteur Quesneville*, 1880, p. 795.
(2) Scheurer-Kestner, *Répertoire de chimie appliquée*, III, p. 446.
(3) Brevet français du 10 mars 1873.

ment, le long desquelles le liquide, arrivant à la partie supérieure, circule, tandis que les gaz marchent en sens inverse. Les incrustations qui se forment sur les cordes se détachent quand on les secoue. Si, pendant cette opération, on veut concentrer les liquides, on les soumet à l'action du gaz carbonique chaud.

Dans quelques usines, on désulfure les lessives en ajoutant, pendant le lessivage de petites quantités de chaux vive dans les bacs de lessivage.

Quel que soit le procédé adopté, les lessives de soude obtenues comme nous venons de le voir, subissent des traitements essentiellement différents suivant qu'on se propose d'obtenir des sels de soude caustiques ou carbonatés.

PRÉPARATION DES SELS DE SOUDE CAUSTIQUES PAR ÉVAPORATION A SEC

La figure 76 représente un four dit « marseillais » employé à cet usage. Il est muni de deux bassins en tôle BB'

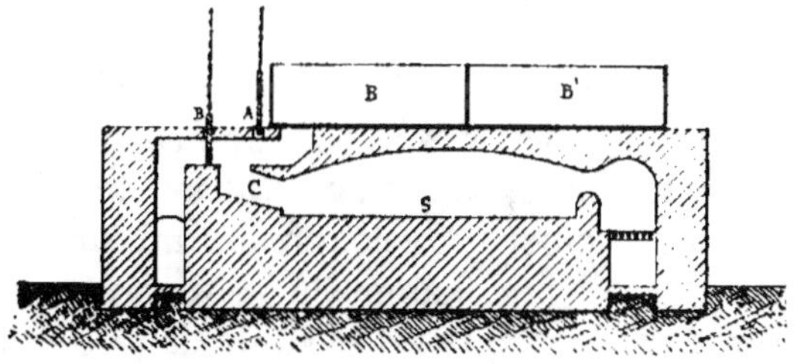

Fig. 76. — Four marseillais.

chauffés par la chaleur perdue du four et dans lesquels on introduit la lessive provenant de l'épuisement de la soude brute ; là elle se concentre jusqu'à 33 à 34° Baumé.

Le four proprement dit est un réverbère caractérisé par la distance relativement grande qui existe entre la voûte et la sole S, dispositif qui permet de chauffer surtout par rayonnement et d'éviter que la substance étalée sur la sole ne soit salie par la flamme.

Comme dimensions, on peut adopter les suivantes [1] :

Sole (ellipse tronquée aux deux bouts) : largeur au milieu 3 mètres, aux extrémités $1^m,40$.

Longueur $4^m,50$, hauteur des piédroits supportant la voûte et formant la cuvette $0^m,80$, flèche de la voûte $0^m,30$, élévation de l'autel au-dessus de la sole $0^m,70$, au-dessus de la grille du foyer $1^m,15$, épaisseur $0^m,65$.

Le foyer, parallèle à la longueur du four, mesure $1^m,70 \times 0^m,60$. Un seul ouvreau de travail. Lorsque la sole est faite en briques, elle doit être recouverte d'une épaisse couche de sel de soude déjà desséché. Cette précaution est moins importante à observer quand la sole est formée par des dalles de fonte placées de champ et très serrées. Les liquides siphonnés des chaudières d'évaporation B,B' arrivent sur la sole du four au moment même où l'ouvrier vient d'activer convenablement le feu et de manœuvrer les coulisses A et B, maintenant celle-là fermée et celle-ci ouverte, de façon que les gaz produits sur la sole puissent, passant par C, soient dirigés directement dans la cheminée de l'usine. Comme à ce moment le feu du foyer est très vif, l'évaporation se fait activement en S, qui ne tarde pas à se recouvrir d'une couche semi-pâteuse de sel de soude. Alors, on ne doit plus toucher au foyer, pour éviter les entraînements de cendres, diminuer la chaleur à l'intérieur et avoir une flamme bien oxydante. On ferme B et on ouvre A, si bien que les produits de la combustion circulent sous les bassins B et B' qu'ils échauffent. Avec un râteau de fer, l'ouvrier casse constamment la croûte rougeâtre qui recouvre la sole du four.

[1] Lunge et Naville, *Traité théorique et pratique de la fabrication de la soude*, t. III, p. 2.

Lorsque la masse commence à durcir, on doit la ringarder et la réunir en un tas placé assez loin du foyer. Comme il faut éviter la fusion du sel, il est bon de ne point dépasser la température de fusion du plomb.

Le sel de soude, étant devenu tout à fait blanc, est écrasé et granulé ; après avoir constaté qu'il ne noircit plus le plombate de soude, ce qui prouve la désulfuration complète, on le retire par la porte de travail d'où on le fait tomber dans des wagonnets en tôle. Après refroidissement, on passe au crible et on pulvérise à part les gros morceaux qui ne doivent pas être trop volumineux.

Les produits ainsi obtenus, renferment une assez forte proportion de soude caustique (en moyenne de 10 à 20 0/0). Ils sont souillés par la présence de sels de soude tels que sulfate, sulfite, aluminate, silicate, etc., et contiennent, de plus, de petites quantités de péroxyde de fer.

Remarque. — Pour obtenir des sels bien blancs, on a constaté qu'il fallait éviter de faire bouillir les lessives pendant leur concentration. La lessive de soude ne doit pas être introduite dans le four avant qu'elle ait fait la *toile*, c'est-à-dire qu'elle se soit recouverte d'une pellicule de sels. On ne la décantera que jusqu'à 20 ou 25 centimètres du fond. Les lessives ne doivent pas séjourner trop longtemps dans les bacs de concentration, autrement elles donnent des sels jaunes.

Tous les huit ou dix jours, il faut décroûter le four. L'opération consiste à le chauffer, de façon à ramollir les sels déposés sur les bords, morceaux qu'un ouvrier habile détache avec un ringard en ayant bien soin de ne pas endommager la maçonnerie.

PRÉPARATION DES SELS DE SOUDE PAR PRÉCIPITATION FRACTIONNÉE

Ce procédé consiste à concentrer les lessives jusqu'à ce qu'elles déposent du carbonate de soude monohydraté, plus ou moins pur suivant les circonstances. Les liquides soumis à l'évaporation étant de compositions complexes, la solubilité du carbonate de soude qu'elles renferment se trouve fortement influencée par la nature et la quantité des impuretés qui l'accompagnent. Il résulte des expériences de M. Kolb[1] que, dans une solution renfermant à la fois du sulfate, du carbonate, du chlorure de sodium et de la soude caustique, le sulfate tend à se déposer le premier et d'autant plus rapidement que la solution est plus caustique.

L'hydrate de soude élimine successivement tous les autres sels en s'accumulant dans les lessives.

La précipitation du carbonate de soude, d'abord retardée par celle du sulfate, croît et reste stationnaire si les lessives renferment peu de sulfate; elle redescend rapidement lorsque le sel marin et la soude caustique l'influencent.

La concentration des lessives peut être effectuée de deux façons suivant qu'on chauffe par le fond ou à la surface du liquide à évaporer. La première façon de faire exige un travail moins pénible pour les ouvriers; elle permet d'obtenir des sels de soude plus purs, mais les chaudières sont placées dans de mauvaises conditions parce que leur fond peut subir des coups de feu qui le détériorent; de plus, la chaleur est mal utilisée. Lorsque l'évaporation s'effectue en chauffant à la surface du liquide, le combustible est mieux utilisé et les

(1) Kolb, *Annales de Physique et de Chimie*, 1866, X, p. 106.

appareils moins endommagés, mais les lessives se trouvent souillées par les impuretés emportées par les gaz du foyer; en outre, une partie de la soude est transformée en sulfite de soude par l'action des gaz sulfureux que contiennent les produits de la combustion, et ce sulfite ne tarde pas à se transformer en sulfate.

Les chaudières d'évaporation sont en tôle [1]; leur fond doit ère dépourvu d'arrêtes saillantes qui gêneraient le mouvement des outils. On en rencontre diverses formes. Les chaudières ordinaires présentent une particularité qui consiste en un fond courbé de telle sorte, qu'il produit sur l'un des côtés une rigole placée en dehors du parcours des gaz du foyer, et dans laquelle on réunit les sels pêchés, d'où on les extrait aisément. La chaudière de M. Gamble a la forme d'un bateau, c'est-à-dire que sa profondeur, plus grande au centre, décroît vers les bords. La partie médiane se trouve protégée, par une murette, de l'action des gaz du foyer qui ne circulent par conséquent que le long des deux parties inclinées. Ce dispositif réserve au centre une sorte de cavité dans laquelle on réunit les sels précipités. On trouve généralement que ce dispositif est moins commode que le précédent. Une telle chaudière a habituellement 10 mètres de long sur 2 mètres à $2^m,50$ de large.

Le pêchage des sels est une opération pénible que M. Thelen a tenté de rendre automatique. L'appareil qu'il emploie, à cet effet, consiste en une chaudière demi-cylindrique dans laquelle se meuvent les racloirs F et G disposés sur un arbre placé suivant l'axe de la chaudière. Les sels pêchés sont rejetés à l'extérieur par une palette qui les renvoie sur un plan incliné. Les figures 77 à 79 montrent cet appareil. Suivant la disposition adoptée pour le travail de concentration, on obtient à volonté un nombre plus ou moins grand de sels de soude à divers degrés. Ainsi, lorsque l'on dispose de six

(1) Pour les liquides très alcalins, on emploie des chaudières en fonte.

chaudières, l'on peut facilement retirer des trois premières du sel riche carbonaté à 90° jusqu'à ce que, les sels pêchés devenant moins purs, l'eau soit envoyée dans les deux chaudières suivantes où elle abandonne un sel marquant de 80 à 85° [1]. Les eaux-mères sont réunies dans la sixième poêle où elles laissent déposer un sel à 70-75° [2].

Lorsque la concentration est effectuée, en chauffant la surface du liquide, on utilise toujours, à cet effet, la chaleur perdue du four à soude. Un carneau de secours sert à faire passer la flamme au-dessous de la chaudière chaque fois que la pêche du sel s'effectue. Des ouvreaux ménagés le long de la poêle d'évaporation permettent de retirer ces sels. Le liquide évaporé est constamment remplacé par de nouvelles eaux sodiques, et l'on ne vide la chaudière que toutes les vingt-quatre heures. Les croûtes salines qui se forment à la surface du liquide doivent être brisées de temps à autre au moyen d'un râteau. Lorsque la matière a pris la consistance d'une bouillie, l'ouvrier ouvre les portes, laisse le liquide draîner pendant un moment par la fente, puis il enlève la porte et retire le sel qu'il place dans le filtre. Les sels ainsi obtenus doivent être laissés à l'égouttage au moins pendant deux ou trois jours. Les eaux-mères sont généralement évaporées à part et fournissent un sel de seconde qualité pouvant titrer de 75 à 80°. Quant à l'eau-mère du second sel brut, elle retourne à la chaudière.

Avant de calciner le sel brut, on peut le purifier plus ou moins complètement, soit en le lavant sur le filtre avec une petite quantité d'eau, soit en le passant à la turbine, soit en le soumettant à un clairçage méthodique ou encore en injectant, sous le faux fond des réservoirs, un jet de vapeur qui, en se condensant, entraîne les impuretés que l'on retrouve dans les liquides.

---

[1] Ce sel calciné a 6 à 10° de causticité.
[2] Ce dernier sel a 15° de causticité.

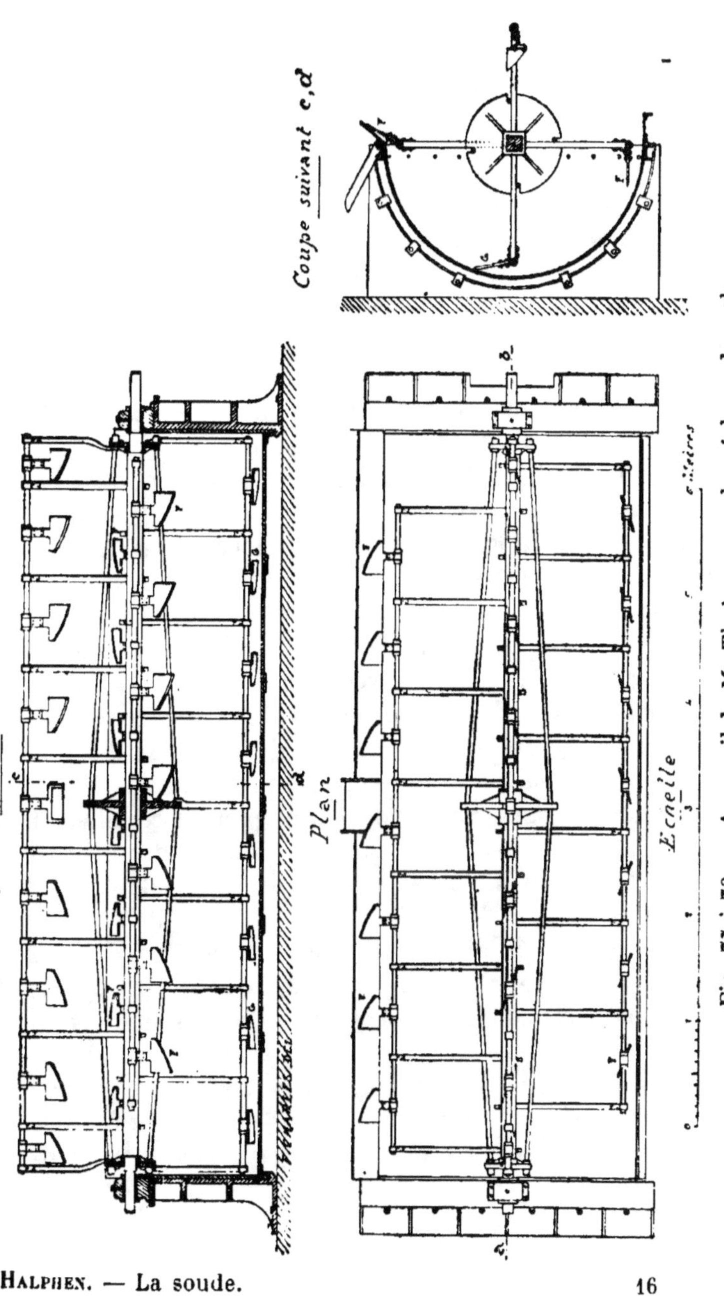

Fig. 77 à 79. — Appareil de M. Thelen pour le péchage des sels.

CALCINATION DES SELS PÊCHÉS

Les sels pêchés peuvent être ou complètement carbonatés ou caustiques : ils sont complètement carbonatés quand ils ont pris naissance au sein d'un liquide préalablement carbonaté ou encore quand ils proviennent des premiers pêchages ; les sels de soude qui proviennent de l'évaporation de lessives caustiques, aussi bien que ceux qui ont été pêchés en dernier lieu, sont caustiques. La calcination des premiers de ces sels se réduit à une simple dessication et ne présente aucune difficulté. Pendant la dessication, on a soin de distribuer la matière sur la sole du four à réverbère employé pour cet usage. L'opération se termine par un coup de feu dont le but est de détruire les sulfures et les matières organiques.

Les sels caustiques sont quelquefois calcinés directement. L'opération doit être menée avec soin à cause de la fusibilité de l'alcali ; le produit obtenu, n'ayant pu subir le coup de feu, renferme toujours du charbon et des sulfures. Le plus généralement, on fait, en même temps que la calcination, la carbonatation des sels caustiques. On emploie à cet effet un four à réverbère muni de deux soles disposées à des niveaux différents. Sur la plus élevée on place le sel préalablement mélangé à une quantité convenable de sciure (10 à 25 0/0 suivant sa richesse en alcali); là il se dessèche; lorsqu'il ne dégage plus de vapeur d'eau, on le fait tomber sur la sole inférieure où il est soumis à une température de 350° environ. Pendant ce temps, le mélange doit être soigneusement brassé afin d'obtenir la complète carbonatation de l'alcali libre. Il ne reste plus alors qu'à donner le coup de feu nécessaire pour détruire les matières organiques et les sulfures.

Quelques industriels ont tenté de substituer au travail manuel, le travail mécanique. C'est grâce aux efforts de MM. Napier, Churchill, Schofield et Mactear que ce problème a pu recevoir une solution pratique par l'emploi de fours spéciaux.

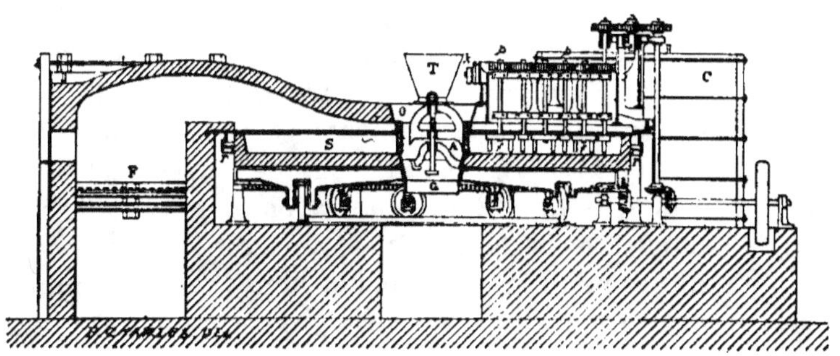

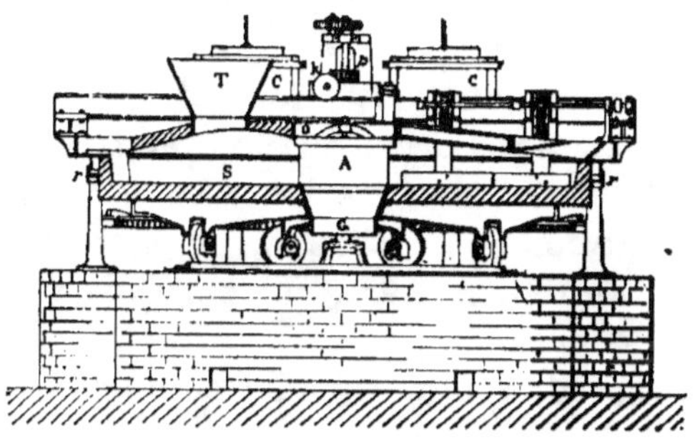

Fig. 80 et 81. — Four mécanique à carbonater de M. Macteard.

Le four carbonateur de M. Mactear (fig. 80 et 81) est un four à réverbère composé de 2 parties, l'une fixe, l'autre mobile. La partie mobile consiste en une sole tournante S, en tôle garnie de briques réfractaires, reposant sur seize bras en fonte qui rayonnent autour d'une ouverture centrale. Chacun de ces bras en fonte porte une roue circulant sur un rail sans fin. La rigole r, formée par la couronne extérieure en tôle que porte le bord redressé de la sole et par une bague toute en tôle portée par la coupole, est remplie de sel et forme un joint hermétique. La coupole, très surbaissée, n'a que 45 centimètres de flèche; elle est supportée par des piliers en fonte. Au centre de l'appareil se trouvent deux ouvertures O et G pratiquées l'une dans la sole et l'autre dans la voûte du four. Elles sont fermées, pendant le travail, par une bague A. Cette bague, en fonte garnie de briques réfractaires, est munie d'une bonne armature en fer ; elle tourne avec le four. Le brassage de la masse est effectué par des fourches à deux bras ff' portées par des tiges verticales passant par une fente pratiquée en rayon dans la voûte du four. La hauteur de ces fourches est variable; elle se règle par un jeu de crémaillères k. Le mouvement leur est communiqué par des pignons égaux pp engrenant ensemble. La charge s'introduit par la trémie T; deux foyers F échauffent le four. Les flammes s'échappent par les carneaux C. La calcination terminée, on défourne la masse en soulevant, au moyen d'une chaîne, l'anneau de fonte A (manœuvre qui a pour résultat de mettre à découvert le trou central G de la sole) et en arrêtant les brassoirs dans une position oblique telle que le mouvement de rotation de la sole, suffise à pousser vers le centre la matière, qui tombe dans des wagons circulant sous le four.

Ces appareils produisent de 15 à 20 tonnes de sel de soude par jour.

Avant d'être livrés au commerce, les sels de soude sont broyés dans des moulins de formes diverses. Le broyage doit toujours être fait avant que le sel ne soit tout à fait froid ; il est d'autant plus malaisé à effectuer que le carbonate est plus caustique. Après le broyage, le sel est tamisé puis entassé mécaniquement dans des barils. Sous cette forme, il occupe moins de place qu'en morceaux.

EMPLOI ET TRAVAIL DES EAUX ROUGES

Les eaux rouges qui restent après le pèchage des sels sont des solutions alcalines, riches en sulfures, que l'on peut employer pour fabriquer la soude caustique [1]. Lorsqu'on veut en retirer le sel carbonaté, on les soumet d'abord à une carbonatation par voie humide, en employant l'un des procédés dont nous avons parlé pour les lessives ; puis, comme cette action ne peut jamais être complète, on termine en calcinant dans le four avec de la sciure.

RAFFINAGE DES SELS DE SOUDE

Quelques branches spéciales de l'industrie demandent, pour l'emploi, des sels de soude très purs. C'est ainsi, qu'en particulier, les fabricants de gobletterie réclament des matières exemptes de fer.

Pour obtenir de tels produits, on emploie de préférence des sels de soude ne renfermant que peu ou pas de ferrocyanure, de sulfure et d'alcali libre.

Le carbonate à raffiner est introduit dans un panier A que l'on suspend dans une cuve représentée par la figure 82. Elle est formée d'une caisse en tôle munie d'un robinet r qui amène l'eau, d'un tuyau de vapeur V et d'un tuyau de vidange e. On fait arriver l'eau et on fait bouillir au moyen d'un jet de vapeur. La dissolution s'effectue aisément ; lorsqu'on a constaté la présence du fer au minimum, des sulfures ou des sulfites, on oxyde les uns et les autres par l'addi-

(1) Voyez l'article : *Soude caustique*, p. 313.

16.

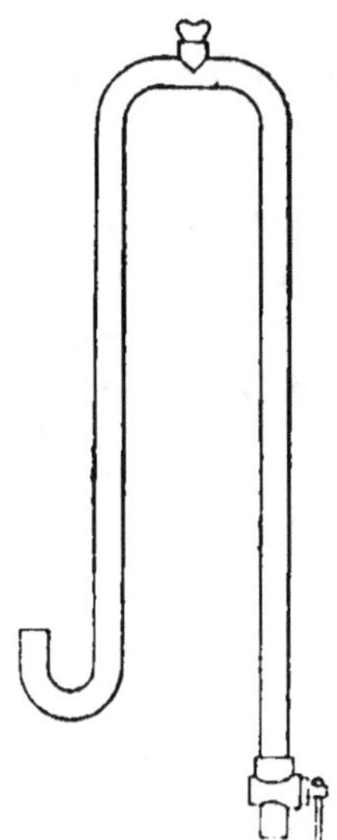

Fig. 82. — Siphon.

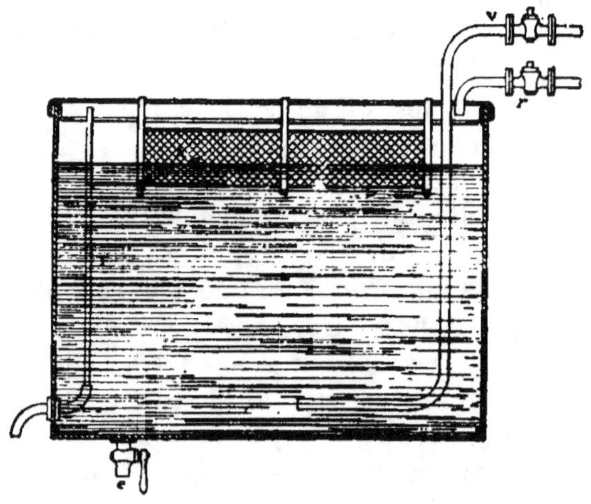

Fig. 83. — Dissolution du sel de soude.

tion d'une quantité convenable de chlorure de chaux. Après
repos, on sépare la lessive claire du dépôt insoluble, soit
par l'emploi d'un siphon recourbé comme celui que montre
la figure 82 et qu'on peut désamorcer par la petite tubulure
supérieure, soit au moyen d'un tube T tournant autour d'une
articulation sur laquelle il est ajusté dans la cuve de dissolution (fig. 83), ce qui permet de l'abaisser à volonté. Ces
deux dispositifs ont le même but : permettre la décantation en évitant l'entraînement du dépôt insoluble. La

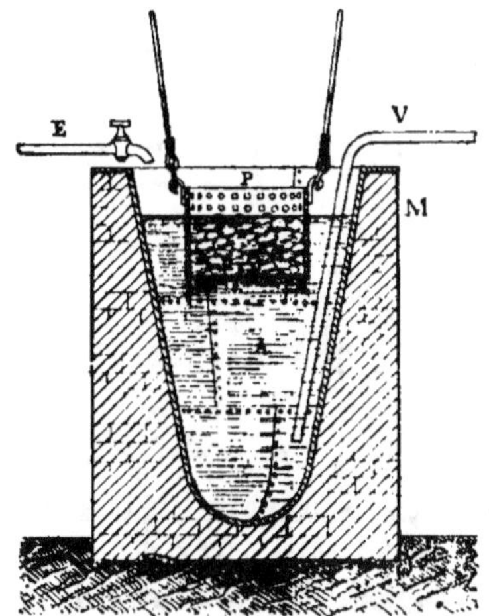

Fig. 84. — Dissolution du sel de soude.

forme des chaudières de dissolution est assez variable. Pour
les fortes productions on utilise fréquemment l'appareil représenté figure 84. Il se compose d'une grande chaudière
conique A protégée contre le rayonnement par une enveloppe
en maçonnerie M. On la remplit aux trois quarts avec de l'eau
qu'amène le robinet E. On charge de sel de soude le panier
P que des poulies permettent de soulever ou d'abaisser à
volonté et on l'immerge dans l'eau en maintenant son bord
supérieur au-dessus du niveau du liquide. On provoque

l'ébullition du liquide par l'envoi au moyen du tube V d'un jet de vapeur. Comme, pendant le chauffage, la liqueur augmente de volume, il faut veiller à soulever de temps à autre le panier P de façon à maintenir sa partie supérieure au-dessus de l'eau. Lorsque la dissolution est effectuée, on enlève le panier, on ferme la partie supérieure de la chaudière et on laisse clarifier. Ces chaudières sont parfois munies d'agitateurs à palettes.

Quel que soit le mode de dissolution adopté, les lessives marquant à chaud 31 à 35° Baumé sont envoyées dans des bassins de clarification où elles achèvent de se débarrasser des parties insolubles. La concentration et la calcination de ces sels de soude s'effectuent de la même façon que pour les sels de soude ordinaires.

PRÉPARATION DES CRISTAUX DE SOUDE

On emploie pour cette préparation des sels de soude qu'il y a intérêt à choisir assez purs. Après les avoir dissous dans l'eau, comme s'il s'agissait de produire des sels raffinés, on purifie les lessives qui en résultent au moyen du chlorure de chaux. Les liquides chauds, qui doivent alors marquer de 30 à 35° Baumé, sont envoyés dans des réservoirs où ils achèvent de se clarifier par un dépôt d'environ trois jours à une température qui doit atteindre 38° (point de solubilité maximum du carbonate de soude).

Ces réservoirs, qui ont généralement 3 mètres de côté ou de diamètre sur 2 de profondeur, sont entourés d'une maçonnerie où circule l'air chaud provenant d'un calorifère. Ils portent à leur partie inférieure un robinet de vidange. Chacun d'eux peut traiter de 30 à 35 tonnes de sel de soude par semaine.

Les liquides clairs, soutirés, sont immédiatement envoyés dans des cristallisoirs, qui peuvent être en fonte ou en tôle, mais qui ne doivent pas avoir une grande profondeur.

Leur forme varie suivant les usines. On emploie aussi bien des bassins rectangulaires (long. $=$ 6 mètres, larg. $=$ 2 mètres, prof. $=$ $0^m,68$) que des cuvettes, $D = 3$ mètres; prof. $0^m,63$. Les cristallisoirs portent généralement un robinet de vidange à leur partie inférieure. Il est avantageux de les incliner légèrement vers cet orifice de sortie pour permettre un écoulement facile des eaux-mères. Pendant la cristallisation le trou de bonde reste fermé par une tige en fer. La

Fig. 85. — Cristallisoir pour la soude.

figure 85 représente un de ces réservoirs dont les dimensions de la surface sont $2^m,10 \times 2^m,74$. On peut y introduire assez de lessive pour en extraire 1.400 kilogrammes de cristaux par opération (chaque opération demande environ sept jours).

On dispose les bassins de façon que l'air circule librement sous leur fond et on les place de préférence en un endroit frais.

Dans les pays où la température est assez élevée, on doit restreindre les dimensions des cristallisoirs; c'est pourquoi on emploie fréquemment, en France, des cuvettes de fonte ayant 50 centimètres de diamètre sur 20 de profondeur. On les place les unes au-dessus des autres sur des étagères et, pour économiser la main-d'œuvre, on y amène la lessive par des tuyaux de caoutchouc.

On amorce la cristallisation en suspendant sur les bords du

cristallisoir des bandes de tôle entre-croisées ou non, qu'on maintient à la surface du liquide. La cristallisation produit un sel correspondant à la formule $CO^3Na^2 + 10H^2O$ renfermant 63 0/0 d'eau. Lorsqu'elle est terminée, on débouche le trou de vidange et, grâce à la légère pente donnée à l'appareil, on laisse les eaux-mères s'écouler dans des rigoles qui les conduisent dans des réservoirs spéciaux, d'où on les puise, pour les évaporer et les calciner, afin d'obtenir des sels caustiques qui titrent de 40 à 60° alcalimétriques.

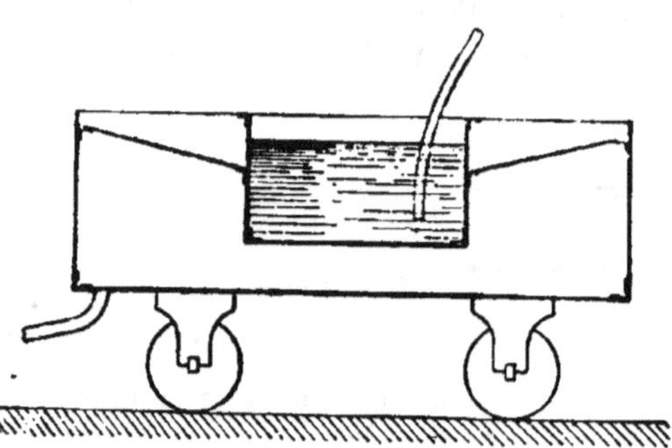

Fig. 86. — Chariot.

Quant aux cristaux, séparés de leur eau-mère, on les casse à coups de maillet et de ciseau et on les transporte sur une aire inclinée, en bois, où ils achèvent de se débarrasser de leur eau-mère et d'où on les enlève parfois pour les placer dans des séchoirs dont la température ne doit pas dépasser 15 à 18°.

En France, on fait avantageusement usage de l'appareil suivant, qui est très commode, pour enlever les cristaux formés.

Il se compose d'un chariot (fig. 86) muni en son milieu d'une caisse remplie d'eau maintenue chaude par un jet de vapeur amené par un tuyau de caoutchouc. Une tubulure déverse les eaux-mères dans les rigoles qui leur sont réservées, tandis que les deux extrémités sont munies de grillages métalliques en fil de fer de 0,006 à 0,008. Lorsbue la cristallisation est effectuée dans les cuvettes, on les retourne sur les grilles, on crève la croûte cristalline et on laisse l'eau-mère s'écouler, après quoi on plonge la marmite dans le compartiment à eau chaude ; il se produit par là un commencement de fusion des cristaux, et il suffit de retourner le cristallisoir pour en faire tomber le pain cristallisé, qu'on laisse égoutter sur une grille inclinée, en bois, et que l'on dessèche le lendemain à 15 ou 18°· Dès que les cristaux commencent à s'effleurir, on met en barils.

Rendements, composition et prix de revient des matières résultant de la fabrication de la soude.

I. — *Sulfate de soude et acide chlorhydrique.*

La mise en œuvre de sel, renfermant de 5 à 7 0/0 d'humidité, produit de 111 à 106 de sulfate pour 100 de sel au lieu de 115,37 à 112,9, nombres théoriques.

La transformation de 100 de sel en sulfate, exige en moyenne les proportions suivantes d'acide sulfurique :

Dans les fours à réverbère 104 à 106 d'acide sulfurique à 60°.

Dans les fours à moufle 101,5 à 103 d'acide à 60°.

Dans les fours doubles à soude et à sulfate, 122 à 123 d'acide à 60°[1].

Les fours mécaniques sont ceux qui emploient le moins d'acide.

Le produit fabriqué a une richesse, en sulfate pur, variable avec la nature du sel mis en œuvre et le soin apporté à sa fabrication. Le tableau suivant donne la composition de quelques-uns de ces produits :

(1) En réalité c'est de l'acide à 53° qu'on emploie. Nous avons transformé par le calcul pour l'exprimer en acide à 60°.

NATURE DES Éléments	SULFATE BELGE		SULFATE ALLEMAND		
	CUVETTE EN FONTE	CUVETTE EN PLOMB	NIENBOURG	LUNEBOURG	OKER
	M. Chandelon		M. Theil Kuhl		
Sulfate de soude	94,10	93,29	96,45	95,19	84,56
— chaux..........	0,84	0,86	»	»	»
— magnésie.......	0.35	0,77	»	»	»
— d'alumine......	0,16	0,41	»	»	»
— péroxyde de fer.	0,97	0,14	0,50	0,30	1,60
— de plomb.......	»	0,05	»	»	»
Silice.	»	»	»	»	»
Sesquioxyde de fer.......	»	»	»	»	»
Alumine.................	»	»	»	»	»
Chlorure de sodium......	0,14	0,37	1,50	0,03	»
Acide sulfurique en excès	2,52	1,30	0,17	2,67	10,60
Eau.....................	0,48	0,29	0,84	1,7 4	2,94
Insoluble	0,42	0,51	0,20	0,10	0,20
Totaux...	99,08	99,99	99,66	100,03	99,90

	SULFATE ANGLAIS						SAINT-GOBAIN			DE STASSFURT
	CUVETTES EN FONTE			Four à moufle	Four à reverbère	Appareil Hargreaves ordinaires	Ordinaire pour soude	pour soude et verreries marque R	pour glaceries	
	M. Chandelon	M. Browe	M. Tate	M. Davis	M. Davis	M. de Walque	M. Naville	M. Naville	M. Naville	
	93,15	96,22	95,25	94,39	96,14	»	92,83	97,60	93,11	94,97
	1,21	0,07	1,25	1,14	1,15	»	0,97	1,11	1,22	1,1
	»	0,29	»	»	»	»	»	»	0,65	»
	0,15	»	»	»	»	»	0,31	0,55	0,33	»
	0,75	0,23	»	1,49	1,47	»	0,66	0,09	0,51	»
	»	»	»	»	»	»	»	»	»	»
	»	»	0,50	»	»	»	»	»	»	0,07 à 0,04
	»	»		»	»	0,067	»	»	»	»
	»	»	»	»	»	»	»	»	»	»
	1,66	1,09	1,75	2,63	0,23	0,03	1,89	0,17	1,75	2,5-1,6
	1,44	0,88	1,00	0,95	1,82	0,306	1,42	0,19	1,00	»
	1,28	»	0,25	0,09	»	»	1,32	0,36	0,81	»
	0,26	0,31	»	0,04	0,07	»	0,57	0,13	0,42	2,2-0,3
	99,90	99,99	100,00	100,1	100,86		99,97	100,20	99,80	

100 parties de sel devraient fournir 57,7 parties d'acide chlorhydrique. Ce chiffre n'est jamais atteint à cause des proportions d'incondensé. Les rendements sont d'autant meilleurs que l'acide condensé est à plus bas titre.

En 1867, M. Balard indiquait pour l'usine de Chauny un rendement de 95 0/0 de la théorie en acide à 21° Baumé.

Suivant M. Clapham, les 57,7 parties d'acide mis en liberté se décomposent en :

        Condensé   55,80
        Resté dans le sulfate   1,52
        Perte.   0,38

Les condensations se font dans les proportions suivantes (M. Henry Allhusen) [1] :

        Gaz de la cuvette.   68,6
        — de la calcine à réverbère   29,4
        Perte   2,0

On condense respectivement les quantités suivantes dans les divers appareils (M. Garrett) :

        Dans les auges en pierre 66,04 0/0
        Dans les bonbonnes suivantes   33,396
        Dans la tour à coke   0,552
        Perte par la cheminée   0,002

La production de 1.000 kilogrammes de sulfate de soude dans un four à réverbère avec cuvettes en fonte, coûte, suivant M. Chandelon :

[1] Richardson and Watts, Chemical Technology.

	Four à moufle et cuvette en fonte sans feu direct.		Four à réverbère et à cuvette en fonte sans feu direct.	
		fr.		fr.
Sel à 29,5 la tonne	900 kg	26,55	900 kg	26,55
Acide à 60° à 40 fr. la tonne. . . .	900	36 »	943	37,73
Houille à 22 fr. la tonne.	315	6,93		
Coke à 46 fr. la tonne			250	11,50
Main-d'œuvre . .		0,70		0,87
Entretien		0,70		0,50
Frais généraux . .		0,28		0,28
Total		71,16	Total	77,42

Ces chiffres sont intermédiaires entre les valeurs fournies par MM. Kopp et Lunge.

NATURE DES Éléments	PRIX	QUANTITÉS	D'après M. Kopp. Four à reverbère avec cuvette en fonte	PRIX	D'après M. Lunge. Four à reverbère avec cuvettes en fonte à foyer spécial	
	fr.			fr.	Quantités.	
Sel	à 10	880	8,80	17,5	913	15,97
Acide à 60° . .	60	880	52,80	35 »	959	33,56
Coke	14	200	2,80	17,5	195	3,41
Houille . . .	7	300	2,10	6,25	160	1 »
Main d'œuvre .			4 »			5,31
Frais généraux.			3,5			1,56
Entretien. . .			4,0			0,50
Total.			73,00			61,31

Nota. — Dans tous ces prix, l'on n'a pas tenu compte de l'acide chlorhydrique produit.

NATURE DES Éléments	AMIENS	RINGKUHL près Cassel		LIVERPOOL	LIVERPOOL. Usine Muspratt
	Kolb	Unger	Unger	Muspratt et Dawson	Kynaston
PARTIE SOLUBLE					
Carbonate de soude...	44,79	23,57	37,8	28,89	36,88
Hydrate —	»	11,12	1,6	8,27	»
Silicate —	1,52	»	»	»	1,18
Aluminate —	1,44	»	»	»	0,69
Sulfate —	0,92	1,99	»	0,82	0,39
Hyposulfite —	»	»	»	»	»
Sulfite —	»	»	»	»	»
Chlorure de sodium...	1,85	2,54	0,4	3,07	2,53
Sulfite et hyposulfite de chaux.	»	»	»	»	3,78
Eau	»	2,10	»	0,99	0,22
PARTIE INSOLUBLE					
Chaux	9,68	7,16	19,7	9,24	9,27
Sulfure de calcium	29,96	27,60	28,8	25,86	28,68
Polysulfure —	»	»	»	»	0,25
Carbonate de chaux.	5,92	12,90	»	14,22	3,31
Magnésie	»	»	0,8	2,03	»
Silicate de magnésie	»	4,74	»	»	»
Silice...............	»	»	4,6	»	»
Phosphates terreux...	»	»	»	} 6,23	} 2,66
Oxyde de fer...............	1,21	»	»		
Alumine...........	»	traces	1,2		1,13
Sulfure de fer	»	2,45	1,2	»	0,37
Outremer	»	»	»	»	0,96
Sable..................	»	2,02	0,4	»	0,90
Charbon.................	1,20	1,59	2,6	»	7,01

SOUDES BRUTES

NEWCASTLE	GLASCOW	JARROW			WIDNESS			St-ROLLOX
		FOURS FIXES		FOURS tournants	USINE MUSPRATT		FOUR tournant (mélange Mactear)	TENNANT et Cie — Four tournant Mélange Mactear
					Fours fixes	Fours tournants		
Richardson	Brown	Stohmann	Stohmann	Stohmann	Jurisch	Jurisch	Jurisch	Jurisch
9,89	35,64	44,41	38,45	42,27	41,76	41,592	46,154	45,280
25,64	0,79	»	3,17	»	»	»	»	»
»	»	»	»	»	»	»	»	»
»	2,35	»	»	»	»	»	»	»
3,64	1,16	1,54	1,54	1,06	2,264	1,213	0,353	1,505
»	»	»	»	»	0,315	»	0,393	1,135
»	»	»	»	»	0,534	0,145	»	»
0,60	1,91	1,42	1,75	1,48	1,386	1,205	0,673	1,740
»	»	»	»	»	»	»	»	»
2,17	0,52	»	6,71	»	»	»	»	»
7,32	12,30	10,44	10,18	7,13	5,816	5,616	1,695	1,328
28,25	23,17	28,87	27,34	27,73	31,938	29,785	33,615	30,985
»	»	»	»	»	»	»	»	»
15,67	»	3,20	»	7,52	6,636	11,616	9,686	5,114
»	»	0,10	0,51	0,19	0,303	»	0,404	0,295
0,88	3,74	»	»	»	»	»	»	»
»	»	0,89	1,36	1,74	4,090	2,375	2,680	3,120
»	»	»	»	»	»	»	»	»
»	»	1,75	2,40	1,48	1,107	0,877.	1,015	0,724
»	»	0,79	»	0,72	1,503	1,080	0,785	1,021
1,22	4,92	»	»	»	»	»	»	»
»	0,29	»	»	»	»	»	»	»
0,44	4,28	2,20	1,16	2,66	»	»	»	»
4,28	8,00	5,32	5,43	5,28	3,260	4,425	3,500	7,390

II. — *Soude brute.*

La calcination du sulfate avec la craie et le charbon produit en moyenne, pour 100 kilogrammes de sulfate, de 152 à 166 parties de soude brute.

Cette soude brute est un mélange de sels de soude et de chaux. Les rendements sont en général meilleurs avec le four tournant qu'avec le four à flammes.

	Four à flamme	Four tournant.
Rendement en soude brute pour 100 de sulfate d'après M. Stohmann	154,8 à 156,4	157,6 à 164,3

Les analyses précédentes (p. 292 et 293) donnent une idée de la composition des diverses soudes brutes :

Composition des lessives [1].

	En Angleterre.	En France.
Carbonate de soude	65,96	70,95
Hydrate —	17,02	19,30
Chlorure de sodium	7,56	3,25
Sulfure —	1,23	0,77
Sulfate de soude	0,32	0,68
Hyposulfite —	0,57	
Sulfate —	4,60	4,91
Ferrocyanure de sodium	0,135	0,008
Sulfocyanure —	0,063	»
Aluminate de soude	1,36	»
Silicate de soude	1,22	»
Alumine	»	0,032
Silice	»	0,015
Phosphate et fluorure de sodium.	traces	»
Sulfure de fer dissous	0,013	0,060
Insoluble dans les acides	»	»
Poids des sels contenus dans un litre de lessive	309.757	281,36

(1) Pour 100 de résidu sec.

Les lessives, provenant des fours tournants de MM. James Muspratt and Sons, à Vidness, avaient la composition suivante :

NATURE DES éléments	GRAMMES PAR LITRE		
	maximum	moyenne	minimum
Carbonate de soude . . .	275,56	252,910	225,250
Hydrate.	61,60	51,680	48,000
Chlorure de sodium . . .	15,503	10.682	6,274
Sulfate de soude	3,755	2,793	1,944
Sulfite —	0,543	0,291	0,150
Hyposulfite de soude . . .	2,080	1,327	0,980
Sulfure de sodium	5,043	4,149	2,925
Sulfate de soude total . .	15,549	13,117	10,496
Ferrocyanure de sodium .	1,050	0.768	0,510
Silice, alumine, oxyde de fer.	5,630	4,656	3,850
Soude totale	208,92	187,980	168,950
— sous forme de carbonate.	161,180	147,930	131,750
— sous forme d'hydrate	47,740	40,05	37,200

La désulfuration par le procédé Pauli donne :

Rapport des quantités de sulfure de sodium et de Na^2O

Lessive primitive	0,05570
après 1/2 heure de traitement.	0,00662
1 heure.	0,00192
1 h. 30	traces
2 heures	traces
2 h. 30	néant

Composition des sels obtenus par pêchage [1].

NATURE DES Éléments	Lessive primitive	VOLUME DE LA LESSIVE AU MOMENT DE LA PRISE D'ESSAI						
		27 0/0	24 0/0	20 0/0	15 0/0	10 0/0	5 0/0	2.5 0/0
Carbonate de soude.	81,6	88,2	90,4	88,8	85.2	71,3	67,1	43,3
Hydrate —	8,2	2,9	4,0	5,7	8,0	10,6	14,3	27,7
Sulfure de sodium .	0,1	traces	traces	traces	traces	0,1	0,35	1,3
Chlorure —	5,9	2,8	2,6	2,7	4,3	6,4	6,3	20,3
Sulfate de soude .	4,3	1,4	1,5	1,4	2,5	9,8	9,8	2,6
Alumine et silice. .	»	4,2	0,9	0,8	0,6	1,2	1,1	4,6
Sulfate de fer. . .	1.2	traces	traces	traces	traces	0,05	0.1	0,2

	Lessive primitive	40 0/0	38 0/0	35 0/0	30 0/0	25 0/0	20 0/0	15 0/0	10 0/0	5 0/0	2,5 0/0
Carbonate de soude	51,00	40,1	40,5	41.2	43,2	57,4	72,6	71,3	67,8	32,5	31,6
Hydrate —	10,22	3,5	3,2	3,3	3,3	3,3	5,1	7.0	13,0	9,8	31,0
Chlorure de sodium	13,01	6.4	6,5	6,5	6,4	6,7	8,3	9,5	12,5	46,1	26,1
Sulfate de soude. .	20,70	47,8	48,1	47,6	44,0	31,8	12,6	9,7	6,8	4,2	1.8
Silice, Alumine . .	3,80	1,6	1,4	1,5	0,7	0,2	1,4	1,8	2,8	4,0	9,2

(1) D'après M. Kolb.

Composition des sels de soude caustiques obtenus par le procédé marseillais (analyses de M. Naville).

NATURE DES Éléments	Plan d'Aren.		Rassuen	Thann	Chauny	Saint-Fons	Salin-dres
Carbonate de soude.	63,06	61,64	72,81	77,55	62,93	70,43	67,30
Hydrate —	19,59	18,26	10,00	8,16	17,55	14,36	14.48
Sulfite —	0,06	0,06	0,08	0,08	0,03	0,04	0,04
Sulfate —	8,12	7,97	12,15	9,55	6,16	7,71	8,16
Chlorure de sodium.	4,70	8,11	2,17	3,10	10,12	4,88	6,84
Aluminate de soude.	1,32	1,06	0,88	0,05	traces	0,07	0,95
Silicate	0,21	»	0,03	0,11	0,28	0.01	0,15
Sexquioxyde de fer.	0,03	0,04	0,02	0,01	0,02	0,04	0,02
Insoluble	0,08	0,10	0,21	0,05	0,10	0,25	0,22
Eau et pertes . . .	2,83	2,76	1,65	1,34	2,81	2,21	1,85
Degré alcalimétrique	85,30	80,25	80,50	82.10	80,0	82,4	80,25
— caustique . .	24,0	22,25	12,25	10,0	21,5	17,60	17,75

III. — *Raffinage du sel de soude.*

Dans ce travail, la perte en alcali n'est que de 2 à 3 0/0.

	Analyse des cristaux.	Analyse des eaux-mères.
Carbonate de soude	37,31	6,77
Hydrate	néant	2,10
Sulfure de sodium	»	traces
Sulfate de soude	0,22	4,01
Chlorure de sodium	0,12	4,00
Insoluble	»	»
Eau	62,25	82,12
Fer.	néant	0,37

17.

IV. — *Rendements généraux.*

Voici, d'après le traité de MM. Lunge et Naville[1], le rendement du sel mis en œuvre :

	Degrés alcalimétriques correspondants	Degrés perdus
100 de sel marin à 92 0/0 . . .	77,11	
114,7 de sulfate à 94 0/0. . . .	74,41	2,70
175,83 de soude brute à 36° . .	62,30	11,11
295,7 de lessive brute à 20°,25 .	59,88	3,42
71,2 de sel de soude à 83 . . .	59,09	0,79

Ce qui montre que les pertes sont :

Dans la transformation du sel en sulfate	3,5 0/0
— du sulfate en soude brute.	14, 4
Dans le lessivage.	4,44
Dans l'évaporation à sec et la calcination. . . .	1,01
TOTAL. . . .	23,35

Ces pertes, que l'on peut amener à n'être que de 20 0/0, ne sont plus que de 16 à 18 0/0 quand on emploie des fours tournants.

PRIX DE REVIENT DE LA SOUDE LEBLANC

Suivant M. Lunge, 1.000 kilogrammes de sel de soude à 82° reviennent à :

	fr	fr
1.466 kg. de sulfate de soude à . .	61,31	89,90
1.730 — de craie [2]	6,25	10,81
1.811 — de charbon (combustible) .	6,25	11,32
733 — de charbon (mélange) . .	7,50	5,50
Main-d'œuvre.		31,00
Entretien		10,20
Frais généraux [3]		11,25
Enlèvement des résidus		3,44
Enfutaillage et chargement à bord .		15,00
TOTAL. . .		188,42

[1] Lunge et Naville, *loc. cit.*
[2] Prix exceptionnellement élevé.
[3] Escompte et intérêt du capital non compris.

Ce prix est particulièrement élevé.

Le tableau ci-dessous représente, d'après MM. Haddock et Leith, les dépenses et recettes pour 1.016 kilogrammes de soude à 58 0/0 de Na^2O.

Prix de revient	fr	Valeur des produits fabriqués	fr
Sulfate de soude brut .	70,00	1.016 kg de carbonate de	
Combustible.	26,25	soude	166,25
Calcaire	11,25	Acide chlorhydrique . .	32,50
Salaires	19,55		198,75
Emballages.	9,35	Moins 3,5 0/0	6,85
Total. . .	136,40	Valeur totale	191,85

LA SOUDE CAUSTIQUE

MODES DE PRÉPARATION PROPOSÉS

EMPLOI DU SEL MARIN SANS TRANSFORMATION PRÉALABLE

1° PAR LA VAPEUR D'EAU

Le mode le plus simple, de décomposition du chlorure de sodium, consiste à le traiter par l'eau dans des conditions convenables, pour accomplir la réaction signalée par Gay-Lussac :

$$NaCl + H^2O = HCl + NaOH$$

ou à faire intervenir l'oxygène pour produire du chlore

$$2NaCl + H^2O + O = 2NaOH + Cl^2$$

C'est ce qu'ont tenté de réaliser industriellement un grand nombre d'expérimentateurs, sans arriver toutefois à une solution satisfaisante [1]. Dans sa très intéressante étude sur

[1] *Moniteur scientifique Quesneville*, 1891 p. 1174.

« les réactions générales dans la fabrication de la soude »,
M. J. Lunge [1] a montré qu'il était peu probable que l'on
parvienne à accomplir l'une ou l'autre de ces réactions par
l'intervention seule, d'une élévation de température même
considérable. S'appuyant sur les données de la thermo-
chimie, ce savant rappelle que les quantités de chaleur
mises en jeu sont dans le premier cas :

$$(Na.Cl) + (H^2O) = 97,7 + 58,0 = 155,7 \text{ calories}$$

$$(Na.O.H) + (H.Cl) = 102,3 + 22,0 = 124,3 \text{ calories}$$

et dans le second cas

$$2(Na.Cl) + (H^2O) + O = 195,4 + 58,0 = 253,4$$

$$2(Na.O.H) + Cl^2 = 204,6$$

il en conclut que la décomposition du sel marin, par la vapeur d'eau, en présence ou non d'oxygène, est une réaction
endothermique, et qu'on peut jusqu'à présent la considérer
comme irréalisable par l'emploi seul de la chaleur.

Quelques auteurs, et en particulier M. Aunier [2], ont
pensé que l'addition de certains corps, tels que l'acide carbonique, pouvait faciliter la décomposition du sel par la
vapeur d'eau, mais il faut croire que l'inventeur lui-même
n'obtint pas des résultats satisfaisants puisque, dans un
brevet d'addition pris postérieurement, il propose de faire
intervenir l'action électrique en même temps que celle de la
vapeur d'eau.

(1) *Zeitschrift für aug. Chemie*, 1888, p. 96. Voir aussi à ce sujet
The Journal of the Society of Chemical Industry, novembre 1888,
p .719, conférence de M. le Dr Hurter.
(2) Brevet du 4 mars 1871.

2° PAR LE CHLORURE D'ALUMINIUM

M. Swager a proposé d'évaporer à sec des solutions mixtes de chlorure d'aluminium et de sodium pour former un chlorure double d'aluminium et de sodium $2NaClAl^2Cl^6$ qui, pulvérisé et soumis à l'action de la chaleur blanche et de l'eau, fournit de la soude. On ne voit pas bien l'intérêt que peut présenter un tel traitement.

3° PAR LA LITHARGE

M. Fontaine, reprenant la réaction de Scheele, caustifie les lessives de chlorure de sodium par la litharge, en broyant à sec 100 parties de sel marin et 175 de litharge avec 100 parties d'eau que l'on ajoute en quatre fois et à dix minutes d'intervalle. La masse essorée est lavée à l'alcool qui dissout la soude et laisse le sel de plomb insoluble. On régénère l'alcool par distillation, tandis qu'on sépare la soude caustique. Quant au résidu de plomb, on le traite soit par un lait de chaux, soit en le calcinant dans un courant d'air chaud de façon à produire un oxychlorure de plomb capable de sérvir dans une nouvelle opération (1 équivalent de chlore est alors inactif).

Plus récemment (1), la Société anonyme « Lorraine industrielle » a modifié cette réaction de la façon suivante : la masse résultant de l'action de l'oxyde de plomb sur le sel marin est épuisée par l'alcool. Le solvant distillé sert pour une nouvelle opération. Quant au précipité d'oxychlorure, on le traite par l'eau bouillante pour le dissoudre et on en

(1) Brevet allemand n° 23.791 du 25 août 1882 et brevet anglais n° 4.144 du 30 août 1882.

précipite le plomb par du fer doux brut. On le transforme
ensuite en oxyde par les procédés connus. Cet oxyde rentre
dans le traitement.

4° PAR L'ACIDE PHOSPHORIQUE OU LES PHOSPHATES

La calcination d'un mélange de sel marin et de pyrophosphate de zinc ou de plomb a fourni à M. Margueritte, d'une
part, du chlorure de plomb ou de zinc qu'il condensait dans des
chambres convenables, et, d'autre part, un résidu de pyrophosphate de soude; ce pyrophosphate, décomposé à l'ébullition par de la chaux, donnait de la soude caustique et du
pyrophosphate de chaux, qui servait à décomposer les chlorures métalliques formés, en régénérant le pyrophosphate
primitif (brevet anglais, 22 décembre 1854).

Un autre procédé dû à M. Martin, consiste à traiter le sel
marin par l'acide phosphorique, métaphosphorique ou un
méta-phosphate de chaux acide, de façon à former du phosphate acide de soude soluble, avec formation ou non de
phosphate neutre de chaux insoluble, ce qui provoque un
dégagement d'acide chlorhydrique. On décompose ensuite le
phosphate acide de soude par la chaux, qui précipite l'acide
phosphorique sous forme de phosphate tricalcique insoluble, transformable ultérieurement en phosphate bicalcique
par l'action de l'acide chlorhydrique dégagé dans la première phase de la réaction.

EMPLOI DU SULFATE DE SOUDE

I. — Sans transformation préalable.

1° PAR LA CHAUX

La décomposition du sulfate de soude par simple ébullition avec de l'hydrate de chaux avait été indiquée et brevetée par M. Delius. Cette réaction, très incomplète, ne permet de caustifier qu'environ 1/100 de la soude renfermée dans le sulfate. M. Hunter a proposé d'opérer cette même réaction sous pression. Les rendements furent de ce chef meilleurs sans toutefois être plus satisfaisants; ils étaient seulement de 6 0/0 pour une pression de 3 atmosphères et de 13 à 15 0/0 pour des pressions de 15 à 20 atmosphères. En opérant sous pression et en employant des équivalents égaux de sulfate de soude et de chaux hydratée avec adjonction d'un équivalent de carbonate de baryte, M. Hill est parvenu à transformer la totalité du sulfate de soude en soude caustique. Le résidu, composé d'un mélange de carbonate de chaux et de sulfate de baryte, n'ayant pas reçu d'utilisation spéciale, il en résulte que ce procédé est coûteux.

2° PAR LA BARYTE

La décomposition du sulfate de soude par l'hydrate de baryte est une réaction qui s'effectue aisément et complètement; seul, le prix élevé de ce corps a empêché l'industrie de s'en emparer.

Pour préparer la baryte, M. P. Fuller avait proposé de calciner le carbonate naturel ou *withérite* avec du charbon.

M. Samuel, dans son brevet anglais du 13 novembre 1838, propose de réduire le sulfate de baryte par le charbon et de décomposer le sulfure de baryum ainsi obtenu par le sulfate de soude de façon à produire du sulfate de baryte insoluble et du sulfure de sodium qui reste en solution. Ce sulfure de sodium est transformé en carbonate par l'action d'un courant de gaz acide carbonique. Le même auteur a également proposé de décomposer le sulfure de baryum par l'oxyde de cuivre.

En traitant une solution aqueuse de sulfure de baryum (résultant de la réduction du sulfate de baryte par le charbon) par un courant d'air, en présence de bioxyde de manganèse, M. Smith obtient un précipité de soufre et une solution de baryte. Comme, dans ce procédé, on doit opérer sur des solutions étendues, il se forme des hyposulfites. Cet inconvénient, joint au prix de revient des diverses opérations, rend le procédé peu pratique.

3° PAR L'ACIDE FLUORHYDRIQUE

Ce procédé, dû à M. Weldon, présente peu d'intérêt. Pour le pratiquer, on transforme le sulfate de soude en bisulfate par l'action de l'acide fluorhydrique

Le bisulfate reste en solution et le fluorure se précipite. On le décompose par la magnésie, ce qui produit de la soude caustique et du fluorure de magnésie, que l'on ajoute au bisulfate de soude pour le transformer en sulfate neutre, fluorure de sodium et acide fluorhydrique.

La régénération de l'acide fluorhydrique peut aussi être obtenue en traitant le fluorure de sodium par la vapeur d'eau surchauffée qui produit de l'hydrate de sodium et de l'acide fluorhydrique.

4° PAR LE SULFITE DE CHAUX

Procédé de M. Putzkow.

Le mélange de deux solutions renfermant l'une du sulfate de soude et l'autre du bisulfite de chaux, fournit un précipité de sulfate de chaux insoluble et une solution de bisulfite de soude qui, à l'ébullition, se transforme en sulfite neutre avec élimination d'acide sulfureux. Ce sufite neutre, traité par la chaux, fournit du sulfite de chaux insoluble et de la soude caustique. Le sulfite neutre de chaux, traité par l'acide sulfureux dégagé par l'ébullition de la solution de bisulfite de soude, reproduit du bisulfite de chaux qui rentre dans la fabrication. Des essais exécutés par M. Putzkow [1] ont montré qu'en agitant 20 parties de sel de Glauber avec une solution saturée d'acide sulfureux et renfermant 5 grammes de chaux pour 100 centimètres cubes d'eau, 91,85 0/0 de l'acide sulfurique du gypse se sont séparés.

En traitant 5 grammes de chaux par 110 centimètres cubes d'eau, agitant avec 20 grammes de sel de Glauber et saturant, après refroidissement, par l'acide sulfureux, le rendement était de 96,92 0/0 de l'acide sulfurique total. La réaction est limitée à cause de la solubilité du sulfate de chaux ; elle est d'autant plus complète que les liqueurs sont plus concentrées. Comme il est difficile d'obtenir des solutions assez saturées de bisulfite de chaux, il paraît avantageux de mélanger ensemble le sulfite de calcium et le sulfate de soude, puis de soumettre le tout à l'action d'un courant d'acide sulfureux. Quant à la solution de bisulfite de soude qui surmonte le précipité de sulfate de chaux, on la traite par un

---

(1) *Moniteur scientifique Quesneville*, 1880, p. 899.

lait de chaux pour la caustifier. Ici, la dilution des liqueurs joue un rôle assez considérable. Des essais ont montré que la transformation n'était pas totale et qu'il était nécessaire d'opérer avec des liquides assez étendus. Ce procédé peut, suivant l'auteur, rendre des services dans quelques cas spéciaux, notamment dans les pays où l'on fabrique l'acide nitrique et où l'on rencontre, par suite, des résidus de sulfate de soude.

Procédé de M. Trauber.

M. Georg Trauber[1] produit la soude au moyen du sulfite de soude qu'il caustifie par la chaux. Le sel de soude est obtenu par l'action du sulfite neutre ou acide d'ammoniaque sur une solution de chlorure de sodium. Le sulfite d'ammoniaque peut d'ailleurs être employé en nature, ou préparé au sein d'une solution salée par l'action réciproque des gaz sulfureux et ammoniac. Le sel complexe, qui résulte de ce traitement, se dépose en solution concentrée. Il perd, par la calcination, de l'eau, de l'acide sulfureux et de l'ammoniaque et il reste du sulfite de soude. Les réactions suivantes rendent compte de la formation de ce sel double.

$$2SO^3Na^2 + 2SO^3(AzH^4)^2 + aq. = (Na^2SO^3)^2 (AzH^4)^2 S^2O^5 + 10H^2O$$

$$4SO^3 NaH + SO^3(AzH^4)^2 + aq. = (SO^3Na^2)^2 (AzH^4)^2 S^2O^5 + 10H^2O + SO^2.$$

[1] *Moniteur scientifique Quesneville*, 1888, p. 624.

II. — Après transformation en sulfure.

1° PAR L'OXYDE DE MANGANÈSE

M. Arrott a proposé de faire bouillir une solution de soude caustique avec de l'oxyde de manganèse jusqu'à ce que la matière ait pris une teinte vert olive. Après décantation et lavage à l'eau, du résidu insoluble, on obtient un corps apte à s'emparer du soufre du sulfure de sodium.

2 PAR L'OXYDE DE FER

L'emploi des oxydes ferreux ou ferriques nécessite la mise en œuvre, pour un équivalent de sulfure, de plusieurs équivalents d'oxyde. Il se forme des sulfures doubles de fer et de sodium $Fe^2Na^2S^4$ insolubles et indécomposables par l'eau mais solubles dans les liqueurs renfermant de la soude caustique. Avec le sesquioxyde il se forme des hyposulfites. Le procédé est donc peu recommandable.

Dans le but probable de régénérer facilement le soufre du sulfure employé, M. Weldon avait proposé de faire passer un courant d'acide carbonique dans une solution de sulfure de sodium tenant en suspension de l'oxyde de fer, de manière à produire du sulfure de fer et du carbonate de soude. Jusqu'à présent, ce procédé n'a présenté aucun avantage. Il semble plus simple de décomposer directement le sulfure de sodium par l'acide carbonique.

On a également proposé le fer spathique pour décomposer le sulfure de sodium. Malgré la faible valeur de ce minerai, on n'a pu l'utiliser avec avantage parce que les transformations sont lentes et incomplètes.

3° PAR LES FERRITES ALCALINS [1]

On prépare du ferrite de soude granulé, par calcination de l'oxyde de fer avec le carbonate de soude. On le dispose ensuite par couches de 1 mètre à $1^m,20$ de hauteur en l'employant alors qu'il est encore chaud, et l'on envoie à sa surface la solution de sulfure de sodium. Il se forme de l'hydrate alcalin qui reste en solution et un sulfure alcalino-ferreux qu'on laisse oxyder à l'air ou qu'on calcine pour le transformer en oxyde propre à engendrer de nouveau ferrite alcalin.

4° PAR LES SELS DE ZINC, DE PLOMB ET DE CUIVRE

En raison de la facilité avec laquelle l'oxyde de cuivre ordinaire oxyde le sulfure de sodium, on ne peut employer que le sous-oxyde Cu^2O. Ce composé est d'un prix si élevé que l'usage en doit être rejeté.

Quoique soluble dans les lessives de soude, l'oxyde de zinc est, parmi les oxydes métalliques, celui dont l'emploi paraît le plus avantageux. M. Hunt a proposé de décomposer le sulfure de sodium par l'oxyde de zinc, de calciner le sulfure de zinc pour le transformer en sulfate, de faire réagir ce sulfate sur du chlorure de sodium de manière à produire du chlorure de zinc volatil et du sulfate de soude fixe.

$$SO^4Zn + 2NaCl = ZnCl^2 + SO^4Na^2.$$

puis de transformer le chlorure de zinc en hydrate au moyen de la chaux.

$$ZnCl^2 + Ca(OH)^2 = Zn(OH)^2 + CaCl^2$$

[1] Brevet de la « Soda Improvements Company limited » à Londres. *Moniteur scientifique Quesneville*, 1891, p. 756.

M. De Lalande décompose le sulfure de sodium par l'oxyde de zinc en opérant à l'ébullition.

Le sulfure de zinc grillé donne de l'acide sulfureux qui sert à fabriquer l'acide sulfurique, et de l'oxyde de zinc qui rentre en traitement. Malheureusement, il se forme pendant ce grillage une proportion appréciable de sulfate de zinc qui, nuisant à la régénération de l'oxyde, constitue une difficulté pour son application industrielle.

5° PAR LE SULFURE DE STRONTIUM [1]

Ce procédé est basé sur la transformation, en solution aqueuse, du sulfure de strontium en hydrate de strontium, sous l'influence du sulfure de sodium :

$$Na^2S + SrS + 2H^2O = 2(NaSH) + Sr(OH)^2$$

La strontiane, étant peu soluble, se sépare presque entièrement de l'eau-mère chargée de sulfhydrate de sodium. En pratique, on procède de la façon suivante :

On chauffe au rouge vif, sur la sole d'un four à flamme réductrice, un mélange de sulfates de strontium et de sodium additionné du quart du poids total de bon charbon de terre en poudre très fine. Il en résulte une masse plus ou moins fondue, formée d'un sulfure mixte de strontium et de sodium. On l'épuise par l'eau bouillante. Les liqueurs aqueuses abandonnées, laissent cristalliser la presque totalité du strontium sous forme d'hydrate de strontium (il en reste environ 2 0/0 dans les eaux-mères, à 20° C). Ces liqueurs, riches en sulfhydrate de soude sont, suivant leur richesse, concentrées ou non, et abandonnées au refroidissement. De cette façon la presque totalité de la strontiane se sépare.

(1) Brevet du 31 août 1891. *Moniteur scientifique,* mai 1892, p. 131. Fredrik Eichstaedt.

Quant à la solution de sulfhydrate alcalin, on peut la traiter de diverses manières :

a) On la décompose par l'acide sulfurique, ce qui produit du sulfate de soude restant en solution et de l'hydrogène sulfuré qu'on isole ou qu'on emploie à la fabrication de l'acide sulfurique.

b) Le sulfhydrate de sodium, traité par l'acide sulfureux se convertit en un mélange d'hyposulfite et de sulfhydrate qui, suivant l'auteur, se trouve en proportions telles qu'une addition d'acide sulfurique y provoque, à côté de la formation de sulfate de soude, la mise en liberté de tout le soufre en nature.

c) On peut arriver au même résultat que précédemment en remplaçant le gaz sulfureux par un courant d'air atmosphérique qui oxyde le sulfure suivant la réaction :

$$2NaHS + 4O = S^2O^3Na^2 + H^2O$$

On arrête quand la liqueur renferme les proportions voulues d'hyposulfite et de sulfhydrate pour que le traitement à l'acide sulfurique en sépare tout le soufre en nature suivant la réaction :

$$2NaSH + S^2O^3Na^2 + 2SO^4H^2 = 2SO^4Na^2 + 3H^2O + 4S$$

réaction que l'on peut décomposer comme suit :

$$SO^4H^2 + 2NaSH = SO^4Na^2 + 2H^2S$$

$$S^2O^3Na^2 + SO^4H^2 = SO^4Na^2 + H^2O + S + SO^2$$

$$2H^2S + SO^2 = 2H^2O + 3S$$

Quel que soit le traitement réservé à la solution du sulfhydrate alcalin, on atteint toujours deux buts : la régénération ou l'utilisation du soufre et la formation d'une solution de sulfate de soude. On fait réagir sur cette solution l'hydrate de strontiane obtenu dans la première phase de l'opération. Il se forme par là du sulfate de strontiane peu soluble et de l'hydrate de sodium qui reste en solution. . Après lavage, le sulfate de strontium est de nouveau mélangé à du sulfure de sodium, puis calciné avec du charbon en poudre. Il rentre de cette façon dans le traitement.

EMPLOI DU NITRATE DE SOUDE

PAR LE FER OU LE CUIVRE

La formule suivante rend compte de cette réaction :

$$6AzO^3Na + 10Fe = 3Na^2O + 5Fe^2O^3 + 6Az$$

Comme tout l'acide nitrique du nitrate se trouve perdu, ces procédés n'ont aucune valeur.

De même les solutions d'azotate sont décomposées par le zinc métallique avec production d'ammoniaque, de soude caustique et d'oxyde de zinc.

EMPLOI DU CARBONATE DE SOUDE

1° PAR L'OXYDE DE FER

M. Lœwig chauffe, dans un four clos, un mélange de carbonate de soude et d'oxyde de fer exempt de silice et d'alumine. Il se dégage de l'acide carbonique et il se forme un ferrite de soude que l'eau décompose en soude caustique et oxyde de fer. On emploie 1 équivalent de carbonate de soude pour 2 d'oxyde de fer de battitures.

2° PAR LA CHAUX

Autrefois, on produisait la soude caustique en traitant les lessives de carbonate de soude par la chaux caustique.

L'on avait soin de n'employer que des solutions ayant une densité maxima de 1,12. Ce procédé, qui n'est plus mis en œuvre que pour de petites fabrications, présente les inconvénients suivants :

a) Obtention de lessives caustiques très étendues nécessitant de gros frais d'évaporation.

b) Facilité de carbonatation pendant la durée de l'évaporation.

c) Difficulté de séparer la soude caustique du carbonate de chaux.

FABRICATION

EMPLOI DES LESSIVES BRUTES
OU DES EAUX-MÈRES ROUGES PROVENANT
DE LA FABRICATION DE LA SOUDE

1° Avec les lessives brutes.

Nous avons déjà vu quelle était la composition des lessives de soude brute. Lorsque l'on travaille en vue de fabriquer la soude caustique, on augmente un peu la dose de calcaire afin d'obtenir des produits plus caustiques. On prendra par exemple :

	I	II
Sulfate de soude	100	100
Calcaire	110	100
Charbon menu	60	54

Les lessives brutes subissent d'abord la caustification.

CAUSTIFICATION

Elle s'effectue en soumettant le liquide à l'action de la chaux vive en blocs, contenue dans des paniers en tôle, placés le long des parois de la chaudière, et chauffant par la vapeur d'eau. Celle-là s'hydrate et forme un lait qui caustifie le carbonate. L'agitation est obtenue soit par l'emploi d'agitateurs, soit par insufflation d'air. Ce dernier procédé (brevet de MM. Thomas, 1858) a l'avantage de produire en même temps l'oxydation des sulfures. Les lessives à caustifier ne doivent pas marquer plus de 1,08 à 1,10 (10 à 15° Baumé). La nature des appareils mis en œuvre est variable. La lessive doit être parfaitement clarifiée par dépôt avant de subir la caustification.

Afin de pouvoir traiter des lessives plus concentrées (20 à 24° Baumé), M. Parnell a proposé de caustifier sous une pression de 4 kilogrammes à une température de 140 à 145°. L'opération dure quatre heures et la liqueur renferme les 90/100 de la soude à l'état caustique. Pour éviter la réaction inverse, on laisse clarifier sous pression.

FILTRATION

Après caustification, les lessives sont séparées des boues de carbonate, qui, suivant MM. Scheurer-Kestner et Jurich renferment de 1 à 10 0/0 d'un carbonate double de soude et de chaux. A cet effet, on les fait passer sur un filtre de construction variable, pouvant consister en un bassin en pierre ou en fer, au fond duquel repose un grillage formé de barreaux de fonte, surmontés d'un lit de briques filtrantes posées de champ et distantes l'une de l'autre de 5 millimètres. On les recouvre d'un lit de silex parfaitement nettoyé, puis de morceaux de coke dont la grosseur va en décroissant, et on termine par une couche de sable. La surface filtrante, dont la hauteur est d'environ 0m,45, doit être recouverte d'une série de plaques en tôle, perforées, recouvertes elles-mêmes de charbon menu, qui empêche que le sable ne vienne se mêler aux boues quand on les enlève à la pelle. Ces boues sont lavées à l'eau et donnent de petites eaux qui servent à diluer les liquides à caustifier. Les dépôts, renferment encore de 1,6 à 1,9 de soude ; aussi les emploie-t-on dans le mélange pour soude [1], en place d'une partie du calcaire. La caustification élimine une grande partie de la silice et la presque totalité de l'alumine.

On facilite la filtration en faisant le vide par-dessous le filtre, et en ayant soin d'intercaller entre cet appareil et la pompe un récipient destiné à recueillir les solutions filtrées.

CONCENTRATION

Les liquides précédents sont clarifiés par repos dans des bassins circulaires. On les siphonne et on les concentre dans une série de chaudières. Dans les unes, dites chaudières faibles [2], on ne concentre que jusqu'à la densité de 1,18 (22° Baumé) ; dans les autres, dites chaudières fortes, on les amène jusqu'à 38° Baumé. Ces dernières sont recouvertes de toits mobiles en tôle qui arrêtent les projections.

Dans les chaudières fortes, il se sépare du carbonate, du sulfate et du chlorure de sodium qui entraînent un peu de soude. On pêche ces sels qui renferment en moyenne :

(1) Ils renferment en moyenne : CO^3Ca, 44 — $CaO,3,0$ — Na^2O, 0,75 — $H^2O,50$ — matières étrangères 2,25. On emploie de 600 à 1,000 kilogrammes de chaux à 92 0/0 pour produire une tonne de soude à 70 0/0.

(2) Ces chaudières sont souvent chauffées par des chaleurs perdues.

<pre>
Eau   30
Sulfate de soude   27
Sulfite et hyposulfite.   3
Insoluble   1
Sulfure de sodium   0,10
Chlorure   —   6,0
Carbonate de soude 23,0
Hydrate   9,0
</pre>

et on les emploie dans le mélange pour soude.

On obtient environ 200 à 250 kilogrammes de ces sels par tonne de soude produite.

Les liquides, séparés, sont abandonnés à la clarification; ils fournissent un dépôt qui, selon M. Davis, a la composition suivante :

<pre>
Insoluble   1,143
Sulfure de sodium . . . . traces
Hyposulfite.   0,316
Sulfite   2,734
Sulfate de soude   9,768
Chlorure de sodium. 37,674
Silicate et aluminate . . . . traces
Carbonate 15,052
Hydrate 13,440
Eau 19,875
</pre>

Après quoi on les envoie dans des chaudrons hémisphériques en fonte ayant de 50 à 75 millimètres d'épaisseur au fond. Ils sont chauffés par des foyers, de l'action directe desquels ils sont protégés par une petite voûte. Ces chaudrons reposent sur une plaque de fonte; on doit les tourner de temps à autre pour avoir une égale usure en tous les points. Ils sont fermés par un couvercle en tôle, suspendu à une poulie et muni d'une porte par laquelle se fait l'introduction du nitrate. L'ébullition étant obtenue, on y ajoute peu à peu, par cuiller d'un kilogramme, le nitrate de soude [1]. Il ne tarde pas à se produire des écumes que l'on

______

(1) Souvent on commence à ajouter le nitrate dans les chaudières fortes. Avec de bonnes lessives on ne dépense guère que 18 à 20 kilogrammes de nitrate par tonne de soude produite.

enlève. Lorsque l'on a atteint la température de 300 à 360°,
tout l'hyposulfite est transformé en sulfite dont une partie insoluble est séparée mécaniquement. Quand un essai démontre
l'absence de sulfures dans la masse, on abaisse le couvercle
du chaudron et on active le feu. En même temps qu'on
produit la fusion ignée de la soude, on fait arriver dans
la masse, de l'air envoyé par des machines soufflantes.

Cet air est amené par des tuyaux qui, au fond de la chaudière, se terminent en pomme d'arrosoir. On oxyde par là
tout le sulfite restant. La séparation complète de l'oxyde
de fer résultant de la décomposition des ferrocyanures s'obtient en maintenant la masse en fusion ignée pendant un
temps suffisant. Il peut arriver que, par suite d'une oxydation trop complète, la soude soit verte, ce qui résulte de la
formation de manganate de soude. L'addition d'une petite
quantité de soufre ou d'hyposulfite, à la soude en fusion,
détruit cette coloration.

Il ne reste plus qu'à introduire la soude dans des tam-
bours en tôle mince, ce qui s'effectue en la coulant lentement, au moyen d'une cuiller, dans une rigole en tôle formant entonnoir au-dessus du tambour.

A Salindres, on obtient la soude en plaques par l'emploi d'un appareil dû à M. Boulouvard et qui consiste en
deux cylindres refroidis par un courant d'eau intérieur; ils
tournent en sens contraire et solidifient la soude liquide qui
passe entre eux.

2° Avec les eaux rouges.

Les eaux-mères sont des liquides à composition aussi
complexe que variable, riches en sels de soude et notamment
en carbonate, hydrate, sulfate, sulfite et chlorure. L'analyse
suivante exprime la composition des lessives rouges obtenues
chez M. Muspratt and Sons; elles proviennent des lessives
brutes dont nous avons donné la composition p. 295.

18.

Composition en grammes par litre.

$$D = 1.290$$

Carbonate de soude	181.790
Hydrate de soude	107.520
Chlorure de sodium	26.413
Sulfate de soude	11.809
Sulfite de soude	5.603
Hyposulfite de soude	6.085
Sulfure de sodium	8.424
Sulfate de soude total	44.888
Ferrocyanure de sodium	2.280
Silice, alumine, oxyde de fer	6.700

Ces liquides convenablement clarifiés sont concentrés jusqu'à ce qu'ils marquent 38 à 39° Baumé. On laisse refroidir et on pêche les sels. On concentre alors jusqu'à obtenir une solution marquant 46° Baumé. A 140° l'hyposulfite de soude [1] existant primordialement, aussi bien que celui qui se forme par l'oxydation, sous l'action de l'air, du sulfure de sodium, se décompose en sulfure et sulfite de sodium ; on ajoute peu à peu du nitrate de soude (120 à 150 kilogrammes par tonne de soude) et on continue à évaporer et à pêcher les sels jusqu'à ce que les solutions marquent 56° B. Ces liquides abandonnés au refroidissement laissent déposer une partie des sels qu'ils renferment. Après clarification, on les fait passer dans des chaudrons où ils sont concentrés jusqu'à ce que l'ébullition cesse. Dans la dernière phase de cette opération il se produit un dégagement d'abondantes vapeurs d'ammoniac. On obtient ainsi une soude plus ou moins jaune titrant environ 70 0/0 et renfermant, à côté de l'oxyde de fer, environ 5 0/0 de carbonate, 7 de chlorure, 2 de sulfate et 15 d'eau.

(1) Pour plus de détails sur l'oxydation par les nitrates, voyez le travail de M. Lunge, *Moniteur scientifique Quesneville*, 1881, p. 141.

Rendements, prix de revient et composition des soudes caustiques.

Les lessives brutes rendent en moyenne 54 à 57 de soude caustique à 95°, pour 100 de sulfate (dans ce rendement sont compris les dépôts qui représentent 9 à 11 0/0 de la soude blanche.

On abaisse le titre de la soude au moyen de 15 à 16 0/0 de sel et on emploie pour l'oxydation 2,5 à 3 0/0 de nitrate.

Les dépenses se répartissent comme suit [1] :

Dépense de combustible.

Charbon de mélange pour la soude brute. .	1.000	kilogrammes
— pour le foyer.	2.000	—
— pour les chaudières de concentration	2.000	—
— pour le chaudron	1.000	—
— pour la machine à vapeur	500	—

Prix de revient de la soude à 95° pour 1.000 kilogrammes.

	kilog. fr.	fr.
Houille	6.500 à 8,75 la tonne	56,87
Sulfate	1.850 à 81,25 —	150,30
Calcaire.	1.100 à 8,30 —	9,13
Chaux	550 à 25,00 —	13,75
Sel	150 à 16,65 —	2,50
Nitrate	18 à 346,66 —	6,25
Main-d'œuvre		50,00
Eau		1,85
Emballage.		20,00
Chargement et frais de magasin.		18,75
Frais généraux		6,25
Intérêt du capital et assurances		20,00
Total. . .		335,65

(1) D'après M. Morisson.

Composition des soudes caustiques.

NATURE DES ÉLÉMENTS	Provenant des lessives rouges M. Morrison	Provenant des lessives brutes M. Tissandier					
		Soudes françaises			Soudes anglaises		
Humidité............	15,8	4,38	3,31	3,71	0,59	0,68	1,11
Chlorure de sodium.	7,0	11,32	12,22	3,90	7,23	6,89	5,60
Sulfate de soude....	2,0	3,41	2,00	2,60	1,00	1.32	2,10
Carbonate de soude.	5,0	5,58	9,82	3,69	3,45	3,68	5,48
Hydrate de sodium..	70	75,21	72,65	86,10	87,73	87,50	85,71
Insoluble............	0,2	»	»	»	»	»	»
Degré caustique.....	»	92	89,3	105,4	107,4	107,1	105
Degré carbonate.....	»	5,2	9,1	3,4	3,2	3,4	5,7
Degré alcalimétrique total...............		97,2	98,4	108,8	110,6	110,5	110,7

TRAITEMENT DES MARCS OU CHARRÉES DE SOUDE

La soude brute résultant de la réaction par voie ignée du calcaire et du charbon sur le sulfate de soude, se compose comme nous l'avons vu, d'éléments solubles dans l'eau et de parties insolubles. Lorsqu'on la lessive, on en extrait une solution de sels solubles qui constitue la *lessive de soude brute* et il reste une partie insoluble que l'on désigne sous le nom de *marcs ou charrées de soude*.

Ce résidu solide qui contient, à divers états, presque tout le soufre du sulfate de soude mis en traitement, est surtout constitué par un mélange de sulfure, d'hydrate et de carbonate de calcium qui subit de profondes modifications sous l'influence de l'oxygène et de l'acide carbonique de l'air, modifications qui se traduisent par le dégagement de gaz sulfureux ou d'hydrogène sulfuré suivant l'état hygrométrique de l'air avec lequel il se trouve en contact.

Jusqu'au moment où l'on s'est préoccupé de l'utilisation de ces résidus, on se contentait de les amasser en tas autour des soudières, créant ainsi une cause d'insalubrité provenant des émanations aériennes et aussi des eaux de drainage.

COMPOSITION DES MARCS DE SOUDE

Les analyses suivantes [1] montrent la composition des résidus de soude.

(1) Lunge et Naville, *Traité de la fabrication de la soude.*

NATURE DES ÉLÉMENTS	DIEUZE		LIVERPOOL		ALLEMAGNE	USINE DE South Shields
	Usine	Laboratoire	Frais	après 6 semaines		
	M. Hoffmann		MM. Muspratt et Danson		M. Petersen	M. Lunge
Sulfure de sodium............	9,94	4,55	2,87	1,44	»	»
Carbonate...—.............	»	»	»	»	0,568	3,95
Chlorure....—.............	0,15	»	»	»	0,035	»
Oxyde.....—.............	»	»	»	»	»	»
Sulfure de calcium..........	38,00	35,00	36,70	25,79	8,441	39,42
Bisulfure....—............	»	»	0,62	5,97	»	»
Hydrate....—.............	14,77	13,75	9,11	6,59	»	9,95
Carbonate...—............	26,62	21,54	93,42	41,20	36,884	22,64
Silicate....—.............	»	8,97	»	»	»	3,19
Sulfate....—.............	2,60	»	4,59	2,53	4,721	traces
Sulfite....—.............	»	»	»	»	24,180	»
Hyposulfite..—............	»	»	»	»	2,607	»
Silicate de magnésium........	»	»	1,78	3,63	»	traces
Carbonate ou hydrate de magnésium	»	»	»	»	1,742	»
Aluminate de —	»	2,31	»	»	»	»
Silice combinée.............	»	»	»	»	»	»
Sulfure de fer.............	■	4,22	»	»	»	3,07
Oxyde —.............	2,60	»	7,40	8,91	1,337	»
Alumine.................	2,91	»	»	»	»	0,76
Silicate et aluminate de soude..	»	»	»	»	3,676	»
Charbon.................	5,35	2,84	»	»	5,873	2,36
Sable..................	»	3,15	»	»	6,294	13,72
Eau....................	»	3,82	13,51	3,86	3,642	»

ACTION DE L'AIR SUR LES CHARRÉES

L'interprétation des phénomènes d'oxydation de la charrée, par l'air, a été faite de plusieurs manières. M. Divers [1] établit de la façon suivante le cycle des réactions qui s'effectuent :

Le sulfure de calcium s'hydrate en donnant de l'oxysulfure.

$$a) \qquad CaS + H^2O = Ca(SH)(OH)$$

La solution aqueuse de l'oxysulfure se dédouble en hydrate presque insoluble et en sulfhydrate très soluble.

$$b) \qquad 2[Ca(SH)(OH)] = Ca(SH)^2 + Ca(OH)^2$$

Cette décomposition de l'oxysulfure cesse, dès que la solution aqueuse est moyennement concentrée en sulfhydrate.

Ce même oxysulfure est décomposé par la chaleur. A l'air, il dégage de l'hydrogène sulfuré en absorbant de l'oxygène et de l'acide carbonique.

Le sulfhydrate de calcium, qui se produit en *b*, ne peut exister en cet état qu'au sein d'une atmosphère d'hydrogène sulfuré ; à l'air et à la température ordinaire il tombe rapidement en déliquescence en dégageant de l'hydrogène sulfuré ; il engendre alors l'oxysulfure à 3 équivalents d'eau. Ce dernier composé est peu soluble.

La charrée est alors composée de sulfure, d'oxysulfure d'hydrate d'oxyde et d'hydrogène sulfuré. Celui-ci qui se dégage constamment par l'action de l'eau, se trouve oxydé, tandis que le soufre réagissant sur l'hydrate de chaux produit de l'hyposulfite et du pentasulfure.

<hr>

[1] *Moniteur scientifique Quesneville*, 1885, p. 483, d'après *Journ. soc. Chem. Ind.*, 3, p. 550.

$$3Ca(OH)^2 + 12S = CaS^2O^3 + 2CaS^5 + 3H^2O$$

L'opinion de M. Schaffner diffère sensiblement de la précédente, nous y reviendrons en parlant du procédé de cet auteur.

EMPLOI DES MARCS DE SOUDE

On a proposé successivement d'employer les marcs pour remplacer la chaux dans les mortiers, de les fritter avec de l'argile pour obtenir des ciments, de les faire bouillir avec des lessives alcalines afin d'obtenir des polysulfures utilisables pour la séparation métallurgique du cobalt et du nickel, etc. Mais aucun de ces emplois n'offre de débouchés assez considérables pour pouvoir être pris en considération.

Procédé de M. Grouven [1].

On triture, dans un malaxeur, 100 parties de charrées avec 10 parties de sciure de bois et 10 à 15 d'eau. La pâte obtenue est moulée en petits tubes qu'on laisse sécher et durcir à l'air. On casse ces tubes en fragments grossiers que l'on introduit dans des cornues chauffées au rouge et traversées par un courant de vapeur d'eau. Il se dégage de l'oxyde de carbone et de l'hydrogène sulfuré, et il reste un résidu corné, friable, de couleur jaune, renfermant de 87 à 90 0/0 de chaux vive, pouvant servir à la préparation des mortiers ou comme amendement en agriculture.

(1) Brevet allemand n° 29.848, d'après *Moniteur scientifique Quesneville*, 1883, p. 484.

*Utilisation des marcs pour la production du sulfure de
sodium* [1].

Ce procédé, dû à M. Helbig, est fondé sur les observations
suivantes :

1° Les charrées chauffées avec de l'eau à une pression
de 5 atmosphères, se décomposent avec formation de sulfhydrate de calcium

$$2CaS + 2H^2O = Ca\,(HS)^2 + Ca(OH)^2$$

2° Le sulfate ou le carbonate de soude décomposent le
sulfhydrate

a) $$Ca(HS)^2 + SO^4Na^2 = SO^4Ca + 2NaSH$$

3° Si l'on opère ces réactions en présence d'un alcali ou
d'un carbonate alcalin, l'on obtient, non plus du sulfhydrate
mais du sulfure de sodium.

La réaction générale est la suivante :

$$2CaS + SO^4Na^2 + CO^3Na^2 = CaCO^3 + CaSO^4 + 2Na^2S$$

L'opération se fait en chauffant dans des marmites en
fonte, par introduction directe de vapeur à 5 atmosphères,
un mélange en proportions convenables de charrées, de sulfate de soude et de soude brute qui agit comme carbonate
de soude. On filtre les liquides obtenus, on les concentre
jusqu'à 32° Baumé, on pêche les sels étrangers qui se déposent
et l'on abandonne au refroidissement. Il se forme ainsi des
cristaux de sulfure de sodium hydraté $(Na^2S + 9H^2O)$, que
l'on utilise dans diverses industries, notamment pour le
tannage des peaux, le blanchiment du jute et la préparation
des matières colorantes.

(1) *Moniteur scientifique Quesneville*, 1883, p. 464.

RÉGÉNÉRATION DU SOUFRE DES CHARRÉES

1º PROCÉDÉ DE M. GOSSAGE

C'est M. Gossage qui eut le premier l'idée de décomposer les sulfures des charrées par un acide. La production d'une soudière en acide chlorhydrique étant insuffisante à décomposer la totalité des marcs, M. Gossage pensa à les traiter méthodiquement par l'acide carbonique et à brûler l'hydrogène sulfuré produit, pour le transformer en acide sulfureux, utilisable dans les chambres de plomb, pour la fabrication de l'acide sulfurique. La grande dilution des gaz sulfureux ainsi obtenus ne permit pas de les employer dans ce sens.

2º PROCÉDÉ DE M. SCHAFFNER

Théorie.

Il a pour but, la régénération, en nature, du soufre contenu dans les charrées et est fondé sur les considérations suivantes dues à cet auteur :

L'oxydation à l'air, du sulfure de calcium insoluble, transforme ce corps en sels solubles, notamment en hyposulfites, polysulfures et sulfhydrate de sulfure, suivant les réactions :

$$2CaS + O = CaO + CaS^2$$

$$CaS_2 + 3O = CaS^2O^3$$

Si la chaleur augmente, l'hyposulfite se décompose en sulfate et soufre

$$CaS^2O^3 = CaSO^3 + S$$

$$CaSO^3 + O = CaSO^4$$

On doit chercher à éviter cette réaction secondaire, parce que le sulfite et le sulfate, étant presque insolubles, représentent des pertes en soufre.

Sous l'influence de l'acide carbonique, il se dépose du soufre

$$CaS + CO^2 + O = CO^3Ca + S$$

Si l'action est prolongée, il se forme de l'hyposulfite

$$2CaS + CO^2 + 4O = CO^3Ca + CaS^2O^3$$

Si, en même temps que l'acide carbonique, l'eau intervient, il se produit du sulfhydrate de sulfure

$$2CaS + CO^2 + H^2O = CaCO^3 + Ca(SH)^2$$

L'hydrogène sulfuré peut également prendre naissance

$$CaS + CO^2 + H^2O = CO^3Ca + H^2S$$

Ce gaz, en présence de l'air, peut s'oxyder et donner du soufre

$$H^2S + O = H^2O + S$$

Le soufre, mis en liberté dans l'une des précédentes réactions donne, avec le monosulfure, des polysulfures

$$CaS + 4S = CaS^5$$

que l'oxygène transforme en hyposulfite et soufre

$$CaS^5 + 3O = CaS^2O^3 + S^3$$

Ce dernier réagit à nouveau sur le monosulfure pour le transformer en polysulfure et hyposulfite.

En l'absence d'humidité, la masse peut s'enflammer uniquement par l'action de la chaleur dégagée par ces réactions.

Il résulte de toutes ces transformations, qu'un lessivage des charrées oxydées donne un mélange d'hyposulfites, de polysulfures et de sulfhydrates de sulfures. L'addition d'acide chlorhydrique dans une semblable dissolution détermine d'abord la décomposition des polysulfures, avec mise en liberté de soufre et d'hydrogène sulfuré

$$CaS^x + 2HCl = CaCl^2 + H^2S + S^{x-1}$$

Quand tous les polysulfures sont décomposés, les hyposulfites commencent seulement à être détruits avec mise en liberté de soufre et d'acide sulfureux

$$CaS^2O^3 + 2HCl = CaCl^2 + H^2O + S + SO^2$$

Cet acide sulfureux, envoyé dans une liqueur renfermant des polysulfures, les transforme en hyposulfites avec mise en liberté de soufre

$$2CaS^4 + 3SO^2 = 2CaS^2O^3 + S^7$$

Pratique du procédé de M. Schaffner.

Les charrées sont enlevées telles qu'elles sortent des bacs de lessivage et étendues sur une grande aire où elles séjournent trois semaines. Au bout de ce temps, on les retourne à la pelle, on brise les gros morceaux et on abandonne encore pendant vingt-quatre heures; après quoi, on lessive à l'eau froide et on soumet le résidu à une oxydation énergique, déterminée par une insufflation d'air ou de gaz puisés dans le canal de fumée de l'usine. On opère un second lessivage. Le résidu peut encore être oxydé une ou deux fois et fournir de nouvelles lessives. Tandis que les liquides du premier lavage sont riches en composés sulfurés, les suivants renferment surtout de l'hyposulfite de chaux. On mélange ces liqueurs en des proportions telles, qu'elles renferment 2 molécules de soufre sous forme de polysulfures pour 1 molécule de soufre sous forme d'hyposulfite. Ces eaux servent à remplir deux réservoirs clos (fig. 87) communiquant entre eux par un système de tubulures, permettant

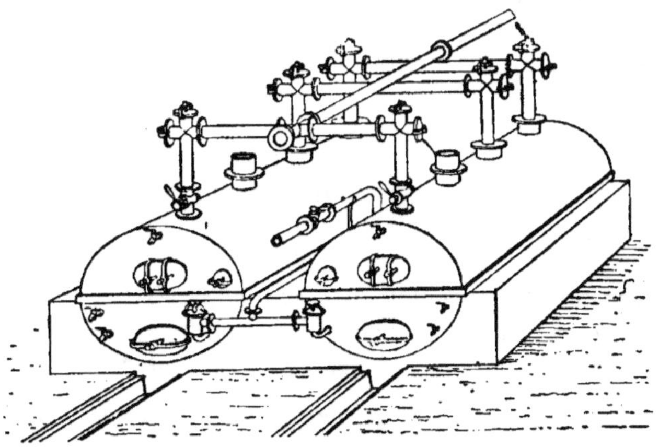

Fig. 87. — Appareil de M. Schaffner pour la précipitation du soufre.

d'envoyer à volonté les gaz dégagés dans le premier réservoir, à travers le liquide contenu dans le second réservoir, ou bien d'envoyer les gaz du second réservoir à travers le liquide du premier. Ces reservoirs sont en fonte ou en pierre et chauffés à la vapeur. Pour mettre l'opération en route, l'on introduit dans l'un d'eux juste la quantité d'acide chlorhydrique nécessaire pour décomposer les polysulfures, et on laisse le gaz s'échapper. C'est une perte de soufre qui ne se produit que pendant la mise en marche et une fois pour toutes. On introduit alors la quantité d'acide chlorhydrique nécessaire pour décomposer les hyposulfites ; en même temps qu'il se dépose du soufre, il se dégage du gaz sulfureux qui, arrivant dans le liquide du deuxième reservoir, transforme les polysulfures en hyposulfites. On vide le premier réservoir; on remplace les liqueurs par de nouvelles lessives, puis on décompose les hyposulfites du second reservoir par l'acide chlorhydrique. L'acide sulfureux dégagé transforme en hyposulfites les polysulfures du premier réservoir, et ainsi de suite. Une fois le régime normal établi, il n'y a plus lieu de fractionner les additions d'acide chlorhydrique, que l'on ajoute d'un seul coup en quantité suffisante pour détruire res hyposulfites. Les liquides, tenant en suspension le soufre régénéré, sont traités comme il est dit plus bas.

3º PROCÉDÉ DE M. MOND

Ici, on fait agir directement l'acide chlorhydrique sur des lessives, renfermant des proportions convenables de polysulfures et d'hyposulfites. Les réactions suivantes s'effectuent :

$$CaS^2O^3 + 2CaS_x + 6HCl = 3CaCl^2 + 3H^2O + S^{2(x+1)}$$

$$CaS^2O^3 + Ca(SH)^2 + 4HCl = 2CaCl^2 + 3H^2O + 4S$$

La décomposition a lieu vers 60-65° dans des grandes cuves en bois, munies d'un agitateur mécanique et dans lesquelles la lessive et l'acide arrivent en quantités déterminées.

Fusion et purification du soufre.

Que l'on ait eu recours au procédé de M. Schaffner ou au procédé de M. Mond, les liquides, qui résultent du traitement des lessives par l'acide chlorhydrique et que l'on extrait des appareils de régénération, consistent en une solution de chlorure de calcium, tenant en suspension le soufre régénéré qui se trouve à l'état de poudre tenue ; quelques impuretés, telles que le sulfate de chaux et le chlorure de sodium, souillent toujours ces liquides.

On sépare, par décantations successives, le précipité de soufre des liquides qui l'accompagnent, puis on le lave à l'eau. Il ne reste plus qu'à lui faire subir une fusion à la vapeur d'eau sous une pression de 1,5 à 2 atmosphères et

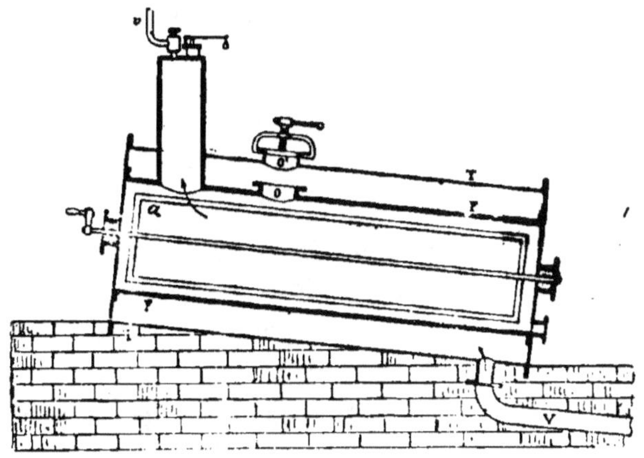

Fig. 88. — Purification du soufre.

en présence d'une petite quantité de lait de chaux, opération qui a pour but de neutraliser les acides qui peuvent subsister et aussi d'éliminer l'arsenic. Cette opération s'effectue dans un autoclave ordinaire ou dans la chaudière spéciale proposée à cet effet par M. Schaffner. Ce dernier appareil consiste (fig. 88) en deux cylindres, l'un en tôle TT, l'autre en fonte FF. Ils sont inclinés dans le sens de leur longueur et traversés par un agitateur a.

Par les ouvertures o et o', on introduit le soufre et le lait de chaux dans le cylindre intérieur ; puis, par le tuyau inférieur V, on envoie la vapeur à $1^{atm},75$. Cette vapeur, après avoir circulé en F entre les deux cylindres, pénètre par l'ouverture *o* dans le compartiment qui renferme le soufre dont elle détermine la fusion, grâce au contact intime que provoque la mise en mouvement de l'agitateur intérieur. Elle finit par s'échapper par le tube *v* qui est muni d'une soupape de sûreté et d'un robinet.

Le soufre ainsi obtenu est fréquemment coloré en brun par la présence de matières organiques. On lui donne son aspect habituel en le refondant en vase ouvert dans un chaudron en fonte, au sein duquel on fait arriver un courant d'air.

4° PROCÉDÉ DE MM. SCHAFFNER ET HELBIG [1]

Cet élégant procédé est fondé sur les réactions suivantes :

1° Le sulfure de calcium des charrées est décomposé à chaud par le chlorure de magnésium, avec mise en liberté d'hydrogène sulfuré et formation de magnésie :

$$CaS + MgCl^2 + H^2O = CaCl^2 + MgO + H^2S$$

2° La magnésie, en suspension dans une solution de chlorure de calcium, passe à l'état de chlorure quand on y envoie un courant d'acide carbonique. En même temps, il se produit du carbonate de chaux

$$CaCl^2 + MgO + CO^2 = CO^3Ca + MgCl^2$$

3° L'hydrogène sulfuré produit peut, par combustion, engendrer l'acide sulfureux utilisable dans les chambres de plomb. La combustion d'une partie seulement de ce soufre donne de l'acide sulfureux, qu'on peut faire réagir sur l'hydrogène sulfuré pour produire, suivant la réaction de M. Dumas, du soufre libre.

[1] *Moniteur scientifique Quesneville*, 1889, p. 1098.

$$2H^2S + SO^2 = 2H^2O + 3S$$

4° Dans cette dernière réaction, on évite la formation d'acides de la série thionique, en faisant réagir les gaz sulfureux et hydrogène sulfuré au sein d'une solution de chlorure de calcium.

La cause, qui a surtout empêché ce procédé de se développer, est la lenteur de la régénération du chlorure de magnésium. D'autre part, MM. Stengl et Morawshy affirment que le chlorure de calcium ne joue aucun rôle chimique dans la réaction de l'acide sulfureux sur l'hydrogène sulfuré, en ce qui concerne l'acide pentathionique.

Quoi qu'il en soit, ce procédé a fonctionné pendant deux années entre les mains de M. Chance dans l'usine d'Olbury, où l'on était arrivé à produire le soufre de cette façon à raison de 0fr,31 l'unité [1].

Des raisons d'ordre économique ont fait abandonner cette manière de régénérer le soufre.

Perfectionnement de M. Parnell.

Pour éviter la formation des acides thioniques qui, en dehors de la perte de soufre qu'ils occasionnent, empêchent le soufre précipité de se déposer, M. Parnell avait proposé de faire la réaction en présence de sulfure de calcium qui les neutralisait. Le soufre se déposait aisément. Quant aux thionates qui restaient en solution, on les chauffait sous pression de façon à les décomposer en soufre et acide sulfureux.

[1] *Rapport du jury international de l'Exposition de Paris*, 1889, p. 100.

19.

Perfectionnement de MM. Parnell et Simpson [1]

Toujours dans le but de régénérer le soufre des composés thioniques, M. Parnell et Simpson ont proposé de conduire les gaz sulfureux et hydrogène sulfuré dans une tour, à l'intérieur de laquelle ruisselait de l'acide sulfurique à 12 ou 13° Baumé. On séparait alors le soufre qui s'était précipité et l'on concentrait l'acide sulfurique, ce qui produisait le dédoublement des acides thioniques en soufre, acides sulfurique et sulfureux.

5° PROCÉDÉ DE M. OPL [2]

Ce procédé, qui a été appliqué en France à l'usine d'Hautmont, est caractérisé par la transformation du sulfure de calcium insoluble, en sulfhydrate de la même base qui, lui, est soluble.

En pratique, on met les marcs en suspension dans trois fois leur volume d'eau, et on soumet à l'action d'un courant d'hydrogène sulfuré.

$$CaS + H^2S = Ca(SH)^2$$

On filtre pour séparer la solution de sulfhydrate d'avec le carbonate de chaux et le charbon, qui forment un dépôt d'environ 33 0/0 du volume primitif.

Les liqueurs claires sont séparées en deux portions : la première, oxydée à la façon ordinaire, abandonne son soufre quand on la traite par l'acide chlorhydrique. Quant à la seconde, on y fait affluer de l'acide carbonique produit dans un

---

(1) *Moniteur scientifique Quesneville*, 1889, p. 1099.
(2) *Moniteur scientifique Quesneville*, 1883, p. 257.

four à chaux ; il en résulte un dégagement d'hydrogène sulfuré, qu'on utilise pour transformer en sulfhydrate une nouvelle quantité de sulfure de calcium.

On arrive, de cette façon, à régénérer 98 0/0 du soufre y contenu.

Au lieu de chercher à isoler le soufre, on peut se borner à traiter les marcs, en suspension dans l'eau, par l'acide carbonique de façon à transformer tout le sulfure en sulfhydrate qu'on décompose par l'acide muriatique. L'hydrogène sulfuré produit est brûlé pour servir à la préparation de l'acide sulfurique. Dans ce cas, le carbonate de chaux produit est moins pur que celui qu'on obtient avec la première façon d'opérer.

6º PROCÉDÉ DE MM. OPL ET MILLER [1]

Ce procédé, étudié à l'usine d'Hautmont, est basé comme le précédent sur la transformation du sulfure de calcium en sulfhydrate ; il n'en diffère que par les traitements postérieurs. Ici, en effet, on porte à l'ébullition la solution de sulfhydrate ; l'hydrogène sulfuré se dégage en même temps que de la vapeur d'eau, et il se forme de la chaux :

$$Ca)SH)^2 + 2H^2O = Ca(OH)^2 + 2H^2S$$

La vapeur étant condensée, on partage l'hydrogène sulfuré en deux portions, dont l'une est brûlée pour produire de l'acide sulfureux, tandis que l'autre sert à solubiliser de nouvelles charrées.

Les essais effectués ont montré qu'en réalité il était bien possible d'obtenir des solutions de sulfhydrate pesant 25º Baumé, mais on a reconnu que, lorsqu'elles ne marquent plus que

(1) Brevet allemand nº 28.067 du 26 janvier 1884. Voir *Chem. Ind.* 1884, p. 251.

6° Baumé, l'action de la vapeur d'eau ne suffit plus à les décomposer. Il en résulte une perte importante de résidus. Il est vrai que, par ce moyen, on supprime les fours à chaux et tout le matériel de pompes qu'il nécessite, en même temps qu'on produit de l'hydrogène sulfuré pur ; mais la pureté de ce gaz n'a pas une importance considérable, puisque l'on sait que la combustion de gaz à 30 0/0 d'hydrogène sulfuré donne de l'acide sulfureux utilisable dans les chambres de plomb. D'ailleurs, il ne semble pas avantageux de chercher à produire l'acide sulfurique par l'hydrogène sulfuré; et le problème, pour rester sur le terrain économique, doit être ramené à la régénération à l'état de soufre.

Les petites eaux sulfurées, qui marquent 6° Baumé, peuvent, ainsi que l'a fait remarquer M. Hasenclever[1], être employées à mettre en pâte les résidus frais.

Les opérations s'effectuent dans une batterie composée :

1° d'un cylindre mélangeur dans lequel les residus arrivent et sont mélangés à l'eau.

2° De deux séries, chacune de trois cylindres, placées à des hauteurs différentes : ces cylindres sont en fer battu et sont munis d'agitateurs. Les résidus sont envoyés du mélangeur dans le premier et le deuxième cylindre de la série supérieure, où ils se trouvent en contact avec du gaz hydrogène sulfuré et se transforment en sulfhydrate. Les liqueurs de sulfhydrate arrivent dans le dernier cylindre de la série supérieure; là, elles sont chauffées grâce à une double enveloppe à circulation de vapeur.

Les trois cylindres inférieurs servent à la décomposition des lessives de sulfhydrate. On y fait arriver les liquides réchauffés dans le dernier cylindre supérieur. Ils sont méthodiquement traversés par un courant de vapeur d'eau, circulant au-dessus du liquide. Il sort, par ce fait, des cylindres inférieurs, un mélange de vapeur d'eau et d'hydro-

(1) *Moniteur scientifique Quesneville*, 1890, p. 119.

gène sulfuré, qui est utilisé à chauffer la double enveloppe du dernier cylindre de la série d'en haut ; le mélange gazeux passe ensuite dans un réfrigérant à eau, où se condensent les dernières portions de vapeur d'eau. L'hydrogène sulfuré pur ainsi obtenu est dirigé dans les premiers cylindres supérieurs où il solubilise le sulfure de calcium, tandis que l'excédant (50 0/0) se dégage et peut-être ultérieurement utilisé.

7° PROCÉDÉ DE M. LOMBARD [1]

On doit, à cet auteur, l'application des charrées à la préparation des phosphates précipités. Voici de quelle façon se pratique l'opération : après avoir attaqué et solubilisé le phosphate tribasique au moyen de l'acide chlorhydrique, on en précipite le phosphate bibasique en y ajoutant des *marcs de soude* solubilisés par l'hydrogène sulfuré [3] (solution de sulfhydrate de calcium). La réaction du phosphate acide sur le sulfhydrate rend libre l'hydrogène sulfuré. On en fait passer la moitié d'abord dans trois saturateurs munis d'agitateurs à palettes et contenant des charrées à solubiliser. L'autre moitié est brûlée pour produire de l'acide sulfureux. La quantité de soufre qu'on peut ainsi récupérer diminue à chaque opération, à cause de la chaux libre qui se trouve dans les charrées.

8° PROCÉDÉ DE MM. CHANCE ET CLAUS

Dans les différents procédés proposés pour transformer

(1) On sait que le passage d'un courant d'hydrogène sulfuré au sein d'une masse, tenant en suspension du sulfure de calcium insoluble, transforme celui-ci en sulfhydrate soluble.

(2) *Moniteur scientifique Quesneville*, 1885, p. 813.

le sulfure de calcium des charrées en sulfhydrate décomposable par l'acide carbonique, l'hydrogène sulfuré produit ne peut être utilisé à cause de son état de dilution assez variable.

Voici de quelle façon les auteurs sont arrivés à surmonter cette difficulté :

Ils font d'abord agir l'acide carbonique sur les marcs de soude suspendus dans l'eau ; le sulfure de calcium est décomposé et il se dégage un mélange d'acide carbonique et d'hydrogène sulfuré, qui renferme trop peu de ce dernier pour pouvoir être directement utilisé.

Ce mélange gazeux, dirigé dans un autre récipient renfermant également du sulfure de calcium en suspension dans l'eau, s'appauvrit en hydrogène sulfuré, qui se combine au sulfure de calcium pour donner du sulfhydrate de sulfure soluble, de sorte qu'en employant un nombre convenable de récipients, on parvient à retenir tout l'hydrogène sulfuré et à n'éliminer qu'un mélange d'air et d'acide carbonique.

On arrive ainsi à produire des solutions riches en sulfhydrate de sulfure qui, dans une seconde phase, sont soumises à l'action d'un courant d'acide carbonique et fournissent des gaz, dont la richesse en hydrogène sulfuré, est le double de celle que l'on obtient, quand on fait agir directement l'acide carbonique sur les charrées en suspension dans l'eau.

En pratique, on opère de la façon suivante :

Les marcs, amenés à l'état de lait (2 tonnes de marcs pour 1 d'eau), sont passés au tamis de $0^m,006$ et placés dans une série de sept vaisseaux réunis par un système de tuyauterie.

Ces vaisseaux affectent la forme de cylindres ayant 1 mètre de diamètre sur $4^m,40$ de hauteur ; on ne les remplit qu'aux trois quarts.

Dans le premier récipient on fait arriver les gaz produits

dans un four à chaux et qui consistent presque entièrement
en acide carbonique et azote. Là, la chaux libre des charrées se transforme en carbonate de chaux, tandis que le sulfure de calcium donne du carbonate de chaux et de l'hydrogène sulfuré. En dirigeant ce gaz hydrogène sulfuré dans
un second récipient contenant du sulfure de calcium des
produits résiduels, celui-ci est transformé en sulfhydrate :

$$CO^2 + Ca(SH)^2 + H^2O = CO^3Ca + H^2S$$
$$H^2S + CaS = Ca(HS)^2$$

Si bien que les gaz qui sortent du dernier vaisseau ne renferment plus que des traces d'acide carbonique et d'hydrogène sulfuré, que l'on absorbe en les obligeant à passer dans
une caisse contenant de l'oxyde de fer ou de la chaux. Lorsque, par suite de la durée d'action de l'acide carbonique,
un vaisseau ne dégage plus beaucoup d'hydrogène sulfuré,
on ferme le tuyau de dégagement de ce récipient et on
ouvre celui d'un vaisseau intermédiaire, riche en sulfhydrate,
c'est-à-dire capable de dégager de l'hydrogène sulfuré d'une
force suffisante. De cette façon, on arrive à produire des
gaz assez riches et de composition assez constante pour pouvoir être traités en vue de la régénération du soufre. On les
emmagasine dans des gazomètres.

La marche de la réaction est indiquée par un brûleur
Bunsen, placé en regard d'une lampe adaptée sur la sortie
du cylindre en formation de sulfhydrate. Lorsque le gaz
prend feu et brûle régulièrement, on est sûr qu'il renferme
au moins 30 0/0 d'hydrogène sulfuré; il doit alors être envoyé dans le gazomètre. Dès qu'il s'éteint, on ne doit plus
le recueillir, mais l'employer seulement aux autres opérations.

Voici, d'après M. Chance [1], quelle fut en particulier la
marche d'une opération.

(1) *Moniteur scientifique Quesneville*, 1888, p. 932.

A 7 heures du matin, les vaisseaux n⁰ˢ 7 et 1 ont été chargés avec un mélange frais de sulfure de calcium et d'eau. Les gaz des fours à chaux ont été dirigés dans le vaisseau n° 3 et de là dans les vaisseaux n⁰ˢ 4, 5, 6, 7 et 1, en ouvrant tous les robinets intermédiaires. A la sortie du n° 1, les gaz étaient exempts d'acide carbonique et d'hydrogène sulfuré; ils furent lancés dans l'atmosphère.

A $8^h,4$, les gaz du vaisseau n° 5 étaient assez riches en H^2S (30 0/0) pour pouvoir être conduits au gazomètre, la totalité du sulfure de calcium ayant été transformée en sulfhydrate.

Le vaisseau n° 2, contenant une charge partiellement transformée en carbonate, a été compris dans la série, et les gaz des fours à chaux y ont été dirigés. Ils passaient alors par les n⁰ˢ 2, 3, 4 et 5. Les gaz de ce dernier ont continué à être envoyés au gazomètre jusqu'à $11^h,5$. A ce moment ils renfermaient moins de 30 0/0 d'hydrogène sulfuré, et le contenu des vaisseaux n⁰ˢ 2 et 3 était complètement transformé en carbonate de chaux; ils furent par conséquent vidés et chargés avec de nouveau sulfure de calcium. Les gaz des fours à chaux furent alors dirigés dans le vaisseau n° 5, pour passer successivement en 6, 7, 1, 2 et 3. Les gaz résiduels furent dégagés en 3 jusqu'à $12^h,25$. A $12^h,25$, les gaz des fours à chaux furent envoyés dans le n° 4 (renfermant une partie de sulfure transformé en carbonate); ils passèrent en 5, 6 et 7; les gaz de ce dernier furent envoyés au gazomètre jusqu'à $2^h,30$.

A ce moment, les n⁰ˢ 4 et 5 furent vidés et chargés à nouveau, tandis que les gaz des fours à chaux furent dirigés en 1, 2, 3, 4, 5 et 7. Les gaz résiduels sortirent de ce dernier jusqu'à $4^h,35$.

A $8^h,20$, les vaisseaux n⁰ˢ 6 et 7 ont été vidés et chargés avec de nouveaux matériaux; les gaz des fours à chaux furent dirigés en 2, 3, 4, 5, 6 et 7; les gaz résiduels s'échappèrent de 7 jusqu'à $9^h,20$.

A $9^h,20$, les gaz des fours à chaux furent amenés dans les vaisseaux 1, 2, 3 et 4 jusqu'à $1^h,5$ du matin. L'hydrogène sulfuré du vaisseau 4 passait alors dans le gazomètre.

A $1^h,5$, les n°s 1 et 2 ont été chargés à nouveau, et la série d'opérations précédemment décrite a été recommencée.

Les gaz des fours à chaux sont envoyés dans les vaisseaux au moyen de puissantes pompes à air.

L'hydrogène sulfuré recueilli peut être utilisé soit à la production du soufre, soit à la préparation de l'acide sulfurique.

Pour régénérer le soufre, on a recours au procédé décrit par M. Claus dans son brevet n° 3.608, et qui consiste :

1° En l'emploi d'oxyde de fer anhydre et chaud pour absorber l'hydrogène sulfuré.

2° En l'addition de quantités mesurées d'air à l'hydrogène sulfuré avant de le faire passer sur l'oxyde de fer, dans le but d'obtenir un courant continu de soufre.

3° En l'utilisation de l'air introduit pour maintenir la température nécessaire à la réaction et à l'écoulement du soufre.

Les équations suivantes expriment ces réactions :

$$Fe^2O^3 + 3H^2S = Fe^2S^3 + 3H^2O$$
$$2Fe^2S^3 + 3O_2 = 2Fe^2O^3 + 3S^2$$

Le four de M. Claus consiste en un cylindre creux en tôle, doublé de briques réfractaires. Par le fond, qui est perforé, arrive le mélange d'hydrogène sulfuré et d'air en proportions convenables (4 volumes d'air pour 5 de gaz à 33 0/0 de H^2S). Il traverse d'abord une couche de briques réfractaires concassées, puis une couche d'oxyde de fer anhydre et calciné. Les produits de la réaction, consistant en un mélange de vapeurs d'eau et de soufre, traversent d'abord une première chambre dans laquelle se dépose une partie du soufre, qui s'écoule dans des récipients où il se solidifie ; de là, ils se rendent dans une chambre plus vaste reliée à la première par le haut. Cette chambre est divisée en deux compartiments dans lesquels le soufre se dépose sous forme de fleur de soufre sèche. La vapeur d'eau se condense dans le dernier compartiment. A leur sortie des chambres, les gaz traversent une colonne garnie de briques disposées en chicane et arrosées d'eau afin de retenir l'eau, l'acide sulfureux et le soufre entraînés. Ils passent ensuite dans un épurateur qui absorbe les dernières traces d'hydrogène sulfuré. Il faut avoir soin de mélanger bien convenablement l'hydrogène sulfuré à l'air, car si celui-là domine, il se perd de l'hydrogène sulfuré; si au contraire, celui-ci est en excès, il se dégage de l'acide sulfureux. L'on comprend donc pourquoi M. Chance a été amené à produire, par les moyens précédemment indiqués des gaz ayant une composition aussi constante que possible.

Depuis le mois de décembre 1887, MM. Chance et Claus sont arrivés à produire l'acide sulfurique par la combustion du gaz hydrogène sulfuré, préparé suivant la spécification de leur brevet.

Quand on fabrique de l'acide sulfurique avec l'hydrogène sulfuré produit, on récupère 90 0/0 du soufre contenu dans les marcs.

Quand on produit le soufre, on a un rendement de 91 0/0.

PROCÉDÉ DE MM. HADDOCK ET LEITH [1]

Exposé.

On transforme les sulfures des charrées en sulfhydrate, en les traitant par un courant d'hydrogène sulfuré, après les avoir mis en suspension dans l'eau :

$$(1) \qquad CaS + H^2S = Ca(SH)^2$$

[1] *Moniteur scientifique Quesneville,* 1891, p. 1166.

Le sulfhydrate formé étant soluble dans l'eau, est apte à réagir sur le sulfate de soude en produisant du sulfhydrate de sodium et du sulfate de chaux hydraté :

$$(2)\ SO^4Na^2 + Ca(SH)^2 + 2H^2O = 2NaSH + CaSO^4.2H^2O$$

La liqueur, séparée par filtration du précipité de sulfate de chaux, est traitée par l'acide carbonique provenant d'un four à chaux. Il se produit du bicarbonate de soude et de l'hydrogène sulfuré, que l'on emploie à produire le sulfhydrate de calcium

$$(3)\quad 2NaSH + 2CO^2 + 2H^2O = 2NaHCO^3 + 2H^2S$$

Le bicarbonate formé étant insoluble, on le sépare par filtration et on le calcine pour le transformer en carbonate neutre

$$2CO^3NaH = CO^3Na^2 + H^2O + CO^2$$

Production du sulfhydrate de calcium.

On ajoute à la charrée un égal volume d'eau, et on envoie le tout dans une série de cylindres en tôle terminés par deux calottes sphériques. Ces cylindres sont au nombre de quatre ; chacun d'eux renferme 12 tonnes de charrées. Un tuyautage convenable les relie entre eux. L'hydrogène sulfuré, dégagé dans les carbonateurs (30 0/0 environ), barbotte à refus dans le premier cylindre, puis passe successivement dans les autres. Il faut environ vingt-quatre heures pour solubiliser les 48 tonnes de charrées chargées dans les qu atre cylindres. Les résidus renferment encore environ 1 0/0 de soufre, dû en grande partie à son état de combinaison avec le fer. L'hydrogène sulfuré employé peut ne renfermer que 15 0/0 de gaz H^2S avec 3 0/0 de CO_2. Il donne alors des solutions renfermant 14 0/0 de soufre soluble. Dès que le

contenu du premier cylindre est saturé par l'hydrogène sulfuré, ce qui demande environ quatre heures, on laisse reposer vingt heures et on décante la liqueur claire dans des
bacs où elle achève de se clarifier. Pendant ce temps, on
lave les résidus qui restent dans ce cylindre, en y envoyant
de l'eau et une suffisante quantité d'hydrogène sulfuré. Les
eaux décantées servent à diluer de nouvelles charrées. Le
résidu insoluble est alors jeté.

Le sulfate de soude est dissout à 50° dans le moins d'eau
possible; la liqueur, neutralisée par la chaux ou par des
eaux-mères, est abandonnée dans des bacs où elle dépose
les matières en suspension. Après clarification, elle doit
contenir $0^{ks},5$ de sulfate par litre.

Cette solution est mélangée en quantités théoriques avec
les liqueurs de sulfhydrate de calcium et la double décomposition s'effectue.

$$SO^4Na^2 + Ca(HS)^2 + 2H^2O = 2NaSH + SO^4Ca,2H^2O$$

Le précipité est séparé par filtration, lavé, séché et
pressé, tandis que le sulfhydrate est traité par une quantité
de bicarbonate de soude, juste suffisante pour précipiter la
petite quantité de chaux qu'il tient en dissolution (environ
0,5 0/0); après repos et décantation, on l'envoie dans des
carbonateurs du genre Solvay, où arrive du gaz carbonique
qui doit être autant que possible pauvre en oxygène.

$$2NaSH + 2CO^2 + 2H^2O = 2CO^3NaH + 2H^2S$$

En poursuivant la carbonatation jusqu'à ce qu'il ne reste
plus que 0,1 0/0 de soufre en solution, il se précipite de
96 à 97 0/0 de bicarbonate de soude.

L'hydrogène sulfuré produit par la réaction est envoyé
dans des carbonateurs de 20 mètres de haut, où il abandonne
son acide carbonique; après quoi, on le dirige moitié dans

les cylindres et moitié dans des gazomètres, d'où on l'extraira pour en retirer le soufre par combustion partielle.

Le sulfate de chaux résiduel est vendu comme « blanc à satiner ».

Le bicarbonate produit est privé de son eau-mère soit par le vide, soit par des centrifuges, et peut être directement calciné pour donner le carbonate neutre.

Les eaux-mères renferment encore du bicarbonate de soude mélangé à du sulfate, chlorure et sulfhydrate de sodium; elles sont évaporées pour cristaux ou amenées à titrer 14 0/0 de soude et envoyées aux carbonateurs. Il se sépare alors les trois quarts de la soude. Après quoi, on l'évapore à sec et on obtient un sel de soude à 48 0/0 de Na^2O. Quant aux secondes eaux-mères, on les emploie à saturer le sulfate de soude qui doit réagir sur le sulfhydrate de calcium, mais elles ne peuvent servir ainsi que pendant trois ou quatre opérations.

Ce procédé présente, suivant les auteurs, les avantages suivants :

1° Le volume de la charrée est réduit de moitié, tandis que dans le procédé de MM. Chance et Claus il est augmenté.

2° L'hydrogène sulfuré récupéré est plus riche que dans ce dernier procédé; on en peut donc retirer plus aisément le soufre.

Le tableau suivant montre les volumes occupés par les diverses solutions qui réagissent les unes sur les autres, et le poids des substances obtenues par ce procédé.

La production de 1016 kilogrammes de carbonate de soude à 58 0/0 de Na^2O nécessite, par ce procédé, l'emploi de :

```
                                          litres              kilogr.
Sulfhydrate de calcium à 16 0/0..  3.852,36  ) Sulfate de chaux hydraté.
Sulfate de soude à 56 0/0 ......+  2.734,51  {    SO4 Ca, 2H2O
                                   ─────────  {
                                   6.586,87   )    1.665,'22

Eau d'hydratation  du  sulfate de  ─────────
   chaux CaSO4 (2H2O) ...........  — 342,93   )
Sulfhydrate  de sodium contenant   ─────────  {
   SO4Ca ........... ...........   6.243,93   {
Eau mère du bicarbonate de soude + 383,00    {       36,39
                                   ─────────  {     ─────────
                                   6.626,94   )     1.701,91

Sulfhydrate de sodium à carbonater 6.626,94   CO3 NaH, soit CO3 Na2
Eau solidifiée avec le bicar-                   1.010,64      637,37
   bonate ................  106,88  )
                                    {— 391,51
Eau-mère   restant                  {
   dans le bicarbonate.......  285,03) ─────────
                                   6.235,03

Eau-mère à évaporer de 3 à 4 0/0
   à 14 0/0 de Na2O............. — 4 676,28
                                   ─────────
Sulfhydrate de sodium à carbonater 1.558,75   471,57       290,37
Eau solidifiée avec le bicar-
   bonate ................  48,98   )— 178,14             7,70
Eau-mère du bicarbonate.. 129,15    )
                                   ─────────
            RESTE : EAU-MÈRE. 1.380,61

Employé pour précipiter CaSO4..  383,00                   50,70
Eau-mère à évaporer pour  cris-  ─────────             ─────────
   taux à 48 0/0 de Na2O.........  997,61                1.014,71
```

**Prix de revient d'une fabrication de soude avec régénération
par le procédé de MM. Haddock et Leith.**

D'après les inventeurs, la dépense, pour 1000 kil. de
soude, se répartit ainsi :

fr.

	fr.
Fabrication de 1.422 kilogrammes 4 de sulfate brut et acide chlorhydrique, correspondant. . . .	61,25
Fabrication du sulfhydrate de calcium en partant de la charrée	3,10
2.540 kilogrammes de combustible	21,85
Calcaire et coke	10,00
Main-d'œuvre	28,10
Emballage	28,10
	152,50

LA SOUDE A LA CRYOLITHE

THÉORIE.

La préparation de la soude à la cryolithe s'effectue industriellement par voie sèche au moyen du carbonate de chaux.

Sous l'influence d'une élévation de température suffisante, ce fluorure double est décomposé en aluminate de soude, fluorure de calcium et acide carbonique.

$$Al^2Fl^6,6NaFl + 6CaCO^3 = Al^2O^3,3Na^2O$$

Cryolithe $\qquad$ Aluminate de soude

$$+ 6CaFl^2 + 6CO^2$$

Par lévigation, on fait passer l'aluminate de soude en solution, tandis que le fluorure de calcium reste insoluble. Ce résidu constitue un excellent fondant pour la métallurgie ; incorporé dans le mélange pour verre, il fournit un produit très dur.

La solution très alcaline d'aluminate de soude est alors traitée par un courant d'acide carbonique dans le but de produire la réaction suivante :

$$Al^2O^3,3Na^2O + 3CO^2 = Al^2O^3 + 3CO^3Na^2$$

La décomposition des solutions d'aluminates alcalins par l'acide carbonique est assez variable suivant leur composition. Il résulte d'un récent travail de M. Ditte [1], que lorsque l'acide carbonique agit sur une solution d'aluminate alcalin riche en aluminate et pauvre en alcali, la composition limite, qui permet la décomposition de l'aluminate, est rapidement obtenue. Il se forme des cristaux qui, mis en mouvement par le courant gazeux, agissent avec facilité sur la masse et augmentent en quantité ; comme, à mesure que l'aluminate se décompose, l'alcali se carbonate, il peut arriver qu'il se dépose, en même temps que l'alumine, du carbonate double. Ce dernier produit prendra toujours naissance si le courant d'acide carbonique passe jusqu'à ce que toute l'alumine soit précipitée. Avec une solution riche en alcali et pauvre en aluminate, on pourrait obtenir seulement du carbonate double précipité.

FABRICATION

Décomposition de la cryolithe.

On réduit en poudres fines la cryolithe et la chaux et on mélange 200 kilogrammes de la première avec 300 kilogrammes de la seconde. On obtient ainsi 500 kilogrammes du mélange que l'on charge dans un four à reverbère, à deux foyers disposés de chaque côté du four (fig. 89 à 91). La sole C est horizontale, elle est composée de dalles en terre réfractaire ayant $0^m,508$ de côté et $0^m,076$ d'épaisseur, qui reposent sur des piliers D placés en quinconce. Sa surface est de $8^m,93$. Les grilles des foyers ont $0^m,9$ de long et $0^m,38$ de large. Les barreaux de la grille sont carrés et ont $0^m,031$ de côté.

[1] Ditte, *C. R.*, 1893, t. 116, p. 386 et *Bull. de la Société chimique de Paris*, p. 478.

HALPHEN. — La Soude.   20

Les foyers A et B sont alimentés par les bouches V et U. Les gaz chauds sortant du foyer A, circulent en s'étalant uniformément sous la sole qu'ils longent complètement, et rejoignent en E les gaz du second foyer B ; le mélange, passe par dessus l'autel H (que refroidit un courant d'air qui le traverse) et se répand ensuite au-dessus de la grille B où il brûle la fumée, circule sur la sole en sens inverse de la marche des gaz du foyer A et débouche par les buses I dans les carneaux K d'où un jeu de registres permet de les envoyer suivant les besoins, soit sous la chaudière de concentration R par le carneau P, Q pour s'échapper par M, F et S dans la cheminée ou directement dans le canal S qui aboutit à la cheminée.

La charge est introduite par les trémies inclinées *o'* établies sur les faces latérales. La décomposition qui commence déjà bien avant le rouge, ne peut être industriellement complète qu'à cette température. Il est essentiel d'empêcher la masse de fondre parce qu'alors elle ne se laisse plus lessiver, et pour éviter qu'aucune partie ne subisse l'action d'une température trop élevée, l'on a soin de la brasser fréquemment par les portes de travail *pp*.

En ajoutant à la charge une certaine quantité de fluorure de calcium provenant d'une précédente opération, l'on est arrivé à porter les rendements en alumine à 18 0/0 et en sel de soude à 70 0/0 du poids de la cryolithe ; l'on a généralement adopté ce mode de procéder quoiqu'il demande une plus grande consommation de charbon et qu'il augmente un peu la main-d'œuvre, l'accroissement du rendement compensant, et au-delà, cet excès de dépenses.

Un four tel que celui que nous venons de décrire peut faire douze opérations en vingt-quatre heures. La cuite terminée, on la défourne par les portes *dd* et l'on en sépare les parties qui auraient pu être fondues pour les broyer et les mêler à la charge suivante.

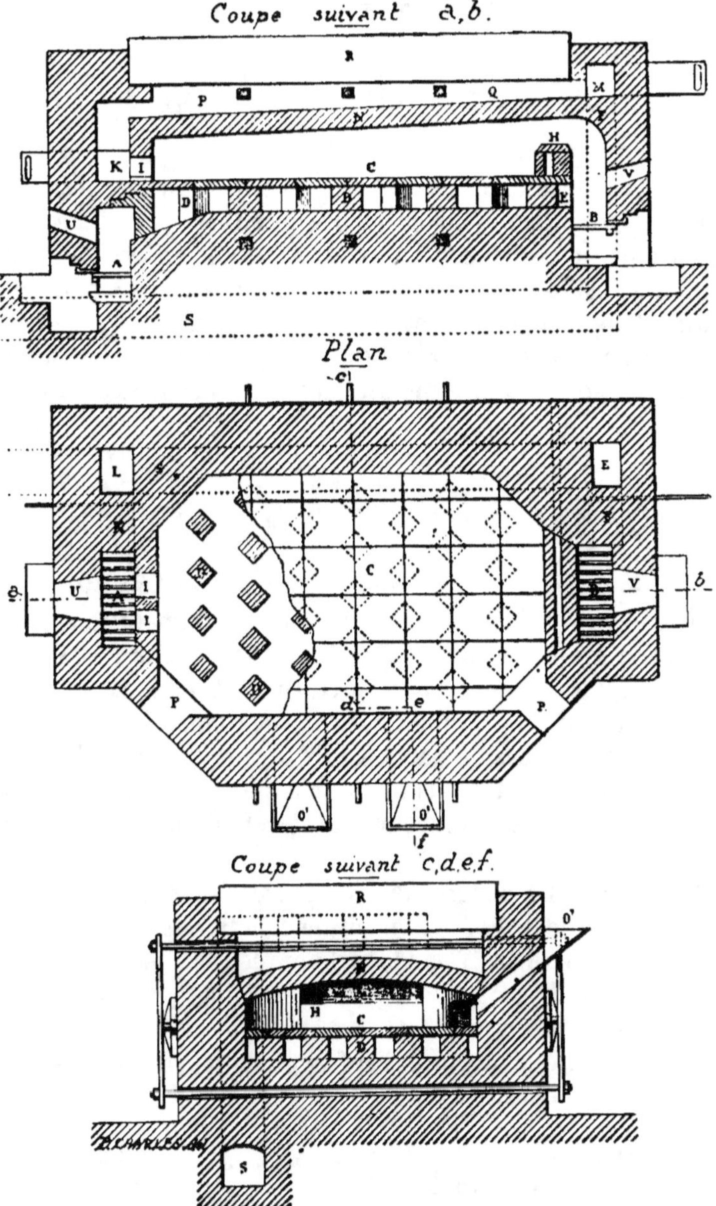

Fig. 89 à 91. — Four pour la calcination de la cryolithe

Lessivage.

La masse fritée, encore chaude, est soumise au lessivage dans des bacs. Les lessives fortes qu'on en retire marquent 33°, les petites eaux servent pour effectuer le lessivage suivant. Le résidu trouvé au fond des bacs, est principalement composé de fluorure de calcium renfermant de 10 à 12 0/0 de carbonate de chaux, ainsi que de petites quantités d'aluminate de soude, d'alcalino terreux et de carbonates alcalins.

Carbonatation.

Les liqueurs fortes, brunes, provenant du lessivage, sont traitées par l'acide carbonique. Pour cette opération, il est malaisé d'avoir recours aux gaz sortant du four à cryolithe et l'on préfère généralement produire cet acide séparément par la calcination du calcaire dans les fours à chaux ordinaires. Ce gaz arrive par un tube ayant 0,19 de diamètre mais qui à sa partie terminale n'a plus que 0,108 de diamètre, il traverse un laveur et est refoulé par des pompes dans une conduite de 0,054.

On donne aux pistons des pompes un diamètre de 0,27 et une course de 0,48. La machine fonctionne à raison d'un tour par seconde. L'acide carbonique arrive, par le bas, dans les cylindres où l'on a placé l'aluminate de soude et où s'effectue la décomposition.

Le précipité d'alumine renferme toujours de la soude. En général il contient :

    Alumine. 45 0/0
    Carbonate de soude. . . . . 20 —
    Eau . . . . 25 —

Séparation du sel de soude.

Les liqueurs claires fournissent par évaporation à sec un très beau sel de soude, mais on préfère généralement l'extraire de ses solutions à l'état de cristaux, en concentrant convenablement les liqueurs qui le renferment. Parfois même, on opère directement une caustification par la chaux et, dans ce dernier cas, on obtient les soudes les plus riches du commerce.

Traitement du précipité d'alumine.

Le précipité alumineux est traité par l'acide sulfurique à bas titre. On obtient par là une solution de sulfate d'alumine, qu'on évapore à consistance sirupeuse et qu'on coule dans des formes spéciales : les pains obtenus constituent *l'alun concentré* du commerce.

PROCÉDÉS PAR VOIE HUMIDE

Par l'ébullition d'un lait de chaux renfermant 2 parties de chaux auxquelles on a ajouté 3 parties de cryolithe en poudre fine, on obtient du fluorure de calcium et une solution d'aluminate de soude qu'on peut décomposer par l'acide carbonique ou faire encore bouillir avec de la cryolithe de façon à obtenir la formation d'alumine insoluble et de fluorure de sodium qui passe en solution et qu'on décompose par un lait de chaux. Les équations ci-dessous représentent les trois phases de la réaction.

20.

$$Al^2Fl^6, 6NaFl + 6CaO = 6Ca\,Fl^2 + Al^2O^3 3Na^2O$$

$$Al^2O^3 3Na^2O + Al^2Fl^6, 6NaFl = 2Al^2O^3 + 12NaFl$$

$$12NaFl + 6Ca\,(OH)_2 = 6CaFl^2 + 12Na(OH).$$

Ce procédé ne semble pas avoir reçu la sanction de la pratique.

LA SOUDE PAR LES SULFURES DOUBLES

Imaginé par M. Malherbe, ce procédé a été à nouveau utilisé et modifié par M. Kopp. L'application industrielle qui en a été faite dans l'usine de Lancashire a conduit à des résultats très satisfaisants.

Au lieu de réduire le sulfate de soude par le charbon et le fer métallique comme l'avait proposé M. Malherbe, M. Kopp substitue à ce dernier corps un mélange d'oxyde de fer et de charbon. Lorsque la décomposition est terminée, on obtient une masse consistant en un sulfure double de fer et de sodium qui, sous l'influence de l'acide carbonique et de l'humidité, se réduit en une poudre à laquelle le lessivage enlève de la soude. Le résidu, composé de sulfures, donne par calcination tout le soufre mis en œuvre, que l'on retrouve à l'état d'acide sulfureux, et un résidu solide composé d'oxydes métalliques rentrant dans la fabrication.

FABRICATION

1° PRODUCTION DU SULFURE DOUBLE

En général, tout sulfate de soude est utilisable ; on le mélange avec du peroxyde de fer de provenance quelconque, dépourvu de calcaire. Si cette dernière condition n'était pas remplie, il faudrait laver l'oxyde métallique d'abord avec de l'acide chlorhydrique très étendu puis avec de l'eau afin d'éliminer la totalité de la chaux qui constituerait une perte inutile de charbon et de chaleur par suite de la formation de sulfure de calcium puis de sulfate de chaux.

Le charbon de réaction peut être indifféremment du charbon de bois, du coke, de la houille, du lignite ou de l'anthracite.

Les proportions à employer sont variables suivant la composition des matières premières. L'oxyde doit être en quantité suffisante pour pouvoir fixer la totalité du soufre du sulfate à l'état de sulfure FeS, c'est-à-dire qu'on doit prendre au moins 5 parties d'oxyde de fer pur et sec pour 9 parties de sulfate pur et sec.

La quantité de charbon de réduction est variable suivant sa nature. On la détermine, par l'expérience, en ayant soin *d'éviter la présence d'un excès de charbon* et en s'attachant à en employer assez pour que la presque totalité du sulfate puisse être transformée en sulfure. A l'usine de Church on employait :

Sulfate de soude sec . . . . . 125 kilogrammes
Peroxyde de fer. 80   —
Charbon 55   —

Les matières, bien mélangées, sont introduites dans un four à reverbère. Le poids de la charge est variable. Pour un même four, elle peut être une fois et demi plus forte que celle qui sert à préparer la soude Leblanc. On peut employer à volonté le four ordinaire ou les fours à étages, ceux-ci utilisant mieux la chaleur. Pendant la calcination, la matière passe à l'état pâteux puis se fluidifie peu à peu. Des flammèches jaunâtres sortent en tous points de la masse, elles croissent peu à peu pour diminuer plus tard. Alors, la pâte s'affaisse et paraît homogène, l'opération est terminée.

On débouche un trou de coulée qui se trouve sur la face opposée aux portes de travail, et à la hauteur de la sole, puis, au moyen d'un râteau, on coule la masse dans des wagonnets que l'on recouvre avec un peu de poussière' de charbon pour la protéger contre l'influence de l'air.

Pendant la calcination, la matière doit être soigneusement brassée à plusieurs reprises; la conduite du travail est analogue à la préparation de la soude brute par le procédé Leblanc.

Lorsque l'opération a été bien conduite, on obtient un pain très dur et très dense, à porosité variable. Sa couleur est noirâtre et présente des reflets cuivrés, sa cassure uniforme est homogène, le grain paraît cristallin et présente un reflet métallique verdâtre.

2º CARBONATATION

Si on lessivait directement la masse obtenue dans l'opération précédente, on la verrait se gonfler en même temps qu'elle fournirait des liqueurs peu riches en soude caustique, renfermant des proportions variables de sulfure de sodium. L'état particulier de ce sulfure double s'oppose aux lavages, si bien qu'on est obligé d'en extraire la soude par un autre procédé.

On utilise à cet effet la propriété que possède un mélange d'air et d'acide carbonique de réagir sur cette masse qu'il transforme en poudre, de laquelle il est aisé d'extraire par lessivage le carbonate de soude.

En pratique, au lieu d'avoir recours à l'air, on préfère constituer artificiellement une atmosphère à composition convenable, capable de réaliser la transformation que l'on cherche. A cet effet, on établit, dans une enceinte fermée par des murs, un dallage disposé à 1 mètre au-dessous du sol extérieur. A une hauteur de $2^m,5$ au-dessus de ce dallage, on construit un plancher à claire-voie composé de grilles en fonte laissant entre elles un vide de 1 centimètre à $1^{cm},5$. Le toit est placé à $2^m,5$ au-dessus de ce plancher; de nombreuses ouvertures, ménagées dans les parois, permettent l'introduction dans cette chambre d'une suffisante quantité d'air circulant librement. L'acide carbonique, provenant de la calcination du coke en foyers fermés et en présence de vapeur d'eau, arrive dans le compartiment inférieur après avoir traversé des tubes en fonte refroidis extérieurement et dont les parois intérieures sont toujours maintenues humides par un courant d'eau froide.

Les blocs de soude ferrugineuse froids sont placés sur le plancher à claire-voie, c'est-à-dire dans le compartiment supérieur de la chambre à carbonater ; on les dispose debout sur une de leurs petites faces. Au fur et à mesure que la délitation se produit, la masse pulvérulente tombe à travers les vides des grilles et se rend dans le compartiment inférieur où elle se sature promptement d'acide carbonique.

Pendant la délitation, il est essentiel d'empêcher la température de s'accroître. Faute d'observer cette précaution, on provoque une oxydation qui reproduit du sulfate de soude au point de ne plus laisser dans le résidu que 10 à 15 0/0 de carbonate de soude. On évite l'élevation de température en empêchant la matière délitée de s'accumuler autour des blocs qui lui ont donné naissance, en les retournant de temps à autre.

Il est parfois convenable, lorsque l'air est très sec, de laisser couler des filets d'eau le long des faces intérieures des murs et de la toiture. La formation d'hyposulfite est le témoignage d'un commencement d'oxydation que l'on doit éviter.

Avec un semblable dispositif, on débite 250 kilogrammes de soude ferrugineuse par mètre carré. L'opération dure huit à dix jours. La carbonation exige de 100 à 110 kilogrammes de coke par tonne de carbonate de soude.

3º LESSIVAGE

Dans le compartimént inférieur de la chambre à carbonatation, on trouve une poudre grise ou gris noirâtre qu'on tamise pour en séparer les matières terreuses qui l'accompagnent et qu'on lave à part avant de les jeter.

Il est indispensable de n'opérer que sur une matière en poudre fine. Les lessivages se font méthodiquement avec de l'eau à 30 ou 40º. Les eaux fortes fournissent après quarante-huit heures de repos, une cristallisation de carbonate de soude en gros cristaux blancs renfermant 80 à 95 0/0 de carbonate. On amorce souvent la cristallisation en introduisant dans les liquides un morceau de carbonate de soude calciné.

Les eaux faibles, évaporées et calcinées, fournissent une soude également blanche.

La masse délitée, abandonne pendant le lessivage une matière noire qui se sépare aisément des lessives de carbonate de soude; elle est composée d'un sulfure double de fer $Fe^4Na^2S^3$ à reflet cuivré. On la laisse égoutter, après quoi on la dessèche sur des plaques chaudes ou on la comprime pour en faire des briquettes. Ce résidu, extrèmement oxydable peut prendre feu spontanément et brûle comme de l'amadou. Exposé à l'air il se transforme peu à peu en une poudre rouge renfermant du soufre libre qu'on peut extraire à l'éther.

M. Pascal a montré qu'il était avantageux de dissoudre immédiatement la soude brute et de carbonater les liquides.

En opérant de cette façon, on augmente les rendements en soufre et on diminue les proportions d'hyposulfite qui prend toujours naissance quand la délitation s'opère à l'air.

4° RÉGÉNÉRATION DU SOUFRE ET DE L'OXYDE DE FER

On avait primitivement proposé de calciner le sulfure résiduel de façon à produire de l'acide sulfureux qu'on envoyait dans les chambres de plomb.

L'état de dilution de ces gaz en rend le traitement si peu pratique qu'on a dû y renoncer.

Plus tard, M. Macfarlane a proposé de laisser le sulfure s'oxyder à l'air pour produire du sulfate de fer qui, calciné avec du sel marin, donne du sulfate de soude, du chlore et de l'oxyde de fer. Le mélange d'oxyde de fer et de sulfate de soude, ainsi produit, donne, par calcination avec le charbon, de la soude ferrugineuse. Cette méthode de régénération est peu pratique, parce que l'oxydation est très incomplète et donne naissance à du soufre libre. Reprenant le procédé Macfarlane, M. Raynaud [1] propose de régénérer le soufre du sulfure en l'agglomérant avec du sel marin et calcinant pour obtenir du chlore ou de l'acide chlorhydrique et un mélange de sulfate de soude et d'oxyde de fer. Ce procédé est actuellement en expérimentation à l'usine de Moustier.

Dans le même ordre d'idées, M. Letélié [2] a proposé d'oxyder à l'air chaud et humide, dans un four à réverbère ou à moufle, le sulfure résiduel, de façon à obtenir un mélange de sulfates ferreux et ferriques accompagnés d'hyposulfites et de sulfites qu'on décompose par voie humide au moyen du sel marin.

$$FeSO^4 + 2NaCl = SO^4Na^2 + FeCl^2$$

(1) Brevet français, 1891, p. 555.
(2) Letelié, *Moniteur scientifique Quesneville*, 1891, p. 892.

$$Fe^2(SO^4)^3 + 6NaCl = 3SO^4Na^2 + Fe^2Cl^6$$

Le perchlorure formé réagit sur les hyposulfites pour les transformer en sulfates :

$$Na^2S^2O^3 + 4Fe^2Cl^6 + 5H^2O = SO^4Na^2 + SO^4H^2$$

$$+ 8FeCl^2 + 8HCl$$

On neutralise par l'oxyde de fer, l'on y mêle un équivalent de chlorure de sodium, et l'on moule en briquettes que l'on dessèche et que l'on calcine au rouge dans un cylindre vertical chauffé seulement sur une partie de sa hauteur. La marche y est continue, le chlore se dégage tandis que le sulfate est défourné par le bas.

Plus récemment [1] M. Lunge a proposé d'extraire le soufre des résidus de sulfure double oxydés à l'air, en les épuisant par le sulfure de carbone qui dissout le soufre libre. Celui-ci se dépose ultérieurement par distillation du solvant.

Ces procédés ont perdu une partie de l'intérêt qu'ils pouvaient présenter, depuis que l'industrie est parvenue à tirer avantageusement partie des charrées de soude Leblanc.

---

[1] Lunge, *Moniteur scientifique Quesneville*, p. 218 des brevets, année 1892.

TABLE DES MATIÈRES

ANGERS, IMP. A. BURDIN ET Cⁱᵉ, RUE GARNIER, 4.

9 782329 472171